作者简介

曾令良 1956年3月生，湖北麻城市人。现任武汉大学教育部长江学者特聘教授、欧洲联盟法让-莫内讲座教授、法学院院长。获美国密歇根大学法学硕士，武汉大学法学硕士、法学博士学位。先后为欧洲大学研究院博士研究生、丹佛大学法学院富布莱特高级研究学者、伯明翰大学法学院高级访问教授、澳门国际贸易法学院讲座教授、香港城市大学特约教授、伊利诺斯科技大学肯特法学院高级访问教授。兼任教育部法学学科教学指导委员会副主任委员；中国法学会常务理事、法学教育研究会副会长、世界贸易组织法研究会副会长、国际经济法研究会副会长； 中国欧洲学会欧洲法律研究会会长；中国国际经济法学会副会长；中国国际法学会常务理事；全国司法考试协调委员会委员；世界贸易组织争端解决机构专家等职。主要著作有《欧洲共同体与现代国际法》、《欧洲联盟与现代国际法》、《世界贸易组织法》、《21世纪初的国际法与中国》。在国（境）内外重要学术期刊和学术会议上发表和宣读中、英文论文80余篇。先后获全国普通高等学校优秀教学成果国家级一等奖、国务院特殊政府津贴奖、全国普通高等学校第二届人文社会科学优秀研究成果二等奖、第二届全国十大杰出中青年法学家、教育部跨世纪人才奖、 湖北省有突出贡献中青年专家，并为《当代中国法学名家》首批入选专家。

欧洲联盟法总论

——以《欧洲宪法条约》为新视角

武汉大学学术丛书

Wuhan University Academic Library

曾令良 著

WUHAN UNIVERSITY PRESS
武汉大学出版社

图书在版编目(CIP)数据

欧洲联盟法总论:以《欧洲宪法条约》为新视角/曾令良著.—武汉:武汉大学出版社,2007.5

武汉大学学术丛书

ISBN 978-7-307-05552-0

Ⅰ.欧… Ⅱ.曾… Ⅲ.欧洲联盟—法律—研究 Ⅳ.D950.0

中国版本图书馆 CIP 数据核字(2007)第 056955 号

责任编辑:张 琼　　责任校对:程小宜　　版式设计:支 笛

出版发行:**武汉大学出版社** (430072 武昌 珞珈山)

(电子邮件:wdp4@whu.edu.cn 网址:www.wdp.com.cn)

印刷:武汉中远印务有限公司

开本:720×1000 1/16 印张:22.5 字数:318 千字 插页:3

版次:2007 年 5 月第 1 版 2007 年 5 月第 1 次印刷

ISBN 978-7-307-05552-0/D·732 定价:37.00 元

目 录

序　言

欧洲是一个给人类历史留下刻骨铭心印迹的大陆：人类历史上先后三次最大的战争（三十年欧洲战争、第一次世界大战和第二次世界大战）均产生于近代的欧洲。欧洲是一个在体制和治理上富有理论和实践创新的大陆：现代国家体系、现代国际政治、现代国际关系、现代国际法、现代全球化和区域一体化均发轫于近代的欧洲。

欧洲联盟是欧洲国家和人民近半个多世纪以来向世人展示的一个新的创举。作为当今区域一体化体制最杰出的代表，欧盟通过其独特的法律体系和治理结构，不仅对其25个成员国所覆盖的西欧、东欧和地中海等地区的经济与社会发展、外交与安全及防务、警察与刑事司法合作等不断地注入新的活力，而且对整个世界的政治、安全、经济、社会、环境、科技、教育、文化等广泛领域的事务与合作发挥着与日俱增的作用。

当代国际政治与经济秩序以及与之相适应的国际法律秩序，一直处于变革之中。在这种变革的进程中，多边主义、区域主义和单边主义的地位与作用、彼此之间的关系和各自在实践中的合法性、合理性以及具体取舍等，一直是政治决策者、具体行动的运作者或执行者和相关学科领域的学者们所共同不可回避的理论与实践问题。欧盟及其自成一类的法律体系，一方面在诸多领域引领着国际法律秩序的变革，另一方面又给国际法律秩序在处理稳定与变革问题上带来一系列的挑战。

欧盟及其独树一帜的治理结构对中国和平发展具有举足轻重的影响。自20世纪70年代中期，中国与欧盟（当时为欧共体）建立正式外交关系以来，双边关系一直处在稳步和快速的发展之中。欧盟不仅仅是中国最主要的贸易伙伴之一，而且已经成为中国的重要战略伙伴，双边合作涉及政治、军事、经济、贸易、人权、法律、反恐、环保、科技、文化、体育、教育、职业培训等广泛的领域。

基于上述诸多方面考虑，深入、系统地研究欧盟法的一些基本法律问题，并形成一部总论性的著述，一直是笔者二十余年来的一个夙愿。

我们欣喜地看到，虽然欧盟法学在中国起步较晚，但是近年来发展迅速。如今，不仅越来越多的高等院校为研究生（甚至本科生）开设欧盟法律课程，而且有关欧盟法律问题的研究项目、研讨会议和科研成果也多了起来。① 不过，坦诚地讲，我国欧盟法学的水平较之欧美还有一定的差距。单就现有的研究成果来看，对于欧盟法中的一些部门法或特定问题研究得较多，罕有宏观论著；虽然前些年国内偶有关于整体欧盟法律制度的著作或编译著作面世，或者过于庞杂，或者过于简单，而且所基于的资料和信息几乎都是21世纪以前的。可见，我国的欧盟法研究还不能适应中欧关系发展日趋全面深化的需要。

本著作旨在总结欧盟半个多世纪法治一体化的成就与问题，并在解读新近签署的《欧洲宪法条约》的基础上，运用法条诠释、比较研究、实证分析等方法，系统、深入地论述欧盟法作为当今世

① 有关中国研究欧盟法律的概况（截至21世纪初），参见曾令良、姚艳霞：《欧洲联盟法律研究在中国：过去、现在与未来》，载《欧洲法通讯》第三辑，法律出版社2002年版。

界自成一类的法律体系所具有的特征和一系列具有整体性、根本性的法律问题。主要内容有：欧盟及其法律的核心概念、欧盟一体化的标志性历程、欧盟的宗旨与原则及其演变、欧盟权能的类型与领域、欧盟法律体系的基本框架、欧盟的法律渊源及其等级问题、欧盟法与成员国法的关系、欧盟的治理结构及其改革、欧盟法律的制定及其程序、欧盟法律的实施与执行、欧盟的司法审查制度、欧洲法院的初步裁决管辖权和欧盟的非契约性侵权责任与赔偿制度，等等。

本著作的原料，除极少数是中文的参考资料外，绝大多数来源于外文，即原始的欧盟法律文件、欧盟官方出版物、欧洲法院判例、欧盟官方网站和欧美学者的著述。作者在吸收欧美先进研究成果的基础上，在体系与内容的构建和学术观点等方面体现出一个中国籍的欧盟法学者的一些独有见解。

在体系和内容构建上，本书根据欧盟法的特质，采取循序渐进的方式，从贯穿欧盟法的核心概念入手，在高度概括欧盟一体化进程的大背景下，依次宏观阐释欧盟的宗旨、原则、权能、法律体系、法律渊源及其与成员国法的关系、治理结构等基本法律问题，紧接着逐一深入地揭示欧盟在立法、执法和司法三个基本层面的基本特点和各种错综复杂的具体法律问题。

在学术观点上，这里略举几例，供学界同仁们探讨和雅正。在欧盟及其法律体系的本质特征这一颇有争议的问题上，本书的作者一直既反对盲目追随欧美盛行的“超国家说”，又不完全赞同国内部分学者固守的“国家间说”或“政府间说”，而仍然坚持其在20世纪80年代末、90年代初提出的“诸多超国家因素说”。① 在如何给新近问世的《欧洲宪法条约》的定性问题上，笔者提出了“两重性”的观点，即这一最新的欧盟基本法律文件，无论是从其制定的程序上考察，还是具体分析其内容，都表现出条约和宪法的两重属性。通过剖析《欧洲宪法条约》和欧盟现行的实践，笔者

① 参见曾令良：《欧洲共同体与现代国际法》，武汉大学出版社1992年版及其繁体中文修订版《欧洲联盟与现代国际法》，台湾志一出版社1994年版。

首次将欧盟的宗旨分为一般宗旨和具体宗旨，又将后者分为对内目标和对外目标；与此同时，梳理出欧盟的六项基本原则，并将这些基本原则与欧盟权能行使的三项原则区别开来。本书在阐述欧盟的法律渊源时，对国内学者所忽略的“软法”、一般法律原则和各种欧盟法律渊源之间的梯级关系等深层次问题有较深入的分析，且有个人独立的看法。在论及欧盟的治理结构和法律制定时，笔者通过揭示欧盟主要机关及立法机关组成的“混合性”特征，得出结论：欧盟的立法由过去的“国家意志取向”正在转变为“国家意志与民众意志共同取向”。

本书的资料积累、调查研究和撰写与修改前后持续了20余年。著者自1984年以来，一直将欧共体/欧盟法这一新兴的法律体系作为自己的两个主要研究方向之一（另一个方向是WTO法）。笔者在国内的硕士、博士论文选题均为欧盟法领域。先后在美国、欧洲四次攻读学位、研修或讲学期间，也均将欧盟法作为重点之一。自上个世纪80年代末以来，著者几乎每年都给国际法专业研究生主讲欧盟法专题课程。与此同时，计划在自己的博士论文《欧洲共同体与现代国际法》出版后（1992年），争取水到渠成，早日出版一部具有总论性质的欧盟法著作。但是，因种种主、客观原因，迟迟不曾如愿以偿。首先，在20世纪80年代中后期到21世纪初的近15年期间，中国一直处于“复关”和加入WTO的谈判进程之中，其间不断涉及诸多国内过去鲜为人知的国际法律问题。作为一个早年在留学美国期间曾主攻GATT/WTO法的学者，笔者适时调整研究计划，暂时搁置欧盟法书稿的撰写，集中时间精力投向中国理论与实际最急需的WTO法的研究上。其次，欧盟的法律体系十分庞杂，而且其一体化的动态性和演进性尤为明显，没有多年的跟踪、积累和潜心研究，是不可能写出一部既能反映欧盟法的系统性，又保持其时代进步性的总论来的。最后，近八年多来，笔者一直兼任武汉大学法学院院长，繁杂的行政管理工作是这部著作延缓付梓的因素之一，尽管本书的研究与撰写大都是在工作之余的夜晚、周末和节假日以及在国外研习与讲学期间。

本书能最终面世，得益于很多学界前辈、同仁和国内外机构的鼓励和支持。首先，我要特别感谢我的良师益友梁西教授引领我走进国际法及国际组织法学的殿堂，这部书的研究思路、视角和方法无不受到先生一贯为人、为学和为事的潜移默化的影响。其次，我要感谢密歇根大学法学院、欧洲大学研究院、伯明翰大学法学院、丹佛大学法学院、伊利诺斯科技大学肯特法学院先后给我提供一流的研究条件；尤其要感谢 E. 斯坦恩（E. Stain）、J. 怀勒尔（J. Weiler）、F. 斯奈德（F. Snyder）三位世界著名的欧盟法学家，是他们在我留学欧美期间给我系统传授欧盟法，并亲身指导我的研究工作；F. 斯奈德教授多年来还一直坚持给我免费寄送他的研究成果和相关的研究资料，感激之情，难于言表。

我之所以能多次赴美从事原汁原味的欧盟法研习工作，除了我所在的工作单位武汉大学法学院和国际法研究所的支持外，还要特别感谢福特基金会、中美法学教育交流委员会、意大利外交部、欧盟委员会、中欧高等教育合作项目和富布莱特基金会等机构和项目的资助和运作。我还要感谢武汉大学自 1993 年以来毕业的历届国际法专业的研究生，与他们的教学互动给了我许多的启发。尤其是要感谢张华博士，他为本书进行了第一审校工作，而且还提出了若干重要的修改意见。武汉大学出版社的张琼女士为本书的出版倾注的职业热情，令人感动。此外，我要感谢夫人钟晓红女士多年来对我生活的关照。最后，本书的研究与出版还得益于中国—欧盟研究中心项目（ESCP）的资助，特致谢忱！诚然，书中错误、遗漏、不当之处势必难免，这些均应由作者负责，并欢迎学界同仁和广大读者批评、指正，以便将来修订完善。

曾令良

2007 年 2 月 11 日于武汉珞珈山

专门术语缩略表（中外文对照）

Bull EC	Bulletin of the European Communities	欧洲共同体公告
Bull EU	Bulletin of the Eruopean Union	欧洲联盟公告
BYIL	British Yearbook of International Law	英国国际法年刊
CAP	Common Agricultural Policy	共同农业政策
CCT	Common Customs Tariff	共同海关税则
CEE	Charges of Equivalent Effect	同等效果的收费
CE	Compulsory Expenditure	强制性开支
CFI	Court of First Instance	初审(第一审)法院
CFSP	Common Foreign and Security Policy	共同外交与安全政策
CJHA	Coopeation in Justice and Home Affairs	司法与内务合作

CMLR	Common Market Law Reports	共同市场法报告
CML Rev.	Common Market Law Review	共同市场法评论
COREPER	Committee of Permanent Representatives	常驻(设)代表委员会
DG	Director General	总干事
EBLR	European Business Law Review	欧洲商法评论
EC	European Community	欧洲共同体
EAGGF	European Agricultural Guidance and Guarantee Fund	欧洲农业指导与保证基金
ECB	European Central Bank	欧洲中央银行
ECJ	European Court of Justice	欧洲法院
ECHR	European Convention on Human Rights	欧洲人权公约
ECLR	European Competition Law Review	欧洲竞争法评论
ECOSOC	Economic and Social Committee	经济与社会委员会
ECR	European Court Reports	欧洲法院报告
ECSC	European Coal and Steel Community	欧洲煤钢共同体
EC Treaty	European Community Treaty	欧洲共同体条约
ECU	European Currency Unit(s)	欧洲货币单位
EDC	European Defence Community	欧洲防务共同体
EEA	European Economic Area	欧洲经济区
EEC	European Economic Community	欧洲经济共同体
EFTA	European Free Trade Association	欧洲自由贸易联盟
EIB	European Investment Bank	欧洲投资银行

EIPR	European Intellectual Property Review	欧洲知识财产评论
EJIL	European Journal of International Law	欧洲国际法杂志
ELJ	European Law Journal	欧洲法杂志
EL Rev.	European Law Review	欧洲法评论
EMS	European Monetary System	欧洲货币体系
EMU	European Monetary Union	欧洲货币联盟
EPC	European Political Cooperation	欧洲政治合作
ERTA	European Road Tranport Agreement	欧洲公路运输协定
ESCB	European System of Central Banks	欧洲中央银行体系
EU	European Union	欧洲联盟
Euratom	European Atomic Energy Community	欧洲原子能共同体
GATT	General Agreement on Tariffs and Trade	关税与贸易总协定
GNP	Gross National Product	国民生产总值
IGC	Intergovernmental Conference	政府间会议
ILO	International Labor Organization	国际劳工组织
MEP	Members of European Parliament	欧洲议会议员
NATO	North Atlantic Treaty Organization	北大西洋公约组织
NCE	Non-Compulsory Expenditure	非强制性支出
OECD	Organization for Economic Cooperation and Development	经合组织

OJ	Official Journal	官方公报
SEA	Single European Act	单一欧洲文件
TEU	Treaty on European Union	欧洲联盟条约
UN	United Nations	联合国
VAT	Value Added Tax	增值税
WEU	West European Union	西欧联盟
WHO	World Health Organization	世界卫生组织
WTO	World Trade Organization	世界贸易组织
YBEL or YEL	Yearbook of European Law	欧洲法年刊

第一章
欧洲联盟的一体化进程

第一节　欧洲联盟及其法律的若干基本概念问题

研究欧洲联盟（以下简称为“欧盟”）及其法律，难免被一系列专门的概念所困惑。这些常见的核心术语有：欧洲共同体（European Community 或复数 European Communities）、共同体（Community）、共同市场（Common Market）、内部市场（Internal Market）、统一或单一大市场（Uniform 或 Single Market）、欧洲联盟（European Union）、欧洲经济与货币联盟（European Economic and Monetary Union）、欧洲政治联盟（European Political Union）、欧洲政治合作（European Political Cooperation），等等。这些概念在欧盟的一体化进程中，有的是欧盟在特定时期的名称；有的不仅是欧盟特定时期的称呼，而且同时又是现行欧盟的组成部分。因此，作为学习与研究欧盟法的前提，首先必须弄清上述这些基本概念的来历及其含义。

一、欧洲共同体与欧洲联盟的概念

（一）欧洲共同体

欧洲共同体的英文复数名称（European Communities），简称为“欧共体”或“共同体”，在《马斯特里赫特条约》（Maastricht Treaty）① 之前，一直是欧洲煤钢共同体（European Coal and Steel Community）（简称为“煤钢共同体”）、欧洲原子能共同体（European Atomic Energy Community）（简称为“原子能共同体”）和欧洲经济共同体（European Economic Community）（简称为“经济共同体”）的总称。当欧共体以英文单数形式出现时，则有可能仅指欧洲经济共同体。鉴于欧洲经济共同体的活动范围已大大超出经济领域，同时避免名称上的混乱，《马约》（即欧盟条约）第 G 条和修订后的《欧洲经济共同体条约》第 1 条将欧洲经济共同体的名称正式改为“欧洲共同体”②。因此，本书以下使用“欧洲共同体”或“欧共体”概念时，除非特指，将仅指原来的欧洲经济共同体和现在作为欧盟组成部分（第一支柱）的欧共体。又由于煤钢共同体和原子能共同体均只涉及单一的部门，而欧洲一体化进程及其法律原则、规则、规章和制度主要集中体现于欧共体，因此，本书所阐述的欧共体法，同时包括现行的欧共体法律和《马约》之前的欧洲经济共同体法。

此外，鉴于欧共体自《马约》以来已经成为欧盟的组成部分，在使用欧盟概念时自然就包括欧共体，即使是《马约》以前的欧共体，也是将它视为整个欧盟一体化进程中的一个时期。所以，一般情况下，不再刻意在欧盟与欧共体之间做出区分。当然，在特定领域内或事项上，现行的欧盟是不可以替代或包括欧共体名称的。

---

① 即《欧洲联盟条约》，简称为《马约》，1992 年 2 月 7 日由当时的欧共体 12 个成员国的代表在荷兰马斯特里赫特市签署，经上述各成员国依各自宪法规定批准后，于 1993 年 11 月 1 日正式生效。

② 不过，欧盟的司法机关的名称仍为“欧洲共同体法院”，英文仍以复数形式：The Court of Justice of the European Communities。See P. S. R. F. Mathijsen, A Guide to European Union Law, sixth edition, Sweet & Maxwell, 1995, p. 4.

例如，欧盟目前还不具有国际法主体资格，而欧共体具备这种资格，因此，欧盟大量的国际协定是由欧共体与第三国或国际组织缔结。又如，在世界贸易组织中，欧共体，而不是欧盟，具有完全的成员资格。

引人注目的是，新近缔结的《欧洲宪法条约》没有沿袭《马约》、《阿姆斯特丹条约》（简称为"《阿约》"）和《尼斯条约》的篇章和条文结构，不再将欧共体作为欧盟的一个独立支柱来对待，《欧共体条约》也不再作为整个欧盟条约的一个单独部分存在，而是将欧盟所有的政策领域和职能范围置于统一的宗旨、价值、原则、结构、机制和运作之中。可见，一旦《欧洲宪法条约》生效，欧共体名称势必成为历史，将完全由欧盟所取代。

（二）欧洲联盟

现时的"欧洲联盟"与其说是一个法律概念，倒不如说是一个政治概念，因为在法律上它迄今还不具备完全的权利能力和行为能力，而更多地是表示欧洲一体化的最终目标。虽然自《马约》生效以来欧洲联盟的称呼已被越来越多的人们所接受，但是它并不象欧共体那样具有法律人格①。在《马约》之前，尽管"欧洲联盟"概念在有关的文件和学者的著述中早已出现，但它指的是包括一整套理论、思想、建议和措施在内的政治一体化的演进过程和终极目标。

第二次世界大战之后，"欧洲联盟"的概念可以追溯到《欧洲经济共同体条约》。其序言明文指出成员国首脑决心为一个"欧洲人民间空前紧密的联盟"打下基础。这一"空前紧密的联盟"（ever closer union）隐含着一种能动的一体化推动运动，既可以被视为欧共体的思想基础，也可以被看成是欧共体的最终目标。然而，"欧洲联盟"概念的正式提出始于20世纪70年代初。在1972年10月的巴黎首脑会议上，成员国首脑们曾宣称：在完全尊重已签署的各项欧共体条约的前提下，将把成员国之间的整体关系转变

---

① See P. S. R. F. Mathijsen, A Guide to European Union Law, sixth edition, Sweet & Maxwell, 1995, p. 5, note 6.

为以建立欧洲联盟作为主要目标。其后，欧共体委员会、欧洲议会和其他临时机构分别就欧洲联盟的建立递交研究报告或条约草案。① 在上述行动的推动下（特别是1984年欧洲议会制定的《欧洲联盟条约草案》），1987年《单一欧洲文件》的序言再次确认各成员国决心将其关系作为整体转变为一个欧洲联盟。至此，“欧洲联盟”作为一种思想和理论日臻成熟，但是作为一种更高级的法律合作形式仍处在动议、研究和推动阶段。

1993年生效的《马约》正式定名为《欧洲联盟条约》，标志着欧盟一体化进程正式从欧共体时代进入欧盟时代，尽管欧共体的法律人格继续保留，其所致力的经济及社会领域的一体化仍然是欧盟的基础和核心。值得注意的是，虽然这一基本文件定名为《欧洲联盟条约》，但是并未确定欧洲联盟的概念与范围。尽管如此，我们仍可以从该条约的条文结构和主要内容中勾画出这一联盟的基本轮廓。它由三大支柱构成：第一支柱是当时三个共同体（即煤钢共同体、原子能共同体和经济共同体），第二支柱是共同外交与安全政策（即以此前的欧洲政治合作机制为雏形）及防务政策，第三支柱是新设计的司法与内务合作（现为警察与刑事司法合作领域）。其中第一支柱继续保留其所谓的“超国家”机制，而第二和第三支柱则在“政府间”层面上运作，但在统一的欧盟组织结构之内。可见，尽管三个支柱分别处于不同的一体化水平面，欧盟还是希望能够通过其单一的组织机构来保证政治、经济、安全、外交、科技、教育、文化和其他社会发展领域等政策的协调，并力求一致。欧洲联盟的宗旨可以概括为两个方面：第一，通过建立经济及货币联盟和经济及社会政策的凝结，促进整个联盟的经济与社会的平衡和可持续发展；第二，通过实施共同外交与安全政策来建立

---

① 例如，欧共体委员会于1975年6月26日作成的《欧洲联盟报告》，See Suppl. 5/75—Bull. EC；1975年12月29日由当时比利时总理主持制订的《廷德曼斯报告》（Tindemans Report），See Suppl. 1/76—Bull. EC；由欧洲议会于1984年通过的《欧洲联盟条约草案》（Draft Treaty Establishing the European Union），See Bull. EC 2—1984.

政治联盟，进而形成一个共同的防务政策，在国际层面上维护欧盟的特殊身份。

二、共同市场与内部市场的概念

研究欧盟问题的学者经常将“共同市场”概念等同于“欧共体”概念来交替使用，尤其是在欧盟经济学界。法律学界最显著的例子是荷兰出版的《共同市场法评论》(Common Market Law Review)。这一专业期刊是国际上研究欧盟法律问题最权威的杂志之一，其共同市场法概念无疑是指整个欧盟法，尤其是指欧共体法。

其实，从法律角度来看，共同市场只是欧共体的一个组成部分，当然是最基本的要素，表示欧盟一体化进程中的一个阶段。国家间的区域经济一体化可以是多层次的法律形式，常见的有自由贸易区（free trade area)、关税同盟（customs union)、共同市场和经济及货币联盟(economic and monetary union)，它们分别标志着区域经济一体化由低到高的不同程度。其中自由贸易区是最低一级，也是最普遍的区域经济一体化组织形式。在这种区域内，各成员国同意彼此之间的进出口贸易免收关税和免受非关税的限制措施，甚至包括实现服务贸易自由化，但各成员国仍保留各自对来自第三国货物的关税制度和其他贸易管制措施。关税同盟是较高一级的区域经济一体化形式，各成员国除了彼此之间的货物流通自由或包括服务贸易自由外，还对第三国实行统一的关税制度，即一方面对第三国适用单一的关税税则；另一方面第三国的货物只要在任何一个成员国通过验关手续，就可以在所有成员国之间自由流通。共同市场则是高于关税同盟的一级区域一体化形式。共同市场的成员国之间除了货物流通自由和统一对外关税外，还在劳务、资本、支付、设立公司和服务等领域也实现自由，并实行共同的经济政策以及与经济相关的社会政策，而且还对第三国实行共同的商业政策。最后，经济及货币联盟是最高一级的经济一体化形式。此等联盟的成员国在共同市场的基础上，还同意建立统一的中央银行体系，设立单一的货币并促使成员国的经济政策和社会政策的趋同化①。

此外，在欧盟的有关文件和学者的著述中曾经常出现“内部市场”或“单一市场”的概念，而且将这些概念作为“共同市场”甚至欧共体的代名词来使用。从严格意义上讲，“内部市场”或“单一市场”概念并不完全等同于上述“共同市场”概念。前者着重表述的是后者的对内一面，而一般不涉及后者的对外一面。因此，“内部市场”或“单一市场”是“共同市场”的组成部分，而不是它的全部。依照 1987 年生效的《单一欧洲文件》，欧共体的共同市场于 1992 年底建成。

三、欧洲政治合作与欧洲政治联盟的概念

欧洲政治合作和欧洲政治联盟是欧盟政治一体化进程中先后建立的两种机制。前者是当时的欧共体成员国在《马约》生效之前在外交政策领域从事合作的一种机制。其主要内容是就重大国际问题，尤其是国际突发事件对外用“一个声音”讲话和采取共同立场，并尽可能实施联合行动。在《单一欧洲文件》之前，欧洲政治合作没有坚实的法律基础，完全是在自愿的基础上通过一系列的报告、宣言、承诺和惯例等形式而逐渐形成的。《单一欧洲文件》正式以基本条约的法律形式将欧洲政治合作予以法典化。尽管如此，这一政治合作机制纯属政府间性质，欧洲法院对于这一机制内的事项无司法管辖权，委员会和欧洲议会的介入也十分有限。②

1990 年 2 月，当欧共体成员国政府首脑一致同意召开一个政府间会议起草欧洲货币联盟条约草案时，法国政府提议应在草案中包括一个“政治联盟”的内容。这一建议立即得到刚刚统一的德国的热情支持。在法德的联合驱使下，除英国外，其他成员国也赞

---

① James D. Dinnage & John F. Murphy (ed.), The Constitutional Law of the European Union, 1996, p. 12.

② 关于欧洲政治合作的形成与发展、特点与性质，详见曾令良：《欧洲政治合作与欧洲共同体》，载《武汉大学学报》（哲学社会科学版）1991 年第 3 期。

成起草政治联盟条款。虽然最后形成的《马约》中并未直接采用“政治联盟”的术语，但是其序言、“共同条款”、“共同外交与安全政策”条款和“联盟公民权”条款等，均专门阐述或集中规定了“政治联盟”的内容，并明确地取代了以前的“政治合作”概念。与先前的政治合作机制相比，“政治联盟”概念在若干方面显示出成员国之间政治一体化将迈向新阶段。首先，《马约》强调各成员国和欧共体在“政治联盟”中的伙伴关系，即：它们共同讨论决定政治联盟中的各种事项。其次，虽然政治联盟与经济货币联盟不同，仍然在欧共体法律框架之外，但是《马约》第C条规定其运作应在统一的组织结构中进行。因此，原来的欧共体理事会被改称为现在的欧洲联盟理事会。更重要的是，政治联盟的内容与先前的政治合作相比更为广泛。除原有的共同外交政策外，新增添了共同安全以及最终的共同防务政策、联盟公民权和司法与内务合作。

第二节 欧洲联盟一体化的标志性历程

一、从舒曼计划到欧洲煤钢共同体的建立

正如一位著名的欧共体法学家所指出的，每一个国际组织是一系列历史事件的产物，同时也是其缔造者的信念、希望和牵挂的反映。欧盟亦不例外，要全面认识欧盟的现在，就必须首先了解其历史背景。①

虽然早在1849年维克多·雨果（Victor Hogo）就提出了“欧洲合众国”的思想，但是真正的西欧一体化运动则是从第二次世界大战结束之际开始的。十分有趣的是，尽管英国并未参加组建欧共体，提出战后欧洲联合的思想则出自英国的政治家。1946年9月19日，英国首相丘吉尔（W. Churchill）在苏黎世大学的演讲中

---

① James D. Dinnage & John F. Murphy (ed.), The Constitutional Law of the European Union, 1996, p. 12.

提出“重建欧洲大家庭”，并为这一大家庭“提供一个和平、安全和自由居住的结构”。他还指出“重建欧洲大家庭的第一步必须是法国与德国之间的伙伴关系”。英国首相这一著名演讲的思想在很大程度上激励了法国政府于 1950 年提出建立欧洲煤钢共同体的倡议。

1950 年 5 月 9 日，法国外长罗伯特·舒曼（R. Schumann）宣称：一个联合的欧洲是世界和平所必不可少的，而欧洲国家的联合需要消除法国与德国之间长达世纪之久的敌对状态。于是，他建议：第一个实际步骤是“将整个法国和德国的煤钢生产置于一个联合的高级机构之下”，该机构是“一个向其他欧洲国家开放参加之组织”的最高执行机关。法国的这一建议得到德、荷、意、比、卢五国的积极响应。1951 年 4 月 8 日，六国在巴黎正式签订《建立欧洲煤钢共同体条约》，通称《巴黎条约》或《煤钢共同体条约》。该条约经六国批准后于 1952 年 7 月 25 日生效，欧洲煤钢共同体（European coal and Steel Community）正式成立。

二、从欧洲政治共同体和防务共同体的破产到《合并条约》

欧洲煤钢共同体从酝酿、谈判到成立，整个进展均十分迅速和顺利。究其原因，可归纳为如下两个方面：首先，从经济角度来看，第二次世界大战使西欧各国的经济濒临崩溃，为了战后复兴经济，西欧国家必须按“马歇尔计划”的要求，以联合的方式得到美国的财政援助。其次，从政治角度来看，当时在美国的煽动下，为了防止所谓的共产主义蔓延，六国认为急需将煤钢这两个军需工业联合起来。煤钢共同体成立之后，六国立即着手组建欧洲政治共同体（European Political Community）和欧洲防务共同体（European Defence Community）。然而，1953 年的两个事件（斯大林逝世和朝鲜战争结束）使六国的政治家们改变了初衷，认为在政治和军事领域建立类似煤钢共同体那样紧密的合作形式不再成为必要。结果，这两个共同体流产。

虽然成员国之间在政治和军事领域的一体化受阻，但是经济一体化的企图却一直没有间断。1955 年，比、荷、卢三国根据煤钢共同体和三国关税同盟建立的成功经验，建议设立共同市场和原子能共同体，使六国的经济一体化产生更大的规模效益。同年，六国责成比利时外长斯伯克（Spaak）提交具体的可行性报告。1956 年《斯伯克报告》（Spaak Report）获得通过，六国开始起草和谈判建立共同市场和原子能共同体的条约。1957 年 3 月 25 日，六国在罗马签署了这两个条约，通称为《罗马条约》。1958 年 1 月 1 日两个条约正式生效，欧洲经济共同体（European Economic Community）和欧洲原子能共同体（Euroepan Atomic Energy Community）宣告成立。

尽管经济共同体和原子能共同体的组织框架基本上是以煤钢共同体为模型的，但是此时的三个共同体只有大会和法院这两个机关是共有的，理事会和委员会这两个决策/立法与执行机关仍是分立的。直到 1965 年 4 月 8 日，六个成员国才签署《建立欧洲共同体单一理事会和单一委员会条约》，简称为《合并条约》。该条约于 1967 年 7 月 1 日正式生效。从此，三个共同体虽是分立的实体，各自拥有独立的法律人格，但以统一的组织机构方式开展工作。如是，有相当多的欧盟问题学者认为，作为三个共同体统称的欧共体，其诞生应从此时开始计算。

三、欧洲联盟的空间扩展

根据原来的三个共同体条约的规定，① 任何欧洲国家均可申请加入欧共体。虽然每个共同体是独立的法律人格者，但是申请国必须同时加入三个共同体，不可以只选择加入其中一个或两个共同体。尽管三个共同体条约并没有就此作出规定，“无选择加入”或“一揽子加入”原则已成为惯例。然而，在加入程序上，三个共同体不尽一致。在煤钢共同体中，申请国的加入由理事会在取得委员会的意见后，以全体一致同意为之。在经济共同体中，加入应由理事会与委员会协商并征得欧洲议会同意后，以全体一致同意为之。

---

① 参见《经济共同体条约》第 237 条；《原子能共同体条约》第 205 条；《煤钢共同体条约》第 8 条。

在原子能共同体中，加入的程序大致与经济共同体相同，但理事会不必征得欧洲议会的同意。

《马约》以一种同一的加入程序取代了原来三个共同体条约关于加入的条款。根据该条约第 O 条的规定，任何欧洲国家可以申请加入欧洲联盟。申请国应向理事会递交，后者应分别与委员会协商和取得欧洲议会的同意，然后以全体一致同意的方式决定。当然，加入的具体条件应由申请国与各成员国通过谈判来达成协定，而且这种协定由各缔约国依照本国的宪法规定予以批准。

迄今为止，欧盟的空间已经历了五次扩大。

其中第一次接纳新成员国的谈判最为复杂和费时。最初，西欧大陆六国曾邀请英国一起组建经济共同体和原子能共同体，但遭到英国的拒绝。其中的原因是多方面的。首先，当时的英国仍是世界上最大的殖民帝国，不愿意因加入欧共体而动摇英联邦体制内成员国间的紧密联系。其次，虽然在二战中英国的经济也遭受严重的破坏，但它的政府结构和生活方式并不曾受到大的影响；英国又是一个岛国，在两次大战中均未被敌国占领，英国独立的思想，同欧洲大陆结盟的主张相比，在岛内占上风。再次，英国政治家认为欧共体的一体化模式对国家的主权和独立构成超常的限制。此外，英国与美国还建立有长期的伙伴关系，这种特殊的关系使加入欧共体的问题变得无足轻重。因此，英国在 1959 年一方面拒绝参加欧共体的组建，另一方面又提出建立一个“自由贸易区”。当其自身的建议未被欧洲大陆六国所接受之后，英国于 1959 年牵头创建了“欧洲自由贸易联盟”（European Free Trade Association，EFTA）。

然而，欧洲自由贸易联盟与欧共体相比，毕竟是一种较低一级的、松散的一体化组织，其地位、作用和影响均不及日益上升的欧共体。1961 年英国首次主动申请加入欧共体。当 1963 年英国准备谈判有关加入协定时，却遭到法国的否决。1967 年英国重新提出申请，再次遭到法国的反对。1970 年英国第三次申请终于获得成功。经过谈判，欧共体与英国、丹麦、爱尔兰和挪威四国于 1972 年 1 月 22 日在布鲁塞尔签署了加入条约。英、爱、丹三国于 1973 年 1 月 1 日正式成为欧共体的第一批新成员国，挪威则因国内公民投票反对而未能加入。至此，欧盟成员由六国扩大到九国。

第二次扩展始于20世纪70年代中期。1975年6月12日，希腊正式提出加入申请，经过几年的谈判，双方于1979年6月28日在雅典正式签署加入条约，于1981年1月1日成为欧共体的第十个成员国。

第三次扩展的方向是南欧。1977年5月和7月，葡萄牙和西班牙分别向欧共体递交加入申请书。欧共体分别于1978年10月和1979年2月开始与葡、西两国举行加入谈判，并于1985年6月12日签署加入条约。西、葡两国的加入使欧共体的成员国总数从1986年1月1日起增至12个。

第四次扩展发生于20世纪90年代中叶。1992年底，欧共体共同市场建设的顺利完成，极大地吸引着欧洲自由贸易联盟国家。从1994年1月1日起，欧共体与欧洲自由贸易联盟国家签署的《欧洲经济区协定》正式生效。与此同时，欧洲自由贸易联盟中的奥地利、芬兰、挪威和瑞典加快了与欧共体谈判加入的步伐。同年3月，理事会和委员会分别同意四国的加入条件；5月，欧洲议会批准四国的加入条约。时至11月，芬兰、奥地利和瑞典三国的公民投票赞成加入，而挪威的加入再次遭到国内公民投票的否决。从1995年1月1日起欧洲联盟的成员国总数已达15个。

第五次扩展的目标是东欧国家和地中海国家，是欧盟历史上迄今规模最大的一次扩大。1997年12月中旬，欧盟在卢森堡举行首脑会议，欧盟的东扩问题是这次会议的主要议题之一。在会议结束时通过的最后声明中，欧洲理事会决定启动吸收10个中、东欧和地中海国家加入欧盟的进程。为此，欧洲理事会决定成立欧洲会议机构，参加这一机构的将是欧盟全体成员国和被确定加入欧盟的欧洲国家。加入谈判于1998年3月30日正式启动，参加谈判的有12个申请国：保加利亚、塞浦路斯、捷克、爱沙尼亚、匈牙利、拉脱维亚、立陶宛、马耳他、波兰、罗马尼亚、斯洛伐克和斯洛文尼亚。谈判的一个重要基本原则是，所有的申请国必须接受现行的欧盟法律。至于具体领域或部门的融合则可以通过谈判不同的过渡期方式予以解决。2004年5月1日，欧盟正式接纳了10个新成员国，它们分别是塞浦路斯、捷克、爱沙尼亚、匈牙利、拉脱维亚、立陶宛、马耳他、波兰、斯洛伐克和斯洛文尼亚。至此，欧盟成员国由15个增至25个。

与此同时，保加利亚和罗马尼亚的谈判仍在继续中，预计2007年将结束加入谈判，并使欧盟的成员国总数达到27个。①

值得注意的是，土耳其自1987年提出加入欧盟申请以来，已两次遭到拒绝。在上述1997年的首脑会议上，欧洲理事会曾经认为土耳其的政治和经济条件还无法使欧盟考虑它加入欧盟问题。欧盟的这一决定引起了土耳其的强烈抗议，后者甚至扬言：如果欧盟在1998年6月之前不召开新的首脑会议来修改有关土耳其的决定，土耳其将正式撤回加入欧盟的申请。最后，理事会几经磋商，终于在说服希腊之后对土耳其作出了一定的让步，邀请土耳其参加新成立的“欧洲会议”。欧盟与土耳其的加入谈判于2005年正式启动，同时还有克罗地亚。因此，欧盟在不远的将来势必拥有近30个成员国的活动空间。

四、从关税同盟到欧洲联盟——一体化领域的纵横拓展

欧盟的一体化，除上述组织机构的统一和空间范围的扩展之外，更主要的表现是在经济、社会、政治和法律等实质领域的不断演进。

（一）关税同盟的提前建立

关税同盟是欧共体的基础和第一个一体化目标。成员国间的关税同盟已于1968年7月1日正式建立，比原《经济共同体条约》确立的时间表提前了18个月。这就意味着从那时起，欧共体成员国之间的贸易已完全取消关税和非关税措施，并且对外实施了统一的关税制度。

---

① 2007年1月1日起，罗马尼亚、保加利亚正式成为欧盟成员国。当然，后文在论述有关欧盟法律制度时，如无特别说明，均以第五次扩大后的欧盟制度设计为标准。

(二)《单一欧洲文件》的历史意义

关税同盟实现以后，欧共体就着手从事统一大市场的建设。1985 年 6 月，委员会向理事会递交了一份题为“完成内部市场”(Completing the Internal Market) 的《白皮书》(White Paper)。在该文件中，委员会制订了一整套计划和时间表来取消成员国间货物流通、人员流动、资本流通及支付、开业和服务等领域的障碍，协调各种规则，使成员国的立法和税收结构趋于接近和加强货币合作。为实现内部统一市场，《白皮书》规定采取有力措施着重消除三方面的障碍，即：(1) 物质障碍 (physical barriers)；(2) 技术障碍 (technical barriers)；(3) 财政障碍 (fiscal barriers)。

为了使上述《白皮书》的综合计划付诸实施，各成员国决定以《单一欧洲文件》(Single European Act) 的形式修订原来的欧共体基本条约。经过谈判，12 个成员国的代表于 1986 年 2 月 17 日和 18 日签署了《单一欧洲文件》。该条约于 1987 年 7 月 1 日正式生效，它是欧盟一体化的一块重要里程碑。它不仅修订了原来的《煤钢共同体条约》、《原子能共同体条约》和《经济共同体条约》，而且建立了欧洲政治合作机制。其实质和重要意义可概括为如下几个方面：

第一，确立了“内部市场”的概念、目标和期限及相应的措施。它将内部市场确立为“一个没有内部边界的地区，其中货物、人员、服务和资本的自由流动得到保证”。该内部市场应于 1992 年 12 月 31 日前逐步得以建立。为此，它通过修订《经济共同体条约》，使理事会能够在更多的事项上以特定多数的方式决策，从而加快欧共体的决策程序。

第二，它在欧共体机构改革方面注入了新的规则，从而加强了欧共体机构的有效性和民主化。除了上述扩大理事会的特定多数表决的范围外，《单一欧洲文件》增强了欧洲议会在立法程序中的地位与作用。在某些方面欧洲议会享有二读权。更重要的是，它对于欧共体缔结的加入条约和联系协定享有否决权。

第三，它在经济共同体的框架内增添了五大新的政策与活动领域。它们分别为：(1) 经济与货币政策；(2) 社会政策；(3) 经济与社会联结政策；（4）共同研究与技术发展政策；（5）环境保护政策及协调行动。虽然其中大多数领域欧共体早已有所涉猎，但是《单一欧洲文件》是首次将这些领域以基本条约的形式进行系统规范和调整的法律文件。

第四，它将欧洲政治合作机制纳入法制轨道。尽管欧洲政治合作在此之前已经存在，但其运作主要是基于欧洲理事会的政治决议，缺乏明确的法律上的依据。《单一欧洲文件》首次以基本条约的形式为欧洲政治合作奠定了法律基础。诚然，欧洲政治合作并未纳入欧共体的所谓“超国家”法律框架之中，从而被排除在欧洲法院的司法管辖之外。

（三）《马斯特里赫特条约》：欧洲联盟诞生的标杆

20 世纪 80 年代末 90 年代初，欧共体一方面致力于内部统一大市场的建设，另一方面又在紧锣密鼓地设计欧洲联盟的蓝图——起草《欧洲联盟条约》。该条约经过成员国政府间会议谈判，于 1992 年 2 月 7 日在马斯特里赫特签署，故称之为《马斯特里赫特条约》（简称为《马约》）；虽然《马约》在各成员国依据各自宪法规定履行批准程序的过程中经过了一段波折，但是最终于 1993 年 11 月 1 日正式生效。该条约的生效标志着欧洲这一区域实体的一体化将以更大的步伐跨入 21 世纪。条约除序言和附件外，共分七个部分。第一部分规定设立欧洲联盟，并将其宗旨确定为：（1）建立一个最终包括单一市场在内的经济与货币联盟；（2）建立一个包括共同防务政策在内的共同外交与安全政策；（3）确立联盟公民权；（4）建立司法与内务合作机制（5）维护欧共体成果（或传统）① 和遵守“从属性原则”（principle of subsidiarity）。第二、三、四部分依次包括三个共同体条约的修订条款，重点是建立经济与货币联盟；此外，还增添了教育、文化、公共卫生、消费者保护

① 系指自欧共体成立以来，已被欧共体机构和成员国接受为调整有关欧共体各种活动的一整套原则、规则、协议、宣言、决议、立场、意见、目标和做法，而无论其是否具有法律约束力。See A. G. Toth, The Oxford Encyclopedia of European Community Law, vol. 1, 1990, p. 9.

和跨欧网络等新的领域。第五、六部分为共同外交与安全政策和司法与内务合作的具体条款。最后一部分为杂项，涉及条约的修正、效力、期限、语言、签署、批准、生效等内容。

概括起来，《马约》通过修订原欧共体条约和增补新的条款，将新建立的欧盟设计为由两个子联盟和三个支柱组成。这两个子联盟分别是欧洲经济与货币联盟和欧洲政治联盟。这三个支柱分别是三个欧洲共同体、共同外交与安全政策和司法与内务合作。

五、《阿姆斯特丹条约》和《尼斯条约》——欧洲联盟改革的新成果

（一）《阿姆斯特丹条约》的改革成就

举行《阿姆斯特丹条约》（以下简称为《阿约》）谈判的政府间会议于1996年3月29日在意大利都灵举行的欧洲理事会上正式开始。在此之前，由成员国外交部长、欧盟委员会和欧洲议会的代表组成的工作组进行了一系列的筹备工作并为政府间会议确立了议事日程。在工作组向1995年12月中旬召开的欧洲理事会递交的最后报告中，提出了谈判应涉及的主要领域，即：（1）使欧盟在人权、内部安全、就业和环境领域更接近其公民；（2）改进欧盟的效率和民主，为欧盟向东、中欧联系国扩大作准备；（3）给予欧盟在对外行动方面更大的权力。值得注意的是，《马约》关于欧洲货币联盟的条文被排斥在条约修正日程之外。1997年6月中旬举行的欧洲理事会就修正欧盟条约的《阿约》达成了政治协议。1997年10月2日《阿约》获得正式签署。《阿约》被称之为"《马约》第二"，因为谈判和缔结《阿约》的目的以及《阿约》的内容旨在进一步完善建立欧洲联盟的《马约》。《阿约》由《欧洲联盟条约》的修正条文、《欧洲共同体条约》的修正条文和13项议定书及51项宣言等法律文件组成，其中有8项宣言采用通告的形式。与此同时，《阿约》对修正后的欧盟条约和欧共体条约的条文序号统一进行了重新编排。

从实质内容上看，《阿约》的如下一些增补具有重要意义：

第一，明确将"自由、民主、尊重人权及基本自由和法治"列

为欧盟赖以建立的原则(《欧盟条约》第6条)。对于“严重和不断违反”这些原则的成员国,《阿约》还规定了颇为缜密的处理程序,有可能导致有关成员国权利的中止,如表决权(《欧盟条约》第7条)。对于意欲加入欧盟的国家,尊重基本权利构成申请加入欧盟的前提条件(《欧盟条约》第49条)。此外,《欧盟条约》序言和新增补的“欧共体社会政策篇”(《欧共体条约》第136条)明确地将1961年《欧洲委员会社会宪章》(Council of Europe Social Charter)和1989年《欧共体社会宪章》(EC Social Charter)确定的社会权利融入其中。更换后的《欧共体条约》第13条进一步规定,理事会可以采取适当行动反对基于性别、种族、宗教或信仰、伤残、年龄、性别定向的歧视。引人注目的还有,第3号宣言提到《欧洲保护人权与基本自由公约》的第6号议定书,并明确提到死刑不再在任何欧盟成员国使用;第10号宣言强调欧盟应尊重教堂和宗教组织在国内法的地位;第21号宣言强调欧共体在制定协调措施时应考虑到伤残人士。

第二,明确规定通过逐步立法建立一个“自由、安全和正义”的区域。为此,《阿约》包含了如下三方面的改革:

首先,《欧共体条约》新增加了第四篇关于签证、庇护、移民和其他有关人员自由流动的规定,其目的是保证《阿约》生效后的5年内在整个欧盟实现人员流动自由。不过,第3号和第4号议定书规定英国和爱尔兰宣布放弃选择人员自由流动篇,并认可两国之间的“共同旅游地区”(Common Travel Area)。第5号议定书涉及丹麦的特殊地位,同样规定丹麦宣布放弃选择人员自由流动篇和任何涉及防务的决定。

其次,通过规定新的法律措施来加强刑事事项的警察与司法合作(第三支柱)。这一新的法律措施就是理事会旨在促使成员国有关法律接近的“框架决定”(Framework Decisions)。这种决定的特点是:在欲达到的效果方面对成员国具有约束力,但成员国保留为取得有关效果选择具体形式和方法的权利(与第一支柱中的“指令”极为类似)。

最后，通过第2号议定书将《申根协定》(Schengen Acquis)①纳入欧盟框架。该议定书授权参加《申根协定》的13个成员国继续彼此间的更紧密的合作。对于每一项申根措施，理事会必须确定在《欧盟条约》或在《欧共体条约》的相关位置。《申根协定》具体转换到相关的欧盟或欧共体条约条款必须经理事会以全体一致的方式为之。只要没有发生此等转换，《申根协定》应被作为第三支柱的事项来对待。今后所有新加入的成员国必须毫无保留地接受《申根协定》。

第三，通过微观修改《欧盟条约》第五篇加强共同外交与安全政策的运作机制。例如，在理事会总秘书处设立一个新的“政策规划与早期告诫部”(Policy Planning and Early Warning Unit)，其职员从成员国、理事会、委员会和西欧联盟中抽调。同时，专门设立共同外交与安全政策的高级代表(High Representative)职位，由理事会总秘书处总干事担任。此外，为提高这一政府间合作领域的决策，《阿约》规定了一种不应阻止全体一致通过决定的建设性弃权(constructive abstention)。在这种情况下，弃权成员国不应有义务适用有关的决定，但是应接受有关决定约束欧盟。当理事会根据共同战略通过共同行动和共同立场时，或当实施这种行动或立场时，应以特定多数的方式为之。但是，一成员国“出于重要和被宣明的国家政策理由”可以请求全体一致的方式。不可忽视的是，欧共体享有无可争议的法律人格(《欧共体条约》第281条)，而欧盟条约没有明确赋予欧盟法律人格。在这种情况下，《阿约》第24条为欧盟在共同外交与安全政策方面和在刑事事项的警察与司法合作方面缔结国际协定提供了明确的法律依据。这实际上以间接的方式赋予欧盟国际法律人格，至少是一种有限的或特定的国际法律人格，即在此领域享有缔结国际条约的权利能力和行为能力。

① 该协定是指比利时、丹麦、德国、希腊、西班牙、法国、意大利、卢森堡、荷兰、奥地利、葡萄牙、芬兰和瑞典先后于1985年6月14日和1990年6月19日签订的，旨在逐步废除边界检查的协定，因该协定首次在卢森堡申根市签署而得名。

第四，欧盟条约第七篇专门为部分成员国利用欧盟的组织框架在特定领域进行更为紧密合作提供法律基础。其中有一系列条款为更紧密的合作规定了共同框架。首先，更紧密的合作必须至少与多数成员国有关。其次，这种合作既不能影响共同体成果（acquis communautaire）（包括具体进展、行动和通过的文件等），又不能影响非参加成员国的权能、权利、义务和利益。此外，所有成员国应被允许在任何时候成为更紧密合作框架的参加国，如果它们遵守更紧密合作的决定。

尤其要注意的是，如果部分成员国在第一支柱领域（欧共体）内进行更紧密的合作，还必须符合下列具体要求，即：这种合作不得涉及属于欧共体排他权能领域，不得影响欧共体政策，不得对贸易构成歧视或限制，不得歪曲成员国之间的竞争。鉴于这些限制条件，部分成员国在第一支柱领域进行更紧密合作的范围是极为狭小的。

第五，欧共体条约新增第八篇，专门规定就业问题。在第一支柱领域，《阿约》在具体政策方面的重点是应对日益突出的高失业率和社会政策问题。该篇规定，各成员国和欧共体应致力于开发就业的协调战略。欧洲理事会每年应考虑欧共体内的就业形势。经委员会提议并根据欧洲理事会的结论，理事会应每年制定就业政策指南并以此为依据对各成员国的就业政策进行检查。如果有必要，理事会可以对有关的成员国做成建议。欧盟旨在鼓励就业领域合作的“刺激措施”（incentive measures）可以经过共同决定程序予以通过。《阿约》还将《马约》关于社会政策的议定书融入《欧共体条约》第十一篇。

第六，《阿约》通过议定书的形式规划欧盟新一轮扩大背景下的组织建设，并增强欧盟立法与决策中的从属性原则和相称性原则以及成员国议会的作用。需要指出的是，《阿约》并没有解决欧盟即将扩大后的一些组织和决策方式的问题（如委员会委员的名额及其分配和理事会特定多数表决中的加权票确定），而是将这些问题留给了下述的《尼斯条约》。

（二）《尼斯条约》的新贡献

为了迎接欧洲联盟向东欧和地中海的扩展，[①] 并应对由此产生的欧盟机构设置、决策程序和运作机制等问题，在 1999 年的科隆和赫尔辛基会议上，欧洲理事会决定原来《马约》规划的旨在进一步修订《欧盟条约》的政府间会议应于 2000 年 2 月举行，并应于当年年底结束。2000 年 2 月，政府间会议如期举行，同年 12 月 7～9 日，欧盟首脑在法国南部城市尼斯召开欧洲理事会会议，通过了《尼斯条约》（Nice Treaty）。2001 年 2 月 26 日，欧盟 15 个成员国的外交部长又在尼斯正式签署了《尼斯条约》。各成员国根据各自的宪法规定履行批准程序后，[②]《尼斯条约》于 2003 年 2 月 1 日正式生效。

《尼斯条约》的一个重要贡献是改革现行的欧盟决策方式。其核心是在《阿约》的基础上进一步扩大以特定多数方式决策的事项，缩小以全体一致方式决策的范围。此外，根据欧盟成员国增多和成员国之间力量对比将随之发生新变化的趋势，《尼斯条约》对各成员国的加权票和理事会的法定多数票数进行了相应的调整。

《尼斯条约》另一个重要发展是对现行的欧盟主要机构进行了一系列的改革。对于未来的欧盟委员会，在组成人员方面将取消大国优势地位，改为一国一员制，并继而将委员会的委员名额改为小于成员国的总数，以提高委员会的工作效率，未来的欧盟委员会主

① 前德国外交部长一针见血地道出了欧盟热衷于东扩的根本原因："欧盟仅仅局限于西欧，就意味着存在一种分裂的国家体系：在西欧是一体化，在东欧却是旧的均势体系，即民族国家的导向、强制性的结盟、传统的利益政治、民族主义的意识形态和民族主义的对抗的长期危险，等等。如果没有一个建构其上的秩序，那么这种分裂的欧洲国家体系就会使欧洲变成一块长期动荡的大陆……"［德］菲舍尔：《从国家联盟到联邦：对欧洲一体化最终形式的思考——在洪堡大学的讲话》（2000 年 5 月 12 日），载曹卫东编：《欧洲为何需要一部宪法》，中国人民大学出版社 2004 年版，第 6 页。

② 在原 15 个成员国中，唯有爱尔兰在 2001 年 10 月 18 日举行的全民公决中否决了《尼斯条约》，后于 2002 年 10 月 19 日举行第二次全民公决获得通过。故《尼斯条约》比原计划的生效时间推迟了半年左右。

席的职权将得到加强。未来的欧洲议会议员总数和各成员国的分配名额也作了相应的调整。《尼斯条约》对欧洲法院进行改革的力度似乎更大，所提交的有关该法院的一系列改革方案最后在政府间会议上都获得通过。其中主要是加强和扩大初审法院的管辖权和扩大欧洲议会提出诉讼的权利。此外，《尼斯条约》对于审计院、经社委员会和区域委员会的组成及其成员的产生均做出了一些调整。

在尼斯会议上，除了上述事项外，还就下列问题展开了讨论：(1) 欧盟基本条约的简化，即将现行的四个条约的规定合并为一个条约，增强条约的清晰度和可读性；(2) 欧洲联盟内的权能划分，即哪些权能在欧共体层面上行使，哪些应该在国内和区域层面上行使，以及如何使不同的立法和行政场合之间的交互作用更为有效；(3)《基本权利宪章》与《欧盟条约》的融合，即根据尼斯会议宣言将《基本权利宪章》合并到《欧盟条约》之中。为此，在《欧洲联盟未来宣言》(《尼斯条约》的附件) 中，政府间会议决定将就这些问题展开更加广泛和更加深入地讨论。

关于《尼斯条约》对欧洲联盟所注入的新的法律内容，本书将结合以下各章的有关主题逐步进行具体阐述。

六、《欧洲宪法条约》——欧盟一体化新纪元的基石

欧盟各成员国在《尼斯条约》签署之后，在该条约还未生效而仍然处在批准过程的期间，就启动了《欧洲宪法条约》的制定工作，这在欧盟一体化历史上是没有过的。究其根本原因，就是要以尽快通过基本法律文件的方式应对欧盟历史上规模最大的一次扩大，特别是要尽快解决由此而产生的一系列迫在眉睫的重大问题，如欧盟扩大后决策的民主、透明度和效率问题；欧盟公民资格、基本人权与自由和公民其他权益的保障问题；欧盟自身安全及欧盟在全球和平与发展主题中的地位与作用问题，等等。这些问题不仅需要欧盟及其成员国和申请加入的国家妥善解决，而且还是欧洲广大民众普遍对欧盟扩大后最为关切的事情。

2001 年 12 月，欧洲理事会在比利时莱肯 (Laeken) 举行会议，并作出决定，成立由各方代表组成的欧洲未来制宪会议 (the

Convention on the Future of Europe)（以下简称为“制宪会议”），①来为欧盟未来起草新的基本法律文件，以便为政府间会议谈判和制定这一基本法律文件奠定尽可能公开和广泛的基础。制宪会议于2002年正式开展工作，并于2003年7月18日向欧洲理事会提交《欧洲宪法条约草案》（the Draft Treaty on Establishing a Constitution for Europe)。在2004年6月举行的欧洲理事会会议上，25个欧盟成员国和三个候选成员国首脑一致通过了经政府间会议谈判达成的《欧洲宪法条约》，并于同年10月29日正式签署这一宪法条约。根据该宪法条约第IV-447条的规定，它在各缔约国根据各自的宪法要求履行批准程序并交存批准书之后，应在2006年11月1日生效，或在最后一份批准书交存后的第二个月的第一天生效。

然而，《欧洲宪法条约》的批准过程并不顺利。2005年5月29日和6月1日，法国和荷兰先后举行公民投票，结果均相继否决了该宪法条约的通过。欧洲理事会鉴于这一结果，于同年6月举行会议进行磋商，达成的共识是：“我们感觉到原计划于2006年11月1日报告本条约的批准不能继续坚持，既然尚未批准本条约的那些国家将不能在2007年中期之前提供明确的答复。”目前，欧盟各成员国正在对是否批准《欧洲宪法条约》展开意见反馈、解释和讨论。欧洲理事会计划2006年上半年就讨论的情况进行审查。可见，欧盟各成员国并没有放弃批准《欧洲宪法条约》；不过，原定的生效时间表推迟至何时，迄今尚不明朗。②

《欧洲宪法条约》，一方面是集欧盟一体化不同时期的各种基本文件和既有成果之大成（在欧盟的组织结构、内部权力分配、决策方式、活动领域以及欧盟与成员国之间的权力分配等核心内容

---

① 另译为“欧洲未来大会”。参见曹卫东编：《欧洲为何需要一部宪法》，中国人民大学出版社2004年版，第93页。

② 2007年3月25日，欧盟及其成员国领导人聚首柏林庆祝欧盟成立50周年，并发表《柏林宣言》，表示“将在2009年欧洲议会选举之前团结一致，为寻求欧盟新的共同基础而努力”。这实际上是将2009年作为以新条约取代受挫的《欧洲宪法条约》以便结束宪法危机的最后期限。参见《欧盟五十周年发表〈柏林宣言〉》，《参考消息》2007年3月26日。

方面），另一方面从形式到内容都实现了诸多新的突破：

从表现形式上考究，《欧洲宪法条约》不再延续半个多世纪以来通过不断修正现行基本条约的方式来适应欧盟发展的需要，而是采用一种全新的“宪法条约”形式来构建欧盟未来，尽管它无疑是以现行的欧盟基本条约为基础的。据称，为欧盟未来注入欧洲宪法这一新概念出自前德国外长菲舍尔的设想和提议，并经过欧盟政治领导人和社会各界广泛讨论后而确定的。菲舍尔在洪堡大学发表的演讲中提出，欧洲一体化的“最后形式”和“完成形式”是从国家联盟发展为联邦。这种联盟不是要取消现行的欧盟各成员国，而是在拟议的联邦和各成员国之间进行主权分割。这种分割的前提条件就是签订一项宪法条约。菲舍尔还认为，欧盟东扩后面临的三大改革任务（加强民主制度、调整欧盟各机构权能和调整欧盟与各成员国以及地区之间的权能），都“只有通过在宪法体制上重新创建欧洲才能实现……这个宪法的核心是确立基本权利、人权和公民权，在欧洲各机构之间进行平衡的分权，并且对欧洲层次和民族国家层次做出明确的划分”。①

正是由于《欧洲宪法条约》引入了宪法的精神和理念，使得它的产生方式别具一格，“即：由过去单纯的政府间会议方式改为由制宪公会和政府间会议相结合的新模式”，② 这种创新不仅仅是增添制宪会议这种方式本身，更重要的是体现在制宪会议组成的广泛代表性上。它的组成“不仅有正式成员国的代表，而且还有即将加入的候选成员国的代表……不仅有纯粹代表欧盟利益的欧盟委员会的代表，还有代表各成员国和候选成员国公民的代表。从制宪会议组成人员所代表的层面和利益方来看，其多样性和广泛性不仅是欧盟和全球的国际法律文件制定史上所罕见的，恐怕也是许多国

---

① 曹卫东编：《欧洲为何需要一部宪法》，中国人民大学出版社 2004 年版，第 3 ~ 14 页。

② 曾令良：《论〈欧洲宪法条约草案〉的两重性》，载《中国国际私法与比较法年刊》2004 年第 7 卷，法律出版社 2005 年版，第 226 页。

家制宪史上所难于类比的”。①

此外，《欧洲宪法条约》制定过程中的广泛民主性和极高的透明度也创造了欧盟的历史之最和国际条约及国际组织章程制定方式的先河。例如，制宪会议的所有会议都对公众开放，有关文件一律在欧盟网站上公布，并且还开辟专门论坛，广泛征询社会各界和非政府组织的意见和建议；制宪会议还有组织地召开特定人群的特别大会；在制宪会议主席向欧洲理事会主席提交的报告中还如实反映反对《欧洲宪法条约草案》的意见，甚至对主席本人的指责也照呈不误。②

最后，具有深远法律意义的是，一旦《欧洲宪法条约》生效，欧盟无论是在法律基础上还是在运作体制上将结束长期以来的“拼盘”状态。欧盟一体化从一开始就是分领域、分部门运作的。尽管自20世纪60年代中期《合并条约》以来，欧盟一直在统一的组织体制中展开活动，但各个领域的一体化分别在原始的和经过多次修订的《欧洲煤钢共同体条约》、《欧洲经济共同体条约》(20世纪90年代初以来的《欧洲共同体条约》、《欧洲原子能共同体条约》和《欧洲联盟条约》中运作，甚至三个共同体各自一直具有独立的法律人格。即使是《欧洲联盟条约》将三个共同体条约和两个新兴的领域（共同外交与安全政策和警察与刑事司法合作）的法律基础和组织体制归于一体，“三个支柱”明确地被置于不同的合作层面上和不同的运作机制之中。这也许是长期以来不仅是国际社会，就是欧盟民众也很难读懂欧盟的主要原因之一。《欧洲宪法条约》生效后，将取代现行的三个共同体条约和《欧洲联盟条约》，从而在法律基础上将欧共体、共同外交与安全政策和警察与刑事司法合作融合在一起——尽管后二者的决策与实施仍然维持其特殊的程序规则。不仅如此，欧盟将具有单一的

① 曾令良：《论〈欧洲宪法条约草案〉的两重性》，载《中国国际私法与比较法年刊》2004年第7卷，法律出版社2005年版，第227页。

② 曾令良：《论〈欧洲宪法条约草案〉的两重性》，载《中国国际私法与比较法年刊》2004年第7卷，法律出版社2005年版，第228~229页。

法律人格。

至于《欧洲宪法条约》在内容上的诸多改革与创新，本书将结合以下各章的主题逐一进行具体阐述。

第二章
欧洲联盟的宗旨与原则

第一节　概　　说

任何一个国际组织都有自己的宗旨，否则就没有建立这个国际组织的必要。任何一个国际组织的宗旨都是通过其章程予以明确规定的，而且一般都是在章程的序言和首要条款中予以体现。国际组织章程确立的宗旨寄托着其成员国对它的期望，表达的是创立者的共同意志，是成员国通过协议为有关国际组织确定的最终目标，是有关国际组织及其成员国为之奋斗的理想。

同样地，每一个国际组织都有自己的基本原则。绝大多数国际组织通常在章程中用专门的条款来明确规定其原则，即使没有如此，研究者也可以通过对整个章程的阐释来推定有关组织的基本原则。这些原则是实现有关国际组织的宗旨所必需的，对该组织的所有活动具有普遍的指导意义，并且该组织的具体政策、规则、规章和制度都是在这些原则的基础上形成和不断完善的。因此，这些原则是有关国际组织及其成员国所必须共同遵循的。

作为现代国际组织体系的一员，欧盟也不例外。虽然建立欧盟的基本条约一直处于分散的状态，而且先后经过多次修正，但是不同时期的欧盟基本条约都明确规定了该组织及其成员国所追寻的宗旨和必须遵守的基本原则。

然而，与其他国际组织的宗旨与原则相比较，欧盟的宗旨与原则，除了有其特定的范围外（其实，每一个国际组织的宗旨和原则都有自己的特点，虽然其中也不乏相同之处①），还有如下一些鲜明的个性：

首先，欧盟的宗旨与原则具有明显的动态或演进的特点。一般说来，国际组织的宗旨与原则都是从一开始就在其章程中固定下来。尽管国际组织章程会在后来的实践中被修订，但这些修订一般都不会改变或增补其既定的宗旨与原则。欧盟则不同，它的宗旨不仅因一体化的领域不同而有所区别，而且更因一体化的阶段不同而有明显的差异。欧盟在最初的煤钢共同体时期所确定的宗旨显然不可与现行的《欧洲联盟条约》和将要生效的《欧洲宪法条约》所确立的宗旨同日而语。欧盟的基本原则在最初的《煤钢共同体条约》中并不明确，后来的《欧洲经济共同体条约》在第一部分确立的原则与现行《欧洲联盟条约》所确立的原则无疑相差甚远。至于《欧洲宪法条约》所确立的价值即欧盟的最高宗旨，则更是欧盟宗旨的演进与升华的最新例证。

其次，欧盟的宗旨与原则一直处于分散的状态。在煤钢共同体、经济共同体和原子能共同体并存的时代，欧盟的宗旨与原则分别载于建立三个共同体的《巴黎条约》和两个《罗马条约》及其后来的修订条约之中。自《马约》以来，欧盟的宗旨与原则分别体现于三个共同体基本条约和《欧洲联盟条约》，包括其后的修订

① 例如，综合性的国际组织一般都将维护和平与安全、促进经济社会发展等作为自己的宗旨，尽管在措辞和表述上会存在一些差异，所不同的是宗旨的区域或空间效力，即全球性和区域性的区别。同样地，国际经济组织的宗旨一般都会将促进经济贸易发展、扩大就业、提高生活水准或人民福祉等作为其宗旨，所不同的往往也是措辞和表述以及所适用的区域和空间方面。

条约，如《阿约》和《尼斯条约》。欧盟的宗旨与原则的这种长期分散的格局直到最近的《欧洲宪法条约》才发生根本性的变化。一旦这一新的宪法条约生效，欧盟的宗旨与原则就完全由这个单一的最高法律文件载明。

再次，欧盟的宗旨既具有明显的类别性，又具有很强的关联性。国内有学者根据《欧洲联盟条约》和《欧共体条约》的有关规定，将欧盟的宗旨概括为政治宗旨和经济宗旨。① 其实，欧盟的宗旨似乎可以从不同的角度进行类别性的概括。从各项宗旨的层次上分析，欧盟似乎有最高宗旨或一般宗旨（或称之为“价值宗旨”）和具体宗旨的区别，前者如“促进和平、其各项价值及其人民福祉”，后者如在经济领域、社会领域和共同外交与安全领域的各项宗旨。如果从欧盟活动领域或职能范围的角度着眼，欧盟的宗旨依次可分为经济宗旨、经济与社会联结宗旨、社会发展宗旨和政治宗旨。如果从欧盟的内外政策视角来看，欧盟的各项宗旨可以大致分为对内宗旨和对外宗旨两大类，前者是欧盟内部的经济、社会和政治目标，后者是欧盟在更广泛的全球社会中所追求的和平、安全、发展和人权等目标。当然，无论从哪个角度进行类别性的划分，欧盟的各项宗旨绝不是孤立的，而是彼此关联，相互支撑，相辅相成。

最后，欧洲法院的判例为欧盟宗旨和原则的确立与完善发挥了重要作用。欧盟的宗旨与原则伴随着欧盟一体化的进程一直在不断地演进。在这个进程中，欧洲法院发挥了举足轻重的作用。虽然欧洲法院的裁决不具有像英美法系中判例那样的地位，但是它在司法实践中一直遵循其先前的判决。正是由于欧洲法院的这种执着，欧盟的宗旨和原则才得以不断地吸收新的成分，并得以完善。例如，《欧洲联盟条约》、《欧洲共同体条约》和《欧洲宪法条约》相继所确立的相称性原则（principle of proportionality）就是一个典型的

① 例如，北大邵景春教授通过对两个基本条约中有关条款的分析，将“欧盟的目标大致分为两个方面，即政治目标和经济目标”。参见邵景春：《欧洲联盟的法律与制度》，人民法院出版社 1999 年版，第 48 ~ 49 页。

例证。现行的《欧盟条约》和《欧洲宪法条约》将基本人权与自由列为其最高宗旨的范畴，这无疑与欧洲法院的贡献分不开。尽管那时欧共体基本条约并没有基本人权与自由的明示条款，更没有明确赋予欧洲法院在这一方面的管辖权。但是欧洲法院从20世纪60年代末70年代初开始一直明确地裁定基本人权与自由是欧盟的一般法律原则。

第二节 欧洲联盟的宗旨

现行的欧盟宗旨可以分为欧共体宗旨和欧盟宗旨，因为《欧共体条约》和《欧盟条约》分别明确地规定了各自的宗旨。当然，从另一个角度来看，既然欧共体是欧盟的组成部分，前者的宗旨必然也是后者宗旨的重要内容。而且，既然欧盟是以欧共体为基础的，欧共体的宗旨必然构成欧盟宗旨的基础。此外，鉴于《欧洲宪法条约》将现行的《欧共体条约》和《欧盟条约》所载明的各项宗旨进行了融合和凝练，以下将根据这三个基本文件，将欧盟的宗旨分为一般宗旨和具体宗旨来进行阐述。

一、欧洲联盟的一般宗旨

现行的欧盟基本文件并没有集中规定欧盟的一般宗旨，而是散见于这些基本文件的序言之中。《欧洲宪法条约》则有很大的不同，除了其序言继续宣示其最终目标外，还专门通过第I-2条和第I-3条明确规定欧盟的一般宗旨。

宪法条约第I-3（1）条规定："欧盟主要的宗旨为促进和平、其价值和人民的福祉。"

（一）促进和平

这里所促进的"和平"，无论是从空间上看，还是从其内涵来分析，都应该是广义的。从空间或地域上讲，欧盟要促进的和平涉及三个层面：一是欧盟范围内的和平，二是欧洲范围内的和平，三是全球范围内的和平。这里所促进的"和平"，无疑还包括欧盟内外安全的维护，因为欧盟内部的安全、整个欧洲的安全和全球的安全是上述三个层面和平的前提和保障。

在现行的欧盟基本文件中，虽然没有专门条款规定“促进和平”的宗旨，但是它们的序言明确地表达了这一愿景，例如，《欧共体条约》的序言就宣示，各成员国通过建立欧共体“决心集中其各种资源维持和加强和平……并呼吁共享其理想的其他欧洲人民参与其努力”。一个以建立和完善共同市场和经济与货币联盟为主要任务的《欧共体条约》在其序言中明确地表达“维持和加强和平”的理想，这充分说明欧盟的经济一体化和社会政策的凝合，除了其本身的经济和社会宗旨外，还具有更进一步的政治远景目标。《欧盟条约》更是在多处阐明了“促进和平”的宗旨。其序言阐明，创建欧盟的目的之一就是通过“实施共同外交与安全政策，包括逐步形成共同防务政策并可能导致共同防务”来“促进欧洲和世界和平、安全与进步”。《欧盟条约》还专门规定了“共同外交与安全政策”的宗旨，其中明确地提到“以各种途径加强本联盟的安全”和“依照《联合国宪章》的原则以及《赫尔辛基最后文件》的原则和《巴黎宪章》的宗旨，包括有关对外边界的目标，维持和平与加强国际安全”。①

（二）促进欧盟的价值

虽然《欧盟条约》没有集中规定欧盟的价值，更没有明确其作为欧盟的宗旨，但是其序言中载明缔约者们确认“受自由、民主和尊重人权与基本自由以及尊重法治原则的约束”。《欧洲宪法条约》不仅首次在正文中明确规定欧盟的价值，而且首次在正文中明确规定促进这些价值的实现是欧盟的一般宗旨之一。根据宪法条约的规定，欧盟赖以建立的各项价值是：尊重人的尊严、自由、民主、平等、法治和尊重人权，包括少数民族人的权利。为促进欧盟价值的实现，宪法条约还专门在第二部分中系统规定欧盟的基本权利宪章。并在第一部分第二篇中明确规定：（1）欧盟应承认该宪章所确立的各项权利、自由和原则；（2）欧盟应加入《保护人权和基本自由欧洲公约》，即通称的《欧洲人权公约》；（3）《欧洲

① Treaty on European Union, Article 11.

人权公约》所保证的和从各成员国共有宪法传统中产生的基本权利应构成欧盟法一般原则的组成部分。①

（三）促进欧盟人民的福祉

这可以说是欧盟的终极宗旨。尽管在《欧洲宪法条约》之前，欧盟在各个时期的基本文件中都没有明确采用这一表述，但是只要稍作思考，就不难推断：从建立煤钢共同体到建立共同市场，再到建立经济货币联盟，直至建立政治联盟——欧盟整个一体化的演进都是最终为了不断提高欧盟人民的福祉。当然，这一终极宗旨在欧盟不同的一体化阶段所具有的含义是不同的。在欧共体时代的前期，欧盟所促进的"福祉"主要是经济领域，即通过建立没有边界的统一大市场来最大限度地满足欧盟人民的物质需要。在欧共体时代的后期，欧盟的"福祉"的含义迅速扩展到社会领域以及经济与社会联结的领域，如就业、劳工保障、男女同工同酬、教育、环境等部门领域。在现行的欧盟时代，欧盟人民的"福祉"在原有内涵基础上又注入了一系列新的社会和政治要素，如和平、安全、正义、民主、自由、人权，等等。《欧洲联盟条约》明确地将"促进欧盟人民的福祉"作为欧盟的三大一般宗旨或最高目标之一，更加彰显出欧盟一体化未来的人本化目的。

综上分析，可以看出：欧盟的这三项一般宗旨都有其特定的含义和范围，但彼此又密切相连，相得益彰。促进和平置于各项宗旨的首位，这表明它是促进欧盟各项价值和欧盟公民福祉的前提，而促进欧盟各项价值和欧盟公民福祉的实现既是和平宗旨的根本目的，反过来又巩固和平宗旨的维持。

二、欧洲联盟的具体宗旨

欧盟的各项具体宗旨可以从其对内目标和对外目标两个层面来阐释。

（一）欧盟的对内目标

1. 对内经济及社会目标

① Treaty Establishing a Constitution for Europe, Article I-9.

欧盟的对内经济及社会目标一直在不断地扩展和提升。以下通过比较原来的《欧洲经济共同体条约》、现行的《欧共体条约》和《欧盟条约》和业已签署但尚待批准的《欧洲宪法条约》的相关规定，我们可以领略欧盟经济与社会宗旨的发展轨迹。

《欧洲经济共同体条约》第2条规定："作为其任务，本共同体应通过建立共同市场和各成员国经济政策的逐步接近，在整个共同体促进经济活动的协调发展、不断的与平衡的扩展、稳定增长、生活水平的快速提高和其各国之间更紧密的关系。"

《欧共体条约》第2条规定："作为其任务，本共同体应通过建立共同市场和经济与货币联盟，并通过实施……共同政策或开展共同活动，在整个共同体促进经济活动的协调、平衡和可持续发展；促进高水平就业和社会保障；促进男女平等；促进可持续和非通货膨胀的增长；促进经济活动的高度竞争和融合；促进高水准的环境质量的保护与改善；促进生活水平和生命质量的提高；促进经济与社会的联结和成员国之间的团结。"

《欧盟条约》第2条的相关规定是："尤其是通过建立一个没有内部边界的地区、通过增强经济与社会的联结和通过建立经济与货币联盟，最终包括……单一货币，促进经济与社会进步和高水平的就业，并取得平衡和可持续发展。"

我们不难发现，不论从经济及社会目标的定位来看，还是从实现这些目标的手段来着眼，现行的《欧共体条约》和《欧盟条约》与从前的《经济共同体条约》有着很大的不同。

在目标的定位上，《经济共同体条约》基本上不直接涉及社会目标，尽管经济目标中必然含有社会因素，而《欧共体条约》在继续突出经济目标的前提下，明显地增强了社会目标的要素，《欧盟条约》则更是将经济目标和社会目标并举，而二者的进步放在同等重要的地位。

在目标的实现手段上，"共同市场"途径是始终如一的，尽管《欧盟条约》采用了不同的措辞，即"一个没有内部边界的地区"(an area without internal frontiers)，但含义是一致的。除此之外，《经济共同体条约》规定的其他手段比起《欧共体条约》和《欧盟条约》来，要薄弱得多。例如，前者采用的是成员国“经济政策的逐步接近”（progressively approximating the economic policies），《欧共体条约》与之对应的是“实施共同政策或开展共同活动”（implementing common policies or activities），《欧盟条约》则强调的相应手段是“增强经济与社会的联结”（strengthening of economic and social cohesion）。又如，《欧共体条约》和《欧盟条约》均明确地规定通过建立“经济与货币联盟”这种最高一级的经济一体化形式来实现其经济与社会目标，而这显然是《经济共同体条约》当初的设计者们所不曾奢望的。

根据《欧洲宪法条约》第 I-3 条，我们可以将欧盟的对内经济与社会目标概括为如下几个方面：（1）提供一个内部市场，其中竞争自由且不受干扰；（2）在平衡经济增长与价格稳定、旨在充分就业和社会进步的高度竞争性社会市场经济和高水平保护与改善环境质量的基础上，致力于欧洲的可持续发展；（3）促进科学与技术进步；（4）与社会排斥和歧视斗争，促进社会正义与保护、男女平等、代际团结和儿童权利的保护；（5）促进经济、社会和地方联结以及成员国之间的团结。

宪法条约在对内经济与社会目标方面显然具有一定的创新。首先，它特别突出经济目标中的自由和高度的竞争，即社会的市场经济。其次，它在社会目标强调的是“充分就业”，而不是“高水平的就业”或“提高就业”。此外，它将科技进步、社会正义、男女平等、代际团结和儿童权利保护等列入其中，大大扩大了社会目标的范围。最后，它在继续强调经济与社会联结的目标基础上，新增加了“经济、社会与地方”三方面的联结。

除此之外，欧盟的对内经济与社会目标还分别在《欧洲宪法条约》第三部分“联盟的政策与运作”的相应篇章中作出了更为具体的规定。

2. 对内政治目标

在《欧盟条约》之前，欧盟的政治目标主要通过建立三个共同体的基本文件的序言来表述，这些基本文件的正文一般都没有提及。但是，这并不意味着欧盟在欧共体时代追求的是单纯的经济及社会目标，而轻视或忽略其一体化的政治目标。其实，欧盟的每一项经济及社会目标都具有深远的政治意义。

即使是最初的《巴黎条约》也特别强调其政治目的，尽管它所建立的是一个单纯的煤钢生产与销售的共同市场。《巴黎条约》的序言充满着表达缔约国如下鲜明政治意图的措辞，即：通过建立煤钢共同体来“联合其基础利益取代世纪之久的敌对关系”、“扩大和深化被血腥冲突长期分裂之人民间的共同体”、“维持和平关系”、“建立真正的团结”和“通过创造性的努力应对威胁世界和平之危险”。

虽然《经济共同体条约》的序言不如上述《巴黎条约》序言那样对其政治目标浓墨重描，但是它开宗明义地表明了缔约国“决心为欧洲人民之间一个空前更紧密的联盟奠定基础”，“意欲依照《联合国宪章》的原则巩固凝聚欧洲和海外国家的团结和保证它们的繁荣发展的意愿”，以及“决心集中它们的资源维持和加强和平与自由并呼吁共享其理想的其他欧洲人民参与其努力”。《欧共体条约》的序言几乎原封不动地承袭了这些政治愿景。

《欧盟条约》在上述基础上，通过其序言、第 1 条和第 2 条系统地阐明了欧盟更高的政治目标。序言首先“忆及结束欧洲大陆分裂的历史重要性和需要为未来欧洲建设创建坚实的基础”，接着确认“自由、民主、尊重人权和基本自由和法治原则”以及“基本社会权利”的重要性，然后“意欲在尊重各缔约国历史、文化和传统的同时，深化它们的人民之间的团结”，并决心建立欧盟成员国国民“共有的公民权”和“通过建立自由、安全和公正的区域，保证它们的人民的安宁和安全”，以及“继续建立欧洲人民之间一个空前紧密的联盟，其各项决策的制定将依照从属性原则尽可能贴近公民”。第一条又从另一角度规定欧盟各项决策的制定除了尽可能贴近公民外，还要“尽可能对公民开放”。第二条进一步规定“通过引入联盟公民权，加强其成员国国民的权利和利益的保护”和“将本联盟维持和发展为一个自由、安全和正义的区域”。

（二）欧盟的对外目标

与欧盟的对内目标相比，欧盟的对外目标在《欧盟条约》以前的基本文件中鲜有提及，即使提及，也是只言片语。有趣的是，最早的《煤钢共同体条约》倒是明确提到在煤钢领域建立具有超国家因素的共同市场的目的之一，是应对“威胁世界和平之危险”和“保证世界和平”的政治目标。然而，旨在更广泛的经济领域建立共同市场的《经济共同体条约》并没有宣示其对外政治目标，但在其序言中明确表达“通过共同商业政策手段为逐步取消国际贸易限制做出贡献”的意愿。① 这一对外经济目标一直被以后多次修订该条约的基本文件所继承。

《欧盟条约》的序言和第 2 条对于欧盟的对外政治目标都有专门的和新的表述。例如，序言宣称，“决心实施共同外交与安全政策，包括逐步形成共同防务政策，并……有可能导致共同防务，从而增强欧洲身份及其独立性，以便促进欧洲和世界和平、安全与进步”。第 2 条在具体阐述欧盟的各项宗旨中，再次重申要“在国际舞台上宣示其身份，尤其是通过实施共同外交与安全政策，包括逐步形成共同防务政策，并……有可能导致共同防务”。最后，这一对外政治目标在《欧盟条约》第五篇有关共同外交与安全政策的规定中进一步具体化。②

如前所述，《欧洲宪法条约》将“促进和平”列为欧盟三大一般宗旨之首。然后，在进一步规定欧盟各项具体宗旨的第 I-3 条中又专门明确欧盟的对外目标，即：“欧盟在其与更广泛的世界的关系中，应坚持和促进其价值。它应致力于和平、安全、地球的可持续发展、团结、民族之间的团结与相互尊重、自由与公平贸易、消

① 笔者以为，至少有两个因素解释《煤钢共同体条约》专门强调世界和平这一对外政治宗旨。第一个原因与煤钢两个经济领域的特点有关，即煤炭和钢铁不仅是重要的国民经济基础工业，而且还是重要的军事基础工业，与战争有着极为紧密的关系。第二个原因是煤钢共同体成立于 20 世纪 50 年代初，与第二次世界大战结束的时间不远，其设计者们对于永久和平的渴望尤其强烈，其程度甚至超过了对战后经济复兴的意愿。在 20 世纪 50 年代末，经济共同体成立之时，战争的威胁相对越来越远，国际关系已发生重大变化，西欧六国的注意力自然集中于经济与社会目标。

② Treaty on European Union, Article 11.

除贫困与保护人权，尤其是儿童权利，以及严格遵守和发展国际法，包括遵守《联合国宪章》的各项原则”。

揭示《欧洲宪法条约》关于上述欧盟对外目标的规定，我们可以看出如下几点特征：首先，它明确地将欧盟自身确立的价值作为对外目标的组成部分，这意味着欧盟将在对外关系中以贯彻自己的价值观和推广自己的价值作为其重要任务。当然，欧盟所确立的这些价值大都已经是国际社会公认的普遍价值。其次，它将其对外政治目标、经济目标和社会目标在高度概括的基础上融为一体，并重规定，这说明了21世纪欧盟和国际社会面临的政治、经济和社会挑战具有高度的复杂性和交叉性。最后，它专门将“遵守和发展国际法”作为其对外目标，这是现行的和过去的欧盟基本文件中所没有的。这反映出欧盟高度重视国际法在实现其对外目标中的重要地位和作用，这同时也与欧盟自身确立的“法治”价值具有高度的一致性。

第三节 欧洲联盟的原则

这里所指的“原则”是指导欧盟与成员国之间关系的一般准则，它们构成欧盟及其成员国为实现上述宗旨履行各自职权和开展各项活动的基础。因此，这里所指的“原则”是欧盟的基本原则，并不完全等同于现行的《欧共体条约》第一部分所称的“原则”。后者实际上具有“基本框架”的含义，除了规定欧盟及其成员国必须遵行的一些基本原则之外，其内容还涉及欧共体的宗旨、活动领域或范围、组织机构体系等内容。现行的《欧盟条约》并没有集中或系统规定欧盟的基本原则，尽管从其序言和第一篇“共同规定”中可以明确地辨别出个别基本原则，如从属性原则。需要指出的是，如前所述，《欧盟条约》第6条所规定的欧盟赖以建立的一些原则，如“自由、民主、尊重人权和基本自由以及法治原则”等，实质上构成欧盟的一般宗旨，已通过《欧洲宪法条约》确立为欧盟的价值。《欧洲宪法条约》在现有欧盟基本文件和实践的基础上，更加清晰地确立了欧盟的基本原则。以下根据笔者对这些基本文件相关规定的解读，将欧盟的基本原则作类别性的概述。

一、平等原则

与其他国际组织章程不同，欧盟的基本条约似乎并没有特别明确地强调成员国的主权平等原则。现行的《欧盟条约》和《欧共体条约》在其“序言”、“原则”或“共同条款”中甚至只字未提“平等”二字。无论如何，我们不可因此而怀疑甚至否定成员国主权平等是欧盟的基本原则。首先，欧盟本身就是以成员国间主权平等为基础的，欧盟赖以建立的基本条约本身就是平等者之间的协议。没有当初创始成员国之间在平等基础上通过谈判缔结《巴黎条约》和两个《罗马条约》，就不会先后有三个共同体的诞生。如果欧盟在其半个多世纪的活动中不遵行成员国的主权平等，其成员国数量就不会多次增加，一体化领域就不会不断扩展和深化，就不会从煤钢共同体发展到今天的欧盟。

其次，《欧共体条约》序言明确地确认“依照《联合国宪章》的各项原则，维系欧洲和海外国家的团结，以保证其繁荣发展”。既然成员国主权平等是《联合国宪章》规定的七项原则之一，它无疑构成欧盟及其成员国必须遵守的一项基本原则。现行的欧盟基本条约之所以没有明确规定成员国的平等原则，也许是因为：这一原则已经被世界各国公认为不许损抑的首要国际法基本原则和强行法规则，欧盟成员国认为它理所当然地构成欧盟的基本原则，从而无需在欧盟基本条约中赘述，即有如“响鼓无需重击”。

引人注目的是，新近签署的《欧洲宪法条约》在第I-5条涉及“欧盟与成员国的关系”规定中，倒是一开始就明确地提到“本联盟应遵守各成员国在本宪法面前平等”。

值得商榷的是，欧盟的平等原则（principle of equality）不仅是针对各成员国之间的关系，而且还进一步针对欧盟公民之间的关系，尤其是男女之间的关系，而后者恰恰是其他国际组织的章程所不及的（也许《国际劳工组织章程》是一个例外）。例如，现行的《欧共体条约》第一部分“原则”中，第2条明确地将促进“男女之间平等”作为共同体的基本任务之一。《欧洲宪法条约》第I-2

条将“平等”列为欧盟赖以建立的“价值”之一，并且特别强调“男女之间的平等”。

我们甚至还可以推定，欧盟的平等原则还具有更广泛和更深入的含义。例如，《欧共体条约》第12条规定：“在本条约的适用范围内和在不妨碍其中含有的任何特殊规定的情况下，任何基于国籍的歧视应被禁止。”第13条紧接着规定：“在不妨碍本条约其他规定的情况下和在它赋予本共同体的各项权力的范围内，理事会根据委员会的提议并与欧洲议会协商后，可以全体一致方式采取适当行动反抗基于性别、种族或人种、宗教或信仰、无行为能力、年龄或性别趋向的歧视。”上述这些规定从否定的角度（即禁止歧视）强调人与人之间的平等原则。

平等原则在欧盟范围内适用上的广泛性与欧盟及其法律的特殊性是相适应的。欧盟之所以与其他国际组织不同，其中一个重要的因素就是它强调自己不仅仅是成员国之间的联合体，而且同时还是欧盟公民的联合体。欧盟法律之所以在国际法律秩序中自成一类，其中的一个重要因素就是它的法律主体不仅仅是成员国和欧盟机构，而且还包括各成员国内的自然人和法人；其法律规范不仅仅为各成员国设置权利和义务，而且还大量地给自然人和法人直接创设权利和义务。所有这些权利和义务必然要建立在平等原则的基础上。

二、多样性的联合原则

多样性的联合原则（principle of united in diversity）在《欧洲宪法条约》序言中得到明确的确认。这一基本原则体现的是欧洲一体化的“最终形式”或“完成形式”的定位，或者说，是欧盟与成员国之间多层宪政的定位。虽然多样性的联合原则直到宪法条约才予以正式确立，但是现行的《欧共体条约》和《欧盟条约》对这一原则的基本含义已有清晰的阐述。例如，《欧共体条约》的序言首先就宣示“决心为欧洲人民之间更加紧密的联盟奠定基础”，并“决定通过共同行动消除分裂欧洲的各种壁垒，保证其各国经济与社会进步”；第一部分“原则”中明确提及“成员国间经济与社会的联结和团结”（第2条）。《欧盟条约》的序言明确表达了“尊重他们的历史、文化和传统的同时，深化其人民之间的团结”的意愿，并在决心建立欧盟公民权的同时（序言），明确地规定“本联盟应尊重其成员国各自的国家身份”（第6（4）条）。

多样性的联合原则的基本含义在宪法条约的序言中同样有比较清楚的表述，即“欧洲人民在自豪地继续保留其各自民族身份和历史的同时，决心超越其以前的分裂，更加紧密地联合在一起”。此外，宪法条约第I-2条中提到的“多元主义”（pluralism）社会和第I-3条中的“代际团结”（solidarity between generations）与“成员国之间的团结”（solidarity among Member States），以及第I-5条关于“本联盟应遵守……它们（意指各成员国，笔者注）的政治和宪法基本结构包括区域和地方自治政府在内所体现的国家身份”的规定，都是多样性联合原则的要义。

综上各项规定和措辞，并结合欧盟的各项宗旨，我们可以将欧盟的多样性联合原则的基本内涵概括为三个方面：

第一，欧盟是一种多样性的联合体。这种多样性本身就具有多元的含义。它不仅指的是成员国的多样性联合，还包括欧洲人民多样性的联合；它不仅是经济多样性的联合，还包括政治、国防、安全、外交、社会、科技、教育、文化等广泛领域的多样性联合。

第二，欧盟是一种以各成员国国家身份的多样性为前提的联合体。欧盟一体化范围的不断扩展和一体化程度的不断攀高，始终是以不损害各成员国的主权、领土完整、宪政结构、法律与秩序、国家安全等为前提条件的。欧盟成为独立的法律人格者，并不影响各成员国在国际法上所享有的固有的法律人格。

第三，欧盟是一种以欧洲人民保留各自国民身份的多样性为基础的联合体。虽然欧盟基本条约赋予欧盟成员国的每一个公民以欧盟公民权（资格），但这并不改变成员国的每一个公民在其国籍国享有的国民或公民资格。每一个公民既是欧盟法律的主体，也是各自成员国法律的主体。这种双重法律主体资格和双重公民身份意味着，欧盟公民同时在欧盟法和成员国法中享受权利和承担义务。

三、“真诚合作”原则

《欧洲宪法条约》第I-5条在确立成员国的平等和国家身份原则之后，明确规定“本联盟和各个成员国应根据真诚合作原则(principle of sincere or royal cooperation)，彼此充分尊重，相互协助，以贯彻本宪法中的各项任务”。紧接着，第I-5条进一步从肯定（积极或作为）和否定（消极或不作为）的双重角度规定了各成员国在遵行真诚合作原则时的一般义务。在积极的义务方面，“各成员国应采取任何适当措施，不论是一般的还是特殊的，保证依本宪法或本联盟机构的法规所产生的各项义务的履行”，并为“本联盟各项任务的实现提供便利”。在消极的义务方面，“各成员国应……克制可能妨碍本联盟各项宗旨之实现的任何措施”。虽然在这里并没有相应地规定欧盟在贯彻真诚合作原则方面的一般义务，但是宪法条约第I-3条在确立了欧盟的各项宗旨之后，规定“本联盟应根据本宪法赋予它的各项权能通过适当手段以实现其各项宗旨”。可见，就欧盟各机构而言，它们各自严格地依据欧盟基本条约在实质事项和程序事项上的各种规定恪守职责，积极地致力于欧盟各项宗旨的实现，就是真诚合作原则的基本体现。

需要指出的是，现行的《欧共体条约》和《欧盟条约》都没有像上述《欧洲宪法条约》那样通过专门的条款确立真诚合作原则。但是我们不可以就此推定真诚合作在宪法条约生效以前并不构成欧盟的一项基本原则。可以说，这一原则隐含于所有的欧盟基本条约和各项法规和政策措施之中，贯彻于整个欧盟一体化的进程。没有真诚合作原则，欧盟就不可能从煤钢共同体走向今天的欧盟；就不可能形成欧共体、共同外交与安全政策及防务政策和司法与内务合作三个不同支柱的合作机制；就不可能从建立关税同盟到建成统一大市场；就不可能从工人流动自由发展到欧盟公民资格的确立；就不可能从货币流通及支付自由到最终实现货币联盟；就不可能在当今国际经济与贸易机制中甚至政治舞台上成为不可或缺的重要角色。

此外，我们还可以凭借《欧共体条约》、《欧盟条约》和《欧洲宪法条约》有关“更紧密的合作”（closer cooperation）或“强化合作”（enhanced cooperation）条款①进一步证明真诚合作是欧盟的一项基本原则。既然这些条款是关于成员国（全部或部分）之间在欧盟框架内的特定领域而开展的“更紧密的合作”，这就反衬了真诚合作是适用于欧盟框架内的绝大多数领域的一般原则。至于“更紧密的合作”或“强化合作”的原则、范围、程序和条件等，笔者将在关于“欧洲联盟的权能”一章作系统地阐述（详见第三章第四节）。

四、法治原则

欧盟基本条约首次明确宣告法治（rule of law）原则的是《欧盟条约》。该条约的序言将法治原则与自由、民主和尊重人权与自由等原则并列为缔约国首脑们所确认的原则。在第一篇的“共同条款”中，经《阿约》增补的第6（1）条进一步明确地确立：“本联盟建立在自由、民主、尊重人权和基本自由以及法治等原则——各成员国共有的原则的基础上”。《欧洲宪法条约》的序言开宗明义地将“法治”与不可侵犯和不可剥夺的人权、自由、民主和平等并举为欧洲文化、宗教和人文遗产中发展起来的普遍价值。然后，宪法条约在第I-2条中正式将“法治”与人的尊严、自由、民主、平等和人权一起确定为欧盟的价值。

虽然法治作为欧盟的一项普遍价值和基本原则明确地写进欧盟基本条约是晚近的事情，但是法治在欧盟的创始成员国和随后几次接纳的成员国中具有悠久的历史和传统。可以说，欧盟从一开始就将这一先进的理念和价值引入其一体化的设计之中。无论是从欧盟与成员国之间和欧盟机构相互之间的分权与制衡来看，还是从欧盟基本条约赋予欧盟各项权能的性质来分析，或是从欧盟行使其权能的程序规定上考察，或是从欧盟机构立法的数量和法律效力着眼，

---

① See Treaty Establishing the European Community, Article 11; Treaty on European Union, Title VII, Articles 43-53; Treaty on Establishing a Constitution for Europe, Articles III-416-423.

抑或从欧盟的司法制度的特点和效果来审视，迄今世界上还没有任何一个国际组织的法治水平能与欧盟媲美。欧盟一体化进程中所体现的法治精神和原则及高度的法治水平，本书以下各章中将逐步展开系统的讨论。

五、民主与透明度原则

如同上述法治原则一样，在《欧盟条约》之前，欧盟的基本条约中并没有直接地将民主与透明度（democracy and transparency）作为一项原则进行规定，甚至没有明确地提及。但是，这并不意味着民主与透明度原则直到20世纪90年代后才在欧盟中得以确立。事实上，欧盟的一体化进程本身就是其民主与透明度形成与发展的过程。当初，煤钢共同体的设计者们一开始将大会（即后来的欧洲议会）作为该共同体的主要机构之一。尽管当初的大会（Assembly）的组成人员并非是直接普选产生（而是由成员国国内议会的代表构成），其在共同体决策中的作用纯属协商性质，但是设立这样一个间接代表成员国民众的机关直接参与共同体决策，这一举措本身就是共同体的民主与透明度的体现。随着欧洲议会的组成发展为定期直接普选产生，随着欧洲议会的职权由纯粹的协商性质到部分地具有共同决策/立法性质，再发展到如今在很大范围内与理事会一起构成欧盟的联合立法机构，欧盟的民主与透明度的范围一直在持续地扩大，其质量一直在不断地提升。可以说，在欧盟之前的欧共体时代，民主与透明度就已经成为其运作的一项基本原则。至于这一基本原则的更多、更广泛的具体体现，本书将在后续的有关章节中作进一步的阐释。

《欧盟条约》在民主与透明度原则的发展过程中具有特殊的历史意义。首先，它在其序言中明确地宣称民主与自由、尊重人权与基本自由和法治等一并被缔约国首脑们确认为受约束的原则。其次，序言在表示决心继续欧洲人民间更紧密联盟的创建进程时，特别强调其间的“各种决定根据从属性原则尽可能地贴近公民”。虽然从属性是欧盟行使其非专属权能的一项基本原则（详见第三章“欧洲联盟的权能”），但这一原则所包括的“尽可能贴近公民”的主旨无疑具有增强民主与透明度的重要作用。最后，《欧盟条约》在第一篇“共同条款”第1条中除了重申各种决定“尽可能贴近公民”（as closely as possible to the citizen）的基本要求外，还进一步确立了“尽可能对公民公开”（as openly as possible to the citizen）的要件。

《欧盟条约》之后，欧盟的主要机构为切实贯彻民主与透明度原则，还专门发表了一项《关于民主、透明度和从属性的机构间宣言》（Interinstitutional Declaration on Democracy, Transparency and Subsidiarity）。① 该宣言首先宣告，欧洲议会、理事会和委员会这三个欧盟决策/立法与执行机关，“将在立法程序的框架中，充分尊重各成员国政府制度所基于的民主原则”，并重申“各机构实行透明度原则”。接着，宣言中具体载明了三个主要机构在立法程序的有关环节上为加强民主、透明度和从属性原则而分别作出的具体承诺。

如同上述法治原则一样，《欧洲宪法条约》首先在序言中确认民主是从欧洲文化、宗教和人文遗产中发展而来的普遍价值之一，然后在第I-2条中正式将民主确立为欧盟赖以建立的价值之一。更重要的突破是，宪法条约第六篇以“本联盟的民主生活”为标题专门就民主与透明度原则作出了系统的规定，并将民主原则具体分为三种基本类型逐条进行规定，即民主平等原则（principle of democratic equality）；代表民主原则（principle of representative democracy）；参与民主原则（principle of participatory democracy）。②

其中民主平等原则的要义是，欧盟在其所有的活动中必须允许其所有的公民平等地接受其各机构、机关、办公室和办事处的关注。

代表民主原则的内涵是：（1）成员国所有的公民在欧盟一级直接地由欧洲议会的议员来代表；（2）各成员国在欧洲理事会中

---

① See Bull. EC 10/93, p. 118; George A. Bermann, et al. (ed.), European Union Law, Selected Documents, West Group, 2002, pp. 251-252.

② See Treaty Establishing a Constitution for Europe, Articles I-45-47.

由其国家元首或政府首脑代表、在理事会中由其政府代表——他们在民主方面或者对其国内议会负责，或者对其公民负责；（3）每一个公民都有权利参与欧盟的民主生活，欧盟的各项决定的作出应尽可能贴近公民；（4）欧洲一级的各政党尽力为形成欧洲政治意识和表达欧盟公民意愿发挥作用。

参与民主原则的具体内容是：（1）各机构应通过适当手段给予公民和代表性的社团机会，使他们获悉欧盟各个领域的活动并能公开交流其意见；（2）各机构应与代表性的协会和民间社团保持公开、透明和定期的对话；（3）委员会应与有关方开展广泛的协商，以保证欧盟的各项行动具有连贯性和透明度；（4）不少于100万之成员国国民的公民可建议委员会在其权力范围内就有关事项递交适当的立法提案，如果公民们认为此等事项的欧盟法规属于实施欧洲宪法所必需的。①

对于欧盟各机构工作中的透明度，宪法条约第I-49条作出了如下专门规定：（1）欧盟的各机构应尽可能公开地开展起工作，以促进良治和保证民间社会的参与；（2）欧洲议会的会议应公开举行；（3）理事会在审议和表决立法草案时应该公开进行；（4）任何欧洲公民和在一成员国有居住或注册办事处的任何自然人或法人，在符合有关条件的情况下，有权获取欧盟各机构的各种文件，不论是何种媒体。

六、共同体成果原则

“共同体成果”，或“共同体遗产”（acquis communautaire or community acquis）是《马约》确立的一个新的欧盟法律概念和原则。该条约第一篇“共同条款”第B条（现为第2条）在确立欧盟的各项宗旨中特别规定：“充分维持共同体成果和发展之，并在此基础上考虑在何种程度上对本条约引入的各种合作政策和形式进

---

① 至于公民动议的具体程序和条件以及最低数量的成员国，还有待欧盟通过欧洲法律予以确立。See Treaty Establishing a Constitution for Europe, Articles I-47（4）.

行修改，以保证本共同体各机制和机构的效力”。第C条（现为第3条）紧接着规定：“本联盟在尊重和发展共同体成果的同时，应有一个单一的组织框架提供服务，以保证为实现其各项宗旨而开展的各项活动的一致性和连贯性”。

《欧洲宪法条约》继续保持着“共同体成果”原则。其序言明确表示“决心以保证共同体成果持续性的方式，继续在《建立欧洲共同体条约》① 和《欧洲联盟条约》的框架内所开展的工作”。宪法条约第I-1条第1款规定，“本宪法反映欧洲公民和欧洲各国建设一个共同未来的意愿，建立欧洲联盟。各成员国赋予本联盟权能，以实现它们共同的宗旨。本联盟应协调各成员国旨在实现这些宗旨而采取的各项政策，并应在共同体基础上（on a Community basis）行使它们授予它的各项权能”。尽管这里没有直接使用“共同体成果”的表述，但上述语境中“在共同体基础上”的措辞应该被视为“共同体成果”的同义词。

综合解析欧盟基本条约有关规定，我们可以对“共同体成果”原则得出如下基本认识：

首先，“共同体成果”既是一个静态概念，又是一个动态概念。作为一个静态概念，它是指在欧洲联盟建立以前在煤钢共同体、经济共同体和原子能共同体中已经制定的各种法律文件、政策和措施，包括已经采取的一体化行动和取得的一体化进展。作为一个动态概念，它不仅仅指欧盟成立之前的成果，还包括自欧盟成立以来所取得的成果。从后者的意义上讲，“共同体成果”应该泛指“欧盟成果”或“欧盟既定成果”，这从上述《欧洲宪法条约》序言的相关表述中得到证明。

其次，所谓“共同体成果”原则，就是指成员国在扩展和深化欧洲一体化的进程中遵行已经制定的各种法律、政策和措施以及业已采取的各种行动，同时要求欧盟各机构在行使其权能时不得违

① 这里的“共同体”和“条约”的英文原文均采用复数形式，意指《欧盟条约》之前的欧洲煤钢共同体、欧洲原子能共同体和欧洲经济共同体以及三个共同体的基本条约。

背欧盟的既定成果，而必须以既定成果为基础，以保证欧盟法律、政策、措施和行动的连贯性、一致性和持续性。

最后，“共同体成果”原则并不只是要求欧盟及其成员国遵守既定成果，还要求它们发展既定成果。这也进一步表明了共同体成果的动态特征。只有在既定成果的基础上不断创新和发展，才能科学地反映欧盟一体化的新成果，并不断地推动欧盟各项宗旨的逐步实现。

第三章

欧洲联盟的权能

第一节 概　　说

随着欧盟一体化的不断拓展和深化，欧盟的权能经过多次基本条约的修订一直在扩大之中。然而，虽然每一个欧盟的基本条约都尽量明确地规定欧盟的权能领域或部门，但是《马约》之前的基本条约并没有明文规定欧盟权能的性质，或欧盟权能与各成员国权能的关系。其实，欧盟的权能从一开始就具有不同的类型、层次和性质。而且，正是这些不同类型、性质和层次的权能决定着欧盟在不同的领域和部门的一体化水平或程度。在20世纪90年代初期以前，每当欧盟与成员国之间或欧盟机构之间在特定领域或事项上发生权能归属的争端时，欧洲法院就不得不就此作出界定。① 因此，

① “欧洲公路运输协定案”似乎是欧洲法院首次在确立欧共体在交通运输领域的对外关系权的同时，又进一步确认欧盟在该协定上的缔约权能的专属性质，即排除了成员国相应的并存权能。参见曾令良：《欧洲共同体与现代国际法》，武汉大学出版社1992年版，第66～67页。

在很长的历史时期内，欧盟权能的类型和性质都是由欧洲法院在司法实践中以个案的方式予以逐步明确。

在欧洲法院判例的基础上，《欧共体条约》第3b条（现为第5条）首次就欧共体的权能作出了如下原则性的规定："本共同体应在本条约所授予的权限范围内和为实现本条约确立的各项宗旨而采取行动"，并进一步规定："在超出其专属权能领域，本共同体应根据从属性原则，只有当拟议的行动之目标不能由成员国充分实现，从而出于该拟议的行动之规模和效果的原因只能由本共同体才能更好地实现时，才能采取行动"；而且，"本共同体所采取的行动不得超出为实现本条约之各项宗旨所必要的范围"。《欧盟条约》第B条（现为第2条）在确立了欧盟的各项宗旨之后，接着规定："本联盟的各项宗旨应按照本条约中的规定和根据其中确定的条件和时间表，并尊重《建立欧洲共同体条约》第5条中确定的从属性原则予以实现"。此外，经《阿约》修订后的《欧共体条约》第11条（原第5 a条）在规定成员国间"更紧密合作"时也明确地规定，此等合作"不涉及属于本共同体专属权能的那些领域"。

上述两个基本条约不仅明确地强调欧盟/欧共体应在"授予的权限范围内"行使其权能，而且首次确立了其权能的行使必须遵行从属性原则。更重要的是，《欧共体条约》还明确地提到欧共体的"专属权能"。尽管该条约并没有明确列举"专属权能"的具体领域或部门，但是这一规定本身宣告了欧洲法院判例中确立的"专属权能"概念已经得到欧盟最高一级法律的确认，并同时意味着在专属权能之外，欧盟还有与其成员国一起行使的"共享权能"和其他权能，尽管基本条约中没有明确提及。

《欧洲宪法条约》在欧盟权能的界定方面实现了历史性的突破。它不仅确立了欧盟行使其权能应遵行的一系列基本原则，而且较系统地规定了欧盟权能的类型，并明确地列举了各类权能的具体领域。本章将根据宪法条约的这些规定并结合欧盟的实践，首先阐述欧盟行使其权能应遵行的原则（第二节），接着分析欧盟权能的主要类型和相应的领域（第三节），最后揭示成员国之间在欧盟框架内开展"更紧密合作"或"强化合作"的特征（第四节）。

通过本章的阐述，我们将不难发现欧盟的权能在范围上具有极大的广泛性和动态性，在类型上具有专属、共享、协调、补充的多元性，在行使方式上具有明显的多层性。

第二节 欧洲联盟权能的基本原则

虽然授权原则（principle of conferral）早已成为确认国际组织职权的一项基本原则，但是包括欧盟在内，国际组织的章程很少有专门的条款对这一原则予以明确规定。虽然从属性原则在联邦制国家的宪法及其实践中极为普遍，但是欧盟直到20世纪90年代初才将它确立为欧盟权能的一项基本原则。至于相称性原则，尽管欧洲法院在其司法实践中很早就将它作为一般法律原则予以频繁地适用，但通过欧盟基本条约确立其基本原则的地位也是晚近的事情。《欧洲宪法条约》第一部分第三篇在系统地规定欧盟的权能类型和相应领域之前，首先在第I-11条中将授权原则确立为欧盟权限的基本原则，并同时将从属性原则和相称性原则并列为欧盟权能适用的基本原则。

一、授权原则

宪法条约第I-11条第2款规定，“根据授权原则，为实现本宪法确立的各项宗旨，本联盟应在本宪法中成员国授予的权能范围内行动。本宪法中没有授予的权能仍属于成员国。”虽然这一规定十分简短，但是其意义重大而又深远。

首先，该条款重申的是国际组织权能的最基本原则。所有的政府间组织，不论其权能范围的大小，也不论其权能深入到成员国国内管辖的程度有多高，它们的权能均来自其赖以建立的章程，而政府间组织的章程，作为一种国际条约，都是有关国家间的书面协议。因此，国际组织的权能，从根本上讲，源于成员国通过国际组织章程这种法律形式的授权。虽然迄今的欧盟基本条约都没有明文确立这一原则，但是欧盟基本条约有关欧盟在各个领域的权能及其实践无不自始至终贯彻授权原则。而且，欧洲法院在其裁决的大量有关欧盟与成员国之间的权能争端中，始终如一地将授权原则作为其遵行的首要原则。宪法条约明确地将授权原则规定为确立欧盟权限唯一的基本原则，其重要意义在于：该原则在欧盟中已经从司法判例确认的基本原则上升为由最高法律形式确立的基本原则。

其次，该条款表明了欧盟与成员国之间的“列举权力”与“剩余权力”的权能关系。“列举权力说”和“剩余权力说”一直是确立或者描述国家权力分配尤其是联邦制国家权力分配的一种理论，其要义是：在国家治理所必需的各种权力中，中央或联邦政府行使宪法明确规定的权力，而其余的权力则由地方政府（州、省、加盟共和国等）行使。随着20世纪后半叶国际组织的迅猛增长，时有国际法学者借鉴这一理论来阐释国际组织与成员国之间在权能划分上的关系。笔者以为，除欧盟以外，这一理论用以阐释现行国际组织的权能略显牵强，因为：其他国际组织与成员国之间的关系比较松散，而且每个国际组织的权能只涉及全球治理的特定领域；即使是普遍性国际组织，尽管它们的权能涵盖广泛的政治、经济与社会等领域，但这些权能通常只涉及这些广泛领域的特定方面，而且完全建立在政府间合作的水平上。欧盟是一种不断演进的区域一体化组织，从一开始，其权能的设计就带有一定的超国家因素（甚至越来越多的中外学者将欧盟直接界定为超国家组织），尽管欧盟的第二和第三支柱仍然处于政府间层次。更重要的是，欧盟的基本条约一直将欧盟与成员国之间的权能划分作为实现欧盟各项宗旨的宪政基础，而且这种权能划分是以欧盟法律至上和直接效力原则为保障的。总之，欧盟与成员国之间在权能上具有明显的功能联邦主义（functional federalism）① 特征。正是这种功能联邦主义决

---

① 亦称为“有限联邦论”，实际上是国际组织理论中“功能主义”和“联邦主义”两种学说相结合的产物。功能主义根据国际组织的职能，将国际组织分为一般性国际组织和功能性国际组织两大类。联邦主义将欧共体这样一体化组织的组织结构及其与成员国的关系与一个联邦国家的治理结构进行类比，即虽然这种一体化的实体本身并不是真正的联邦体，但是呈现出联邦体的某些特征和发展趋势。See Hay, Federalism and Supranational Organizations: Patterns for New Legal Structures, 1966, p. 1；曾令良：《欧洲共同体与现代国际法》，武汉大学出版社1992年版，第20页。

定着确立欧盟权能范围的授权原则具有“列举权力”的性质。事实也是如此，欧盟的基本条约虽经多次修订，但一直将欧盟的权能在相应的部门和领域进行列举式的规定。宪法条约除了承袭这一传统外，还进一步将欧盟的权能类型和相应的领域进行概括性地列举；而且，在确立授权原则的条款中，明确规定没有授予给欧盟的权能属于成员国，即成员国在欧盟框架内享有“剩余权力”。

最后，该条款意味着欧盟的授权原则并不排除欧盟具有隐含权能。经国际司法机关确认和国际组织法专家的普遍认可，国际组织具有隐含权能已经是不争的事实。但是，国际组织的这种隐含权能是有一定条件的，如必须是实现有关宗旨所必需的，而且必须从国际组织章程的有关规定推断出有关组织的隐含权，即隐含权能也必须具有国际组织章程的明确授予。① 欧盟亦不例外。

一般都认为，《欧共体条约》第 308 条（原第 235 条）是欧盟隐含权能的主要法律依据。该条规定：“在共同市场的运作过程中，如果本共同体采取的行动的确为实现本共同体的宗旨之一所必要，而且本条约尚未规定必要的权力，理事会根据委员会的提议，并与欧洲议会协商后，应以全体一致同意的方式采取适当措施。”

透过第 308 条的规定，我们可以从两种角度来认识欧盟隐含权能的范围。一方面，我们可以说欧盟的隐含权能是有限的，因为第 308 条只涉及欧盟的第一支柱领域，即欧共体事务，不涉及第二和第三支柱（共同外交与安全政策和司法与内务合作）。另一方面，我们也可以说欧盟的隐含权能具有广泛性，因为欧共体本身的领域涉及广泛的经济、社会以及经济与社会相联结的领域，而且欧洲法院对第 308 条的适用总是持广义的司法解释态度。

---

① 在国际法法院著名的“联合国损害赔偿案”咨询意见中，霍克伍兹（Hachworth）法官在其不同意见中指出：“没有明示的权力，就不能无限制地隐含。隐含权能源于明示权能的授予，并且限于为行使明示权能所‘必要’的那些隐含权能”。Repartion for Injuries Suffered in the Service of the United Nations, Advisory Opinion, [1949] ICJ Reports 174, Hachworth, Dissenting, p. 198.

诚然，第 308 条对于隐含权能的适用规定了明确的程序条件和实质要件。从程序要求来看，欧盟运用隐含权能所采取的措施，除了必须事先有委员会的动议和与欧洲议会协商外，在理事会中必须获得所有成员的同意，即每一个成员国都拥有否决权。从实质要件来分析，如下三个要素缺一不可：（1）拟运用隐含权能采取的措施必须证明是实现《欧共体条约》规定的宗旨之一所必需的；（2）这些措施必须是在“共同市场运作过程中”的；（3）这些措施必须是《欧共体条约》没有相应的明示权能规定。

《欧洲宪法条约》第 I-18 条以“灵活性条款”（flexibility clause）为题，将上述《欧共体条约》第 308 条的规定承袭下来。但是，除了第 1 款的措辞与第 308 条基本一致外，还新增了第 2 款和第 3 款。概括起来，宪法条约第 I-18 条的“灵活性条款”对于欧盟的隐含权能具有如下四点新意：

第一，“灵活性条款”适用于宪法条约第三部分确立的所有政策领域，即不再限于欧共体事务，还扩大到自由、安全与正义领域；欧盟可采取协调、补充或支持行动的领域；共同外交与安全政策领域，等等，几乎涵盖了除欧盟基本权利宪章以外的欧盟所有的领域。

第二，在程序要件上，宪法条约要求理事会在依据隐含权采取措施时必须取得欧洲会议的同意，而不是仅仅与之协商。换言之，通过“灵活性条款”所采取的措施属于理事会和欧洲议会共同行动或共同立法的范畴。

第三，新增加的程序要求是，委员会在依据“灵活性条款”做成提案时应贯彻从属性原则的程序要求，即应吸收成员国国内议会对其提案的注意。

第四，基于“灵活性条款”而采取的措施不应强求成员国法律或规章的趋同化，如果宪法条约在有关领域或事项上排除了这种趋同化。

二、从属性原则①

(一) 从属性原则的引入

"从属性"一词作为法律概念，对东方学者来说似乎有点陌生，即使是欧洲学者，在20世纪90年代以前也很少使用这一概念。然而，自《欧洲联盟条约》谈判与缔结以来，这一概念不仅在欧洲广泛传播，而且引起欧洲以外学者们的广泛讨论。根据欧盟委员会的研究，从属性原则（principle of subsidiarity）基于这样一个理念：一个国家或国家联邦为共同利益而行使的权力，应仅仅是个人、家庭、公司和地方或地方政府所不能单独行使的那些权力。② 换言之：在一个社会里，决策应尽可能由最接近普通老百姓的人格者作出。据考证，这个概念起源于欧洲政治哲学。首先是由托马斯·阿奎那在界定罗马天主教与国家之间关系时提出，随后罗马天主教引用了几个时代。③ 欧美法学界认为，从属性原则是现代联邦制国家依法治国的一项基本的法律原则。④

在20世纪80年代中期以前，当时的欧共体基本条约和其他法律文件中并无从属性原则的明文规定，尽管有人认为原来的经济共同体条约和煤钢共同体条约已隐含了这一概念。欧盟委员会甚至辩

---

① 参见曾令良：《论欧洲联盟法中的从属原则》，载《武汉大学学报》1999年第2期。本书结合欧盟近年来的发展，重新审视从属性原则，对原有内容进行了较大的修改和补充。

② Commission: A Communication on the Principle of Subsidiarity for Transmission to the Council and Parliament, Bull. EC 10-1992, p. 118.

③ 罗马天主教将这一概念作为社会组织的基本原则来保护私人权利不受国家不适当的干预。根据这一概念，国家只有当私人的行为未能实现一定的目标时才能采取措施。See Renaud Dehouse (ed.), Europe After Maastricht—An Ever Closer Union?, 1995, p. 107; Elies Steyger, Europe and Its Members: A Constitutional Approach, Dartmouth, 1995, p. 64.

④ 据称，当今的联邦制国家，如德国、瑞典、比利时、美国、澳大利亚、加拿大等，均在其宪法或宪法实践中以"从属性原则"为指导来分配中央政府和地方政府之间的权力。See Theodor Schilling, A New Dimension of Subsidiarity: Subsidiarity as a Rule and a Principle, 14 Yearbook of European Law, 1994, p. 218.

解，在其40多年的立法动议实践中，该机构实际上一直是遵循这一原则的。① 在欧盟历史上，首次明确指出从属性原则的文件是由欧洲议会1984年通过的《建立欧洲联盟条约草案》。② 尽管这一条约草案只不过是欧洲议会的一个决议，并无法律约束力，但它为后来的《单一欧洲文件》，特别是现行的《欧洲联盟条约》相继确认这一概念和原则起了不可忽视的促进作用。1987年生效的《单一欧洲文件》是欧盟基本条约中第一次直接适用从属性原则的法律文件。该条约为原来的经济共同体注入了一个新条文，即第130r条（现为《欧共体条约》第174条）。③ 根据该条第4款，欧共体在环境领域应采取行动，如果欧共体一级的措施比各单个成员国的措施能更好地实现各项环境目标。至此，从属性原则的适用仅限于环境保护方面。

在《欧盟条约》政府间会议谈判期间，经过激烈的讨论，各成员国同意将从属性原则正式载入《欧洲联盟条约》这一具有深远历史意义的法律文件之中。该条约序言宣称：各成员国“决心继续创建一个欧洲人民间日益紧密的联盟，使各项决策的作出能依照从属性原则，尽可能与其公民贴近”。接着第B条（现为第2条）规定：“本联盟各项宗旨之实现，应根据本条约所规定的方式，依照其确立的条件和时间表，并尊重《建立欧洲共同体条约》第3b条（现为第5条）所确立的从属性原则。”新的欧共体条约第5条第2款较为具体地规定：“在其非专属权能领域，本共同体应根据从属性原则，只有在拟议中的行动目标成员国不能充分予以实现，而出于拟议中的行动的规模和效果的原因，本共同体能更好地完成时，才由本共同体采取行动。”

《欧洲宪法条约》第I-11条明确地将从属性确立为规制欧盟使

① Commission：Bull. EC 10-1992，pp. 118-119.

② 参见该条约草案序言，第9段，Bull. EC 2-1984.

③ 新的《欧共体条约》第174条删掉了《单一欧洲文件》第130r条中有关从属性原则的规定，因为《欧共体条约》第3b条（现为第5条）将从属性规定为一般原则。

用其权能的两项基本原则之一（另一项为相称性原则）。在具体规定从属性原则时，宪法条约除了基本上承袭《欧共体条约》第5条的措辞外，还对该原则的适用条件作出了更进一步的规定。首先，对于在“成员国不能充分予以实现”有关目标的条件中，增加了“不论是中央一级，或是地区和地方一级”的措辞，从而这一条件的认定具有更大的确定性。第二，特别强调欧盟各机构应根据《适用从属性和相称性原则议定书》① 来具体适用从属性原则，并同时规定各成员国议会应保证依照该议定书中确定的程序适用从属性原则。

（二）从属性原则的作用与地位

在分析从属性原则的作用和地位之前，首先应弄清该原则在欧盟法中的含义。概括地讲，从属性原则是指欧盟在分享或并存权能领域，只能在证明成员国不能有效实现特定目标，并证明自己能更好地实现此等目标的情况下才能采取行动。简言之，在并存权能领域，欧盟的权能从属于成员国的权能。从属性原则的作用可以从政治与法律两个角度来考察。

从政治意义上讲，从属性原则拯救了《欧洲联盟条约》，最终消除了当时舆论对该条约能否成功的普遍担忧。② 1992年6月2日丹麦就《马斯特里赫特条约》举行全民公决，结果否决了这一条约。一时间，何去何从，欧共体和成员国不知所措。舆论普遍认为，丹麦拒绝批准《欧盟条约》的主要原因是担心欧共体将变得权力过大，③ 而这种担心又代表了其他一些成员国的心声。作为第一个履行宪法批准程序的成员国，其拒绝的结果势必对其他成员国批准《欧盟条约》产生负面影响。在这紧急关头，欧共体机构特别是委员会提出了将“从属性原则”写入《欧盟条约》的建议，

---

① 该议定书是《欧洲宪法条约》附件中的第2号议定书。

② Theodor Schilling, A New Dimension of Subsidiarity: Subsidiarity as a Rule and a Principle, 14 Yearbook of European Law, 1994, p. 201.

③ 其实，丹麦拒绝批准欧盟条约的主要原因是关于共同外交与安全政策中的防务条款。

并立即得到各成员国的响应。可见，从政治的现实意义上讲，从属性原则避免了欧共体一体化进程中的一次大危机，为《欧盟条约》的最终批准与生效铺平了道路。

从属性原则的政治作用固然不容忽视，但是既然它被正式载入《欧盟条约》且被多处提及，就决不是一个权宜之计，而是有其深远的法律意义。至于从属性原则长远的法律作用应如何估计，尚有不同的观点。有人认为，这一原则为欧盟和成员国之间在并存权领域确立了分权的标准。① 欧盟委员会则明确提出："从属性原则并不决定哪些权限属于本共同体，这由欧共体条约来决定。但是，它是调整行使这些权限的一项重要原则。"② 欧盟理事会则特别强调，"这一原则旨在尊重各成员国的国家身份和保卫其权力。它要求欧洲联盟内的各项决定的采取尽可能贴近公民"。③ 还有的将从属性原则比喻为一把"双刃剑"（doubleedged sword）：同时防止欧盟和成员国在属于对方相应权能范围的领域采取行动。④

上述诸种见解和立场都有其合理性。既然欧盟将联邦体制的从属性原则引进其法律体系之中，该原则的作用无疑是调整欧盟和成员国之间的权力关系。但是，它不直接分配二者之间的权力，而是确立二者特别是欧盟一方应如何行使其权力。其根本目的是：确保《欧盟条约》中的各项措施（不论由谁来采取）在效果上最好，在方式上最贴近民众。因此，单纯从其目的上看，从属性原则并不特意限制某一方的权力。然而，从其实际效果和成员国及其代表机构理事会的本意来分析，该原则是一张捍卫成员国主权的盾牌，即在不影响欧盟和成员国之间既定的权力平衡关系的前提下，适当控制欧盟在并存权能领域"独领风骚"的趋势。英国在作欧盟理事会

---

① Elies Steyger, Europe and Its Members: A Constitutional Approach, Dartmouth, 1995, p. 64.

② Commission: A Communication on the Principle of Subsidiarity for Transmission to the Council and Parliament, Bull. EC 10-1992, p. 118.

③ Commission: Bull. EC 12-1992, p. 13.

④ A. G. Toth, Is Subsidiarity Justifiable ?, 19 European Law Review , 1994, p. 278.

轮值主席时就曾经给从属性原则另起了一个更露骨的名称“最低程度干涉原则”，这无疑道出了成员国政府对这一原则的作用所抱的心态。①

关于从属性原则的地位问题，在《欧盟条约》起草期间就曾经有两种对立的观点。从事法律的人士主张将这一原则仅作为政治或行政规范来对待，而政治家们则坚持将其视为法律规范来处理。各方的意图是明显的。就法律工作者而言，他们认为应继续保持欧共体与成员国之间已有的权力结构关系，这种分权结构关系不应随一体化领域的纵横发展而受影响，更不应在《欧盟条约》中有任何新的法律规范来限制欧盟机构的权力。如果将从属性原则视为一个政治原则，就意味着：法律上仍容许欧盟充分行使其权力，但在某一具体事项上可作为政治问题灵活处理。政治家们则希望在基本条约中一次性规定欧盟在分享权能领域的从属地位。如此一来，从属性原则作为欧盟法的第一级法律规范，欧盟各机构除了受其约束外别无选择。

应该认为，既然从属性原则最终不仅载入了《欧盟条约》的序言，而且还作为其正文的条款予以规定，它无疑不只是一项政治或行政原则，而更是欧盟条约确立的一项法律原则。这一立场还可从这一原则在欧共体条约的措辞和欧盟主要机构的相关文件得到证实。首先，以《欧共体条约》第5条为例。该条第1款以明确的法律语言规定欧共体应在限定的权力范围内行事；第2款更是具体规定在并存权能领域欧共体应遵循从属性原则；第3款则进一步规定欧共体遵守“相称性原则”（principle of proportionality）的义务。②其次，欧盟的主要机构都将从属性原则作为法律原则予以重视。欧

---

① A. G. Toth, The Principle of Subsidiarity in the Maastrict Treaty, 29 Common Market Law Review, 1992, p. 1105.

② “相称性原则”或“比例原则”作为欧洲法院判例确立的一项原则，不仅适用于并存权能领域，也适用于欧共体的排他权能领域。其基本含义是：欧共体的各种立法或措施应以实现特定目标的必要为限，即措施的目标与手段之间应相称。如今，相称性原则经《欧洲宪法条约》明文确立为欧盟权能行使的一项基本原则。参见本节第三目。

盟委员会于1992年10月27日专门通过了一项有关从属性原则的意见书，并递交到欧盟理事会和欧洲议会，其中不仅阐述了这一原则的重要性，而且就如何具体实施这一原则发表了详细的可行性报告。欧洲理事会于同年12月12日在爱丁堡以附件的形式批准了关于从属性原则的轮值主席报告。欧洲议会还专门就理事会、委员会和欧洲议会三个主要机关遵守和实施这一原则拟定了一个机构间协定。

从属性原则不只是一个具体法律原则，它还属于欧盟法中的基本原则之一。检验一项原则是否为一个法律体系的基本原则，至少以下条件不容忽视：

首先，它必须构成特定法律体系的基础。单就从属性原则载入《欧盟条约》的序言来讲，就足以表明该原则在欧盟法中的基础地位，更何况序言用明确的语言宣称在继续创建一个日益紧密的欧洲人民联盟的过程中，各项决定的采取依照从属原则尽可能贴近公民。在其“共同条款”中，《欧盟条约》第2条更明确指出欧盟各项宗旨的实现“应遵守从属性原则”。

其次，它必须适用于特定法律体系的一切领域。虽然从属性原则被具体规定在《欧共体条约》之中，但是既然《欧盟条约》序言和“共同条款”均作出规定，其适用范围就不局限于欧共体，而是欧盟的所有领域。具体地说，从属性原则不仅适用于欧共体这一构成欧盟基础的支柱领域，而且同样适用于另两个支柱领域（共同外交与安全政策和司法与内务合作）。至于欧共体条约第5条关于从属性原则不适用于专属权能的规定，这并不影响从属性原则作为欧盟法基本原则的地位，因为：第一，在三个支柱领域中，专属权能仅涉及欧共体的一些领域；第二，与共享权能相比，专属权领域的范围极为有限。

此外，它必须在特定法律体系中具有能动性。在欧盟法和欧盟权力结构中，从属性原则完全具备这一特征。欧盟委员会在一份报告中指出：“从属性在本共同体制度中是一个能动的概念。它绝非将欧共体行动置于一件紧身夹克之中，而是在情况需要的地方容许其扩大；或相反，在不再需要的地方，则被限制或废止。"① 欧盟理事会也承认："从属性是一个能动的概念，并应按照本条约（指欧盟条约，笔者注）确立的各项宗旨来适用……"②

如果说自《欧盟条约》以来从属性在欧盟法中的基本原则地位一直不太明确而需要推断的话，《欧洲宪法条约》的诞生则完全消除了人们的疑虑。

（三）从属性原则适用的范围与要求

如前所述，《欧盟条约》的序言和"共同条款"均强调从属性原则的目的是确保欧盟各项措施"尽可能贴近公民"。为此，《欧共体条约》第5条专门规定了该原则的适用范围和检验标准，此后的欧盟主要机构间的协议在此基础上进一步确定了各机构在该原则的适用中的具体要求。

1. 适用范围：排他权能以外的领域

根据欧盟基本条约的规定，从属性原则不适用于欧共体的专属权能领域，而适用于欧共体与成员国共享或并存权能领域。虽然现行的欧盟基本条约都没有就专属权能和并存权能两个领域进行界定或列举，但是丰富的欧洲法院判例已经逐步勾画出这两个权能领域的轮廓。新近面世的《欧洲宪法条约》第I-13条和第I-14条在总结欧盟半个多世纪的实践的基础上，首次运用最高法律形式分别对欧盟的专属权能和共享权能范围进行了列举（详见本章第三节）。

2. 从属性原则与欧盟行动的举证

根据《欧共体条约》第5条的规定，欧盟在共享或并存权能领域的行动处于从属地位。如果欧盟要采取措施，就必须举证：其行动的规模和效果，与成员国的行动相比，能更好地达到特定的目标。根据欧盟委员会的理解，这里所指的行动之"规模与效果"实际上确立了"比较效率标准"（comparative efficiency test）和

---

① Commission: A Communication on the Principle of Subsidiarity for Transmission to the Council and Parliament, Bull. EC 10-1992, p. 118.

② Ibid., pp. 13-14.

"增值标准"（value-added test）两种方法。①首先，从成员国的角度看其行动的手段（如财政手段、中央或地方立法、劳工协议等）是否奏效；然后再评估欧共体行动的效果（如规模、跨国性、紧急状态、不作为的后果等）是否比成员国的相应行动更好。

欧洲理事会也明确提出，从属性原则的一个重要内容是：在并存权能领域，首先要举证欧盟是否应采取有关的行动。这个首脑会议机构还确立了如下指导原则来检验欧盟行动是否符合第3b条所规定的条件：（1）考虑的问题具有跨国因素，且不能通过成员国的行动得到满意的调整；和/或（2）成员国的独立行动或没有欧共体的行动会与欧盟条约的要求相抵触；及/或（3）欧盟理事会必须满意：欧盟一级的行动在规模和效果上较之成员国一级的行动会带来更明显的利益。欧洲理事会还特别强调：欧共体在举证过程中必须有质量依据；只要有可能，还应有数量依据。②

3. 从属性原则与欧盟行动的强度和性质

欧盟的行动即使已通过上述比较效率标准和增值标准的检验，还存在需证明其强度和性质问题，即应采取何等措施才为合适，这是从属性原则的另一要求。在这一方面应以欧共体判例法确立的"相称性原则"为衡量标准。根据相称性原则，采取行动或措施的方式或手段应与预期的目的平衡。具体地说，当欧共体行使其权力时，如果有多种可供选择的措施，必须选择能给成员国、个人或公司最大限度之自由的一种行动或措施。当存在具有约束力的措施和不具有约束力的措施供选择时，应尽可能采用后者；当同类措施（同属约束性或同属非约束性）中有多种形式可供选择时，应尽可能选择给成员国、个人或公司留有余地之行动。根据欧盟委员会的概括，欧盟的行动或措施具有广泛的可选择性。欧盟除了可采用多种形式的立法外，还可以采取建议、相互承认、协调、财政援助、发展计划、合作项目、混合协定等各种类型的措施。除了一定形式的立法外，绝大多数的上述措施是按照从属性原则的要求尽量给成

① See Bull. EC 10-1992, p. 122.

② Ibid., p. 15.

员国、个人或公司以酌情处理的余地。

关于欧盟行动的强度和性质，一个关键性的选择是采取立法措施还是采取非立法措施。欧盟委员会认为，立法措施应基于两个标准：一是有关领域统一规范的重要性，特别是需要法律规定非歧视和确定性的情况；二是有关领域的技术复杂程度需要适当的立法措施。根据这两项标准，如果立法措施并非必要，根据从属性原则，欧盟就要选择如下非立法措施：（1）支持计划或协调国内措施计划；（2）更多地使用建议；（3）缔结国际协定。

在具体情况下，当非采取立法措施不可时，从属性原则还要求欧共体的立法与成员国的措施各应有其作用，即：欧共体的立法形成框架，然后由国内行动来配置。可见，按照从属性原则，欧共体在并存权能领域如果确实需要立法，应尽量采取“指令”这一形式。

不可忽略的是，在从属性原则的支配下，欧盟的立法程序势必要作适当的调整。如前所述，从属性原则给欧盟机构增添了举证责任。首先，欧盟委员会作为立法/决策动议机关，在其立法/决策动议中还需有专门的引言来说明某项欧盟立法/决策的理由和必要性。其次，就理事会和欧洲议会而言，它们各自在讨论和决定立法提案时不仅要考虑提案的实质内容，而且还要考究从属性原则的适用问题。根据委员会、理事会和欧洲议会缔结的机构间协议，理事会今后在决定委员会提交的立法议案时将就议案的实质问题与从属性原则一并考虑。①

三、相称性原则

（一）概念与起源

在欧盟历史上首次出现相称性原则是在煤钢共同体时代。当时的煤钢共同体法院在有关案件中指出，“根据一般接受的法律规

---

① Paul Demaret, A Short Walk in the Realm of Subsidiarity, in Richard M. Buxbanm , G. Hertig, A. Hirsch and Klaus J. Hopt（ed.）, European Economic and Business Law, 1996, p. 24.

则，高级局对有关企业的非法行动所作出的这种间接反映必须与该非法行动的规模相称”。① 然而，经常被援引的相称性原则定义是欧洲法院在20世纪80年代初一个案中所作的如下界定：“要确立欧共体法的规定是否符合相称性原则，有必要首先确立其为取得特定目标所采用的手段是否与该目标的重要性相符，其次是看这些手段是否为其取得所必要的”。②

一般认为，相称性原则在德国法中适用得最为普遍，欧盟法中的相称性原则源于德国法。③ 虽然欧洲法院自始就把相称性原则作为欧共体法一般原则予以适用，但是在早期的司法实践中，无论是总顾问（Advocate - General），还是法官，并没有阐述欧共体法相称性原则的起源问题。究其原因，也许是欧洲法院的法官和总顾问都认为相称性原则作为欧共体行使权能的基本原则是不言而喻的，无须作进一步的阐述和澄清。近些年来，欧洲法院采用德国法中的相称性概念的倾向更为明显。例如，欧洲法院在20世纪90年代初的一个案件中裁定：“相称性原则……要求欧共体机构采取的措施不超出为达到有关立法合法追寻的目标的合适和必要的限度；当有几种合适的措施可供选择时，应选择最宽容的一种措施，而且由此产生的不利不应与所寻求的目标不相称”。④ 这一裁定包含了德国法中相称性原则的三个子原则，即合适性（suitability）、必要性（necessity）和相称性（proportionality）本身。

欧盟法中的相称性原则概念不仅起源于德国法，而且首次是在德国法院开始讨论的。当时，德国一法院受理了一桩“燕麦片出口案”⑤。该案的原告对有关的出口保证金制度的合法性提出指控。在讨论这一问题时，该法院认为相称性原则“来源于国际公法中禁止滥用权利这个一般法律原则。因此，它也在欧洲经济共同体各

① See Case 8/55 [1955-1956] ECR 245.

② See Case 66/82 [1983] ECR 395.

③ See Case 66/82 [1983] ECR 395.

④ See Case C-331/88 [1990] ECR I-4023.

⑤ See Case II-2 79/67 Export of Oat Flakes [1967] CMLR 85.

成员国的超国家法中使用，从而应在其立法中得到遵守。违反这一超国家法律原则就会使欧共体的法律无效”。

对于欧盟法中相称性原则的渊源问题，欧洲法院的一位总顾问曾经另有见解：相称性原则在欧共体法中有三个可能性渊源：首先是德国宪法，即德国宪法中第 2 条和第 12 条中所含的原则；其次是欧共体法一般原则；最后是《欧共体条约》自身的明示规定。他还进一步指出，无论接受何种渊源，即使案件的最终解决是一样的，但欧洲法院仍有必要说明相称性原则的渊源，否则就会产生歧义，甚至在成员国导致判例上的矛盾。该总顾问的观点是，欧共体的相称性原则的渊源只能是欧共体法，而不是德国宪法，因为欧共体措施的合法性只能依照欧共体法来考虑，不论它是成文的，还是不成文的，决不可依国内法行事，哪怕是宪法。①

（二）相称性原则与从属性原则的关系

如前所述，从属性原则已被《欧盟条约》确认为欧盟行使权能的一项首要原则。该原则确立的一个前提是：首要的责任和决策权力应尽可能由政治权力结构中最低一级来承担和行使。可见，按照从属性原则，一方面各成员国似乎保留所有其能够更有效行使的权力，另一方面又必须将那些它们不能有效行使的权力留给欧盟来行使。

相称性原则与从属性原则是两个密切相关但又有明显区别的概念和原则。首先，从属性原则构成欧盟相对成员国而言的权能行使的限定，而相称性原则是给欧盟行使权能提供一种标准，据此衡量欧盟有关措施强度的适当性和合法性。从属性原则涉及的是欧盟行动是否必要的问题。如果欧盟的有关行动被证明为不必要，该行动势必就违反了从属性原则。当有关行动被证明是必要时，还必须经得起相称性原则的检验。换言之，从属性原则涉及的是谁负责采取有关措施的问题。从这一角度出发，相称性原则是从属性原则的补充并且比它更进一步。需要指出的是，《欧共体条约》第 5 条（原第 3b 条）规定相称性原则适用于所有领域的欧共体措施，而不论

① See Case 11/70 International Handelsgesellschaft [1970] ECR 1125.

这些措施是基于排他权能还是共享权能，而从属性原则仅适用共享权能领域。

1992 年 12 月，欧洲理事会在爱丁堡会议上通过的《指导原则》指出，《欧共体条约》第 5 条明确规定了相称性原则并将其确定为“欧共体所采用的手段应与所追求的目标相称”，该文件还强调从属性原则和相称性原则之间在欧共体法律框架中的密切关系，即：从属性原则处理的问题是欧共体应否采取有关的行动，而相称性原则涉及的是欧共体选择的行动手段是否得当。可见，《爱丁堡指导原则》和《欧共体条约》第 5 条都明确地显示：相称性原则不仅是欧共体法院在审查欧共体行动的合法性过程中所适用的一种司法理论（judicial doctrine），而且也是欧盟政治机构行使决策权能时必须遵守的一个立法理论（legislative doctrine）。

（三）《欧洲宪法条约》与相称性原则

必须指出：虽然无论是欧盟主要机构，还是各成员国，或是欧盟法学者，都不怀疑相称性已经成为欧盟行使权能的一项基本原则，但是毕竟在现阶段这一原则只能从《欧共体条约》第 5 条的措辞、欧洲法院的大量判例和欧盟主要机构之间有关的宣言与协议中来推断。《欧洲宪法条约》对这一原则的意义在于：它首次明确地通过欧盟的最高法律文件将相称性与从属性并举为欧盟行使权能的基本原则（第 I-11 条第 1 款）。根据相称性原则，欧盟“行动的内容和形式不应超越实现本宪法各项宗旨所必要的程度”（第 2 款）。为此，如同上述从属性原则的要求一样，该条款还明确要求欧盟各机构必须依据宪法条约附件中有关《从属性和相称性原则议定书》的规定来具体适用相称性原则。该议定书一方面继承了现行的欧盟主要机构之间关于从属性和相称性原则的协议，另一方面又在此基础上增添了新的内容，本书将在阐述欧盟立法程序一章中就此作进一步的阐述。

第三节 欧洲联盟权能的类型与领域

经过半个多世纪的实践和发展并最终通过《欧洲宪法条约》

系统地规定，欧盟的权能已经形成了如下几种不同的类型：专属权能、共享权能、经济与就业政策协调、共同外交与安全政策和其他领域的协调与补充权能。

一、欧洲联盟的专属权能

欧盟的第一个权能类型是专属权能，或称之为排他权能（exclusive competence）。根据宪法条约第 I-12 条第 1 款的规定，欧盟的专属权能是指在特定的领域，只有欧盟才可以立法和制定具有法律约束力的文件，而成员国只有在欧盟授权或为实施欧盟法规的情况下才能立法和制定有法律约束力的文件。

我们可以从上述规定和欧洲法院丰富的司法实践中对欧盟的专属权能得出如下基本认识：

首先，欧盟的专属权能有其特定的范围，并非涵盖欧盟所有的活动领域。几十年来，由于欧盟的基本条约并没有明确规定专属权能的具体领域，在实践中只能依靠欧洲法院的判例予以确定。其实，作为一个不断演进的区域一体化实体，现行的欧盟基本条约也不适宜一劳永逸地固定欧盟的专属权能。然而，经过长时期的积累和发展，新签署的《欧洲宪法条约》第 I-13 条终于对专属权能的范围作出了明确的界定，主要涉及以下几个领域：（1）关税同盟；（2）内部市场运作所必要的竞争政策的确立；（3）其货币为欧元之成员国的货币政策；（4）共同渔业政策下海洋生物资源的保护；（5）共同商业政策；（6）特定国际协定的缔结，即：如果有关协定的缔结在欧盟的立法中作出了规定，或为欧盟能够行使其内部权能所必要，或其缔结可能影响共同规则或修改其范围。

需要指出的是，尽管宪法条约对于欧盟的专属权能作出了上述明文确定，但这并不意味着今后欧盟与成员国之间以及欧盟机构彼此之间会减少甚至不大可能发生专属权能的争端。毕竟上述规定纯属列举式的，并没有就每一个领域做出进一步的规定（事实上也不可能如此），而且每一个领域在具体运作过程中必然会出现各种各样的情势。因此，可以预料，欧洲法院今后还会经常受理和裁决有关欧盟专属权能的争端。

其次，欧洲法院的判例表明，欧盟在其专属权能领域的对外缔约权具有先占（preemption）性质。在上述特定的领域，一旦欧盟为实施共同政策而制定了共同规则，只有欧盟才能在相应的领域与第三国或国际组织缔结国际协定，“成员国不再有权以单独甚至集体的方式对第三国承诺影响这些规则的义务”。①

再次，欧洲法院的丰富判例还证明，确立欧盟专属权能的根本目的是确保共同市场的顺利运作。同样是在“欧洲公路运输协定案”中，欧洲法院裁定欧共体的权力排除了成员国相应的并存权，“因为在欧共体机制之外采取的任何步骤不符合共同市场的统一性和欧共体法的统一适用”。② 在另一项早期涉及欧共体竞争规则的案件中，虽然欧洲法院承认成员国有关政府部门在实施欧共体竞争规则方面具有一定的权力，但是它特别强调，无论如何，不能妨碍欧共体的竞争规则在整个共同市场的统一适用。③

最后，欧盟专属权能存在一定的例外情况。首先，经欧盟授权，成员国可以在欧盟的专属权能领域立法或采取具有法律约束力的措施。这种授权必须通过欧盟机构的立法形式（如条例、指令或决定）作出。例如，关税同盟是欧盟的专属领域，20 世纪 70 年代初，关税同盟建立之后，欧共体主要机构考虑到有些成员国的特殊情况，授权它们对于特定的产品在特定的期限内采取特殊的限制性措施。其次，成员国为实施欧盟在其专属权能领域制定的法规可以制定配套的国内法规或采取具有法律约束力的措施。例如，欧盟的指令（directives）在各成员国一般不具有直接的效力，它往往在欧盟专属权能领域（当然，更多的是在共享权能领域）就特定的事项规定总体目标、一般标准或要求，而具体的方法、途径或手段通常由成员国通过国内立法或行政措施来酌处（详见本书第五章

---

① See ERTA Case, ECJ Report, 1971, p. 274. 转引自曾令良：《欧洲共同体与现代国际法》，武汉大学出版社 1992 年版，第 66～67 页。

② See ERTA Case, p. 276. 转引自曾令良：《欧洲共同体与现代国际法》，第 66 页。

③ Case 14/68 Wilhelm v. Bundeskartellamtm [1969] ECR 1, para. 4.

"欧洲联盟法律渊源")。此外，欧洲法院有时在具体案件中基于特殊因素的考虑，虽然确定有关的事项属于欧盟的专属权能，但是最终裁决由成员国行使相应的权能。例如，在上述"欧洲公路运输协定案"中，虽然欧洲法院确立了欧共体在交通运输领域的对外关系权及其排他性质，但是最终还是裁定当时理事会授权由成员国缔结争议中的国际协定的决定有效。欧洲法院之所以作出这样的裁决，主要是考虑到争议中的国际协定的谈判是修改 1962 年的原协定，而"当时，由于共同运输政策尚未完全实现，缔结这一协定的权力仍属于成员国"。① 又如，在共同商业政策这一专属权能领域，欧洲法院曾在有关《国际天然橡胶协定》的第 1/78 号咨询意见中，一方面确定该协定属于共同商业政策范畴，理应由欧共体缔结，另一方面又裁定：如果该协定的"缓冲储备基金"的财政义务由成员国负担，则应由欧共体与成员国一起来缔结。②

二、欧洲联盟与成员国的共享权能

共享权能，或称之为分享权能（shared competence），是欧盟的第二类基本的权能。根据《欧洲宪法条约》第 I-12 条第 2 款的规定，"当本宪法授予本联盟在特定领域与成员国共享权能时，本联盟和成员国均可以在该领域立法和制定具有法律约束力的文件。成员国应在本联盟尚未行使或决定停止行使其权能的情况下行使它们的权能"。从这一规定中并结合欧盟的具体实践，我们可以推定出欧盟与其成员国的共享权能的两个特点：

第一，共享权能是指欧盟和成员国在特定领域都享有权力，但这并不等于二者在特定领域的权力是平分秋色。在具体实践中，特定领域的权能有可能大部分地属于欧盟，或相反，但这不影响相关的领域或事项属于欧盟和成员国共享权能的范畴。

---

① See ERTA Case, para. 82. 转引自曾令良：《欧洲共同体与现代国际法》，第 69 页。

② 参见曾令良：《欧洲共同体与现代国际法》，武汉大学出版社 1992 年版，第 70 ~ 71 页。

第二，根据上述宪法条约的规定，成员国在共享权能领域似乎处于补充性或辅助性的地位，因为它们应在欧盟没有行使或决定停止行使其权能的情况下才能行使它们的权力。因此，欧盟的共享权能又进一步隐含着其“先占”（preemption）的权能。① 但是，从另一个角度来看，成员国在共享权能领域的这种“补漏”作用具有重要的意义，因为这可以防止欧盟在共享权能领域出现法制真空。

一般说来，在欧盟基本条约的框架内，凡是欧盟专属权能领域以外的领域，大都属于欧盟与其成员国的共享权能领域。因此，欧盟的共享权能领域要比其专属权能领域广泛得多。由于迄今的欧盟基本条约一直没明确划分欧盟的专属权能领域和共享权能领域，通常只有在发生具体争端时，二者的区分才有可能通过欧洲法院的判例得以澄清。《欧洲宪法条约》不仅明确规定了欧盟的专属权能领域，而且还列举了它的共享权能领域，主要包括：（1）内部市场；（2）宪法条约第三部分确定的社会政策；（3）经济、社会和地方联结；（4）农业和渔业（海洋生物资源维护不在其内）；（5）环境；（6）消费者保护；（7）交通运输；（8）跨欧网络；（9）能源；（10）自由、安全与正义领域；（11）公共健康事项中的共同安全关切（宪法条约第三部分确定的事项）。②

此外，宪法条约还分别就以下两个领域欧盟的共享权能单独做出规定：一是在研究、技术开发和空间领域，一方面欧盟应享有开展各项活动，尤其是确立和实施各种计划的权能，另一方面此等权能的行使不应导致妨碍成员国行使它们的权能；二是在对外发展合作与人道主义援助领域，一方面欧盟应享有开展各项活动和采取共同政策的权能，另一面这种权能的行使不应阻止成员国行使它们的权能。③ 这似乎表明：欧盟及其成员国在科学研究、技术开发、空

---

① See ERTA Case, ECJ Reports, 1971, p. 274; Joseph Weiler, The Community System: the Dual Character of Supranationalism, The Yearbook of European Law, vol. 1, 1981, pp. 277-279.

② See Treaty Establishing a Constitution for Europe, Article I-14（2）

③ See Treaty Establishing a Constitution for Europe, Article I-14（3）and 14（4）

间活动、对外发展合作和人道主义援助等领域的权能属于“并存权能”（concurrent competences）的性质，即欧盟在这些领域并不享有“先占”权能。

三、经济与就业政策的协调权能

在欧共体时代，欧盟的协调职能主要是经济领域。例如，最初的《欧洲经济共同体条约》第 2 条在确立欧共体的宗旨时规定：“本共同体应作为其任务，通过建立共同市场和逐步趋同（progressively approximating）成员国经济政策，促进整个共同体经济活动的协调发展（harmonious development）……”接着，第 3 条又明确地将成员国经济政策协调列为欧共体的主要活动之一。可见，欧盟从一开始就将经济政策的协调与共同市场的建立并列为实现欧盟各项宗旨的基本手段。

随着欧盟一体化进程中经济与社会政策交互影响的扩大和深化，1992 年的《欧盟条约》将“经济与社会进步”列入其首要宗旨的组成部分（原第 B 条），与此同时，《欧共体条约》在有关欧盟的宗旨和活动规定中，增补了若干经济与社会政策协调的条款（第 2、3 条）。

尽管如此，在 20 世纪 90 年代初、中期，欧盟的失业率仍然居高不下（持续保持在 12%，有些成员国甚至高达 20%）。欧盟委员会应欧洲理事会请求，在 1993 年发布了题为《增长、竞争与就业白皮书》（the White Paper on Growth, Competitiveness and Employment）。白皮书认为，内部持续的结构性和技术性失业与外部的来自高技术国家和低生产成本国家的国际竞争，是导致欧盟范围内失业率高的根本原因。为此，欧盟委员会建议，欧盟应采取措施更加强调教育与技术培训、对新技术的援助和跨欧基础设施的援助和更大程度的劳动力灵活性和流动性。① 后来的一系列欧洲理事会会议敦促欧盟委员会和理事会实施白皮书中的一些关键性建议。在这一

---

① George A. Bermann, et al., Cases and Materials on European Union Law, West Group, 2002, p. 1300.

背景下，关于修订《欧盟条约》的政府间会议特别注重包括就业在内的社会政策条款的增补。最后，《阿约》不仅在《欧盟条约》第2条和《欧共体条约》第2条将“高水平就业”（high level of employment）增添为欧盟及欧共体的宗旨，而且在《欧共体条约》中新设了以“就业”为题的第八篇，系统地规定欧盟就业政策的协调。

《欧洲宪法条约》第I-12条在现有基础上将经济与就业政策的协调单独列为欧盟的一种权能类型。相应地，第I-15条首先规定，成员国应在欧盟框架内协调它们的经济政策，并为此应采取具体的措施，尤其是这些政策的广泛指导方针，其中欧元区的成员国，其经济政策的协调还应有更具体的措施；然后规定欧盟应以同样的方式采取措施协调成员国的就业政策；最后笼统地规定欧盟可以动议保证成员国社会政策的协调。有关经济政策和就业政策及社会政策的具体规定在宪法条约第三部分均有专门的章节（详见第二章第一节、第三章第一、二、三节）。

经济与就业政策的协调作为欧盟权能的一个独立类型，在法律形式上和运作程序上有其自身的特点。

根据《欧共体条约》第99条（原第103条）规定，“成员国应在理事会中协调经济政策”，“理事会应基于委员会的建议，以特定多数方式形成成员国经济政策和本共同体经济政策广泛指导方针（broad guideline）草案，并向欧洲理事会报告其结果”；接着，欧洲理事会应基于理事会的报告讨论指导方针的结论；然后，理事会应基于这一结论，以特定多数方式通过确立这些指导原则的正式建议（recommendation），并将正式建议通知欧洲议会。此外，该条还进一步规定，理事会应根据委员会提交的报告对每一成员国的经济政策是否与广泛指导方针相一致进行定期全面评估，并实施多边监督（multilateral surveillance）。如果发现一成员国的经济政策与广泛指导方针不相符合或有损害经济与货币联盟适当运作的危险，理事会可以特定多数方式，根据委员会的建议，对该成员国做成必要的建议，并可根据委员会的建议决定将该建议公开。最后，理事会主席和委员会应向欧洲议会报告多边监督的结果。

根据《欧共体条约》第八篇的规定，就业政策的协调一方面必须与上述协调经济政策的广泛指导方针保持一致（第125条、第128条），另一方面又略有其不同的运作程序和方式。首先，理事会和委员会应就欧盟的就业情况和就业政策向欧洲理事会做成联合年度报告；然后欧洲理事会据此每年对欧盟的就业形势进行商讨并通过结论；理事会再在这种结论的基础上，根据委员会的建议并与欧洲议会、经社委员会、区域委员会和就业委员会①协商后，应以特定多数方式，每年制定成员国在其就业政策中应予以考虑的就业指导方针（guideline）；就成员国而言，它们应就各自根据就业指导方针实施其就业政策的主要措施向理事会和委员会提供年度报告；理事会收到成员国的报告和就业委员会的相关意见后，应每年根据就业指导方针审查成员国就业政策的实施，并可以根据审查情况对成员国做成正式建议；最后，理事会和委员会应基于审查结果，就欧盟的就业形势和实施就业指导方针的情况向欧洲理事会做成联合年度报告。

四、共同外交与安全政策权能

《欧洲宪法条约》第I-12条将确立和实施共同外交与安全政策（包括逐步形成共同防务政策）单列为欧盟的另一项权能类型。接着，第I-16条相应地就这一权能的范围和成员国的义务作出了一般性的规定。在范围方面，欧盟的权能应覆盖外交政策的所有领域和有关欧盟安全的所有问题，包括逐步形成防务政策直至最终形成共同防务在内。就成员国而言，它们在这一领域的一般性义务是：一方面应本着忠诚和相互团结的精神，积极和无保留地支持欧盟的共同外交与安全政策；另一方面应遵循欧盟在这一领域的行动，并不得采取与欧盟利益相悖或有可能阻碍其效力的行动。

现行的《欧盟条约》第五篇和《欧洲宪法条约》第五篇第二

---

① 根据《欧共体条约》第130条（原第109s条）的规定，理事会经与欧洲议会协商后，应建立就业委员会，该委员会在促进成员国之间的就业与劳动市场政策的协调方面享有咨询地位。

章就欧盟的共同外交与安全政策作出了进一步的系统规定。本书下一章“欧洲联盟的法律体系”对此有较为概括性的阐释，故在此不拟赘述。

五、其他领域的支持、协调或补充权能

除了上述各种权能类型之外，欧盟在其他有关领域的权能属于支持、协调与补充成员国相应权能的性质。但是，现行的《欧共体条约》并没有对这一类权能集中进行类别性地规定，而是分散规定于相关的领域、部门或事项。例如，在劳工方面，《欧共体条约》第137条（原第118条）规定，欧共体应在下列领域支持和补充成员国的活动：(1) 改进工作环境，以保护工人健康和安全；(2) 工作条件；(3) 公认的信息与协商；(4) 排除于劳动市场之人员的融入；(5) 在劳动市场机会和工作待遇方面的男女平等。又如，在文化领域，《欧共体条约》第151条（原第128条）规定，为鼓励成员国之间的合作，欧共体在必要时应在下列领域支持和补充成员国的行动：(1) 欧洲人民的文化与历史知识和传播的提高；(2) 欧洲意义之文化遗产的维护与保护；(3) 非商业性的文化交流；(4) 文艺创造，包括视听部门。

《欧洲宪法条约》第I-12条在集中规定欧盟的权能时，单独确定欧盟在特定的领域根据本宪法规定的条件和在不超越其权能的情况下，应享有权能采取行动以支持、协调或补充成员国的行动。第I-17条进一步列举了欧盟的这类支持、协调或补充权能的领域，分别是：人类健康的保护与改善；工业；文化；旅游；教育、青年、体育和职业培训；民事保护；行政合作。与之相适应，宪法条约第三部分第五章以“本联盟可采取协调、补充或支持行动”为题，逐节就欧盟在上述各领域的此等权能作出了系统的规定。

第四节 成员国之间的“更紧密合作”或“强化合作”

经1997年《阿约》修订的《欧盟条约》和《欧共体条约》新

增了有关成员之间开展“更紧密合作”（closer cooperation）的条款。《欧洲宪法条约》整合现行欧盟基本条约的这些规定及其实践，以“强化合作”（enhanced cooperation）为题作出了专门的规定。所谓更紧密合作和强化合作，顾名思义，就是指成员国之间在特定领域内或特定事项上建立比现行欧盟一体化水平更高或更强的合作关系。譬如，在警察与刑事事项的司法合作领域，更紧密合作的目标是“促使欧盟在自由、安全和正义领域更快地发挥作用”(《欧盟条约》第 40 条第 1 款)。以下依次根据这三个基本文件阐释成员国之间的更紧密合作或强化合作的目的、内容、条件、程序及其主要特点。

一、《欧洲联盟条约》下的更紧密合作

根据《欧盟条约》第 43 条的规定，如果成员国打算彼此之间建立更紧密的合作关系，它们可以利用欧盟的机构、程序和机制来开展此等合作。为此，该条为成员国之间的更紧密合作规定了一系列明确的条件和要求。

首先，更紧密合作的目的必须是进一步深化欧盟的各项宗旨，并维护和服务于欧盟的利益。这是更紧密合作的首要前提。即使这种合作只有部分成员国参加（当然是大部分），也必须与欧盟的宗旨相一致，并不得违背欧盟的共同利益。而且，这种合作只有在适用欧盟基本条约规定的相关程序不能实现有关宗旨的情况下才能作为最后的手段予以使用。

其次，更紧密合作必须遵守欧盟基本条约的各项原则和单一的组织框架。这些原则既包括本书第二章中阐述的关于指导欧盟与成员国关系的基本原则，也包括本章上述的关于欧盟权能行使的那些原则。所谓遵行欧盟单一的组织框架，是指成员国之间的更紧密合作必须在现行的欧盟统一组织结构内运作，不得另行建立专门的机制。

再次，更紧密合作不一定需要所有成员国都参加，但是必须至少有多数成员国参加。尽管该条没有规定这种多数的具体数量，但可以推定为至少是现有成员国的简单过半数。与此同时，更紧密合

作必须允许所有成员国在任何时候都可以参加。当然，后来参加的成员国必须遵守在更紧密合作框架中已经做出的各项决定。

又次，更紧密合作不得影响“共同体成果”和依照欧盟基本条约其他条款所采取的措施。而且，不得影响没有参加这种合作的成员国的权能、权利、义务和利益。

还有，更紧密合作的具体运作应适用欧盟基本条约在相关领域或事项上规定的组织程序。但是，当所有理事会成员国应参加更紧密合作事项的商讨时，只有那些参加此等合作成员国的代表享有决定权。在需要以特定多数方式通过决定的情况下，其票数应按照《欧共体条约》第 205 条第 2 款对理事会成员所规定的加权票之相同比例予以确立。当需要以全体一致方式决策时，其全体的构成应该仅限于那些参与此等合作的理事会成员国。与之相适应，有关实施更紧密合作的经费（欧盟机构的行政开支不在其内）应由参与成员国承担，除非理事会以全体一致方式做出另外的决定。

最后，更紧密合作应遵守《欧盟条约》第 40 条和《欧共体条约》第 11 条所规定的特定要件。根据《欧盟条约》第 40 条的规定，意欲建立更紧密合作的成员国必须向理事会提出此等合作的请求，并得到理事会的明确授权。在一般情况下，理事会应在邀请委员会发表其意见后以特定多数方式作出授权决定。更紧密合作的请求还应呈送欧洲理事会。如果理事会的某一成员宣称“出于重要的和陈述理由的国家利益考虑”，意欲反对以特定多数方式做出授权，理事会则不应进行表决，但理事会可以通过特定多数方式将该事项提请欧洲理事会以全体一致方式做出决定。至于《欧共体条约》第 11 条规定的条件，将在下一目中集中阐释。

二、《欧洲共同体条约》下的更紧密合作

《欧共体条约》第 11 条除了重申可以授权利用欧盟的机构、程序和机制开展更紧密合作外，具体规定了在欧共体框架中此等合作的具体条件：（1）不得涉及属于欧共体专属权能的领域；（2）不得影响欧共体的各项政策、行动或计划；（3）不得涉及欧盟公民权或在成员国国民之间进行歧视；（4）处于《欧共体条约》授

予欧共体权限范围内；（5）不得在成员国之间构成贸易歧视或贸易限制，并不得扭曲成员国之间的竞争条件。

值得注意的是，在程序要求方面，《欧共体条约》的规定有所不同。根据第11条第2款，欧共体范围内更紧密合作的授权，应由理事会在委员会的建议基础上并与欧洲议会协商后，以特定多数方式做出决定。由此可见，尽管欧共体领域内的更紧密合作的授权与其他领域此等合作的授权都是由理事会做出，但是委员会和欧洲会议在其中的作用明显不同。首先，委员会对于欧共体内更紧密合作的授权具有动议权，而对于欧盟其他领域更紧密合作的授权只是发表意见，而动议权属于意欲进行此等合作的成员国。其次，欧洲议会对于欧共体内更紧密合作的授权享有协商权，而在其他领域更紧密合作的授权中只享有知情权。至于理事会在特殊情况下的程序规定，则与上述《欧盟条约》第40条的规定相同。

三、《欧洲宪法条约》下的强化合作

《欧洲宪法条约》将上述成员国间的更紧密合作表述为“强化合作”（enhanced cooperation）。该宪法条约首先在第一部分第三篇“本联盟的权能”中单列第三章规定强化合作的一般原则、条件和程序，然后在第三部分第六篇“本联盟的运作”中同样单列第三章进一步系统规定强化合作的各种具体事项。综观宪法条约的这些规定，不难看出它们一方面是现行《欧盟条约》和《欧共体条约》有关更紧密合作规定的整合，另一方面又是在现行规定基础上的进一步完善。概括起来，宪法条约对于成员国之间的强化合作有如下一些新的特点：

首先，在强化合作的目的方面，宪法条约除了继续保留“进一步实现欧盟的各项宗旨”和“保护其利益”外，新增添了应“加强其一体化进程”（reinforce its integration process），并强调“不应损害内部市场或经济、社会和地区联结”。①

---

① See Treaty Establishing a Constitution for Europe, Article I-44 (1); Article III-416.

第二，在强化合作适用的情势方面，宪法条约不只是重申其“作为最后的手段”，而且将原来的有关条件做出了更加明确的限定。例如，现行的更紧密合作的授权“只有在适用欧盟基本条约规定的相关程序不能实现有关宗旨的情况下”才能做出，未来的强化合作将这一条件进一步确定为“欧盟作为整体”和“合理阶段内”不能实现其宗旨的情况。①

第三，在参与强化合作的成员国数量方面，宪法条约将现行的“至少是多数成员国”要求具体确定为必须有“至少三分之一成员国参加”。②

第四，在强化合作的运作方面，宪法条约为专属权能以外的领域和共同外交与安全政策领域分别规定了两套程序。就专属权能以外的领域而言，意欲建立强化合作的成员国应首先向委员会提交请求，其中应说明拟议的强化合作的具体范围和目的，然后由委员会斟酌是否向理事会作成正式动议。如果委员会决定不提出正式动议，它应通知有关成员国其不作为的理由。如果理事会收到此等合作的正式动议，应在取得欧洲议会同意之后才能做出有关的授权决定。③ 可见，宪法条约大大加强了欧洲议会在强化合作方面的地位和作用。

就共同外交与安全政策领域而论，意欲建立强化合作的成员国应向理事会直接提出请求，同时应呈送欧盟外交部长，后者应就拟议的强化合作动议是否与欧盟共同外交与安全政策相一致发表意见。此等请求也应呈送欧盟委员会，委员会尤其对于有关强化合作动议是否与欧盟其他政策相一致的问题发表意见。此外，此等请求还应送达欧洲议会，以便其知情。最后，由理事会以全体一致同意方式作出授权决定。④

第五，在强化合作框架中理事会的决策方式方面，宪法条约对

① See Treaty Establishing a Constitution for Europe, Article I-44 (2).

② Ibid., Article I-44 (2).

③ Ibid., Article III-419 (1).

④ Ibid., Article III-419 (2).

于特定多数方式作出了具体的界定。一般情况下，这种多数应至少包括代表参与此等合作之成员国的理事会成员的55%，并同时至少占这些国家人口的65%，即“双重特定多数”。不仅如此，宪法条约还相应地对阻止少数（blocking minority）作出了明确的界定，即阻止此等合作授权的少数必须包括在理事会中的成员的最低数，同时至少代表参与此等合作成员国超过35%的人口，并另加一个理事会成员，否则，特定多数应被认定为达到。在特殊情况下（即如果强化合作的动议非出自欧盟委员会或欧盟外交部长），理事会授权所需的特定多数应被界定为至少是代表参与此等合作之成员国的理事会成员的72%，并至少占这些国家65%的人口。①

第六，在成员国加入正在进行的强化合作方面，宪法条约颇为详细地规定了两种不同的程序。首先，对于专属权能以外领域正在进行的强化合作，任何打算参与的成员国应将其意图通知理事会和委员会。委员会在收到此等通知后的四个月内应确认有关成员国的参与；如有必要，委员会还应告知有关成员国的参与条件已经符合，并应就有关强化合作框架中业已通过之文件采取必要的过渡性措施。但是，如果委员会认为有关成员国的参与条件还没有达到，它应提出达到这些条件的安排，并设立重新审查有关加入请求的期限。当这一期限结束时，委员会应重新审查有关请求。如果委员会仍然认为条件还未达到，有关成员国可以将这一事项提请理事会做出决定。②

对于共同外交与安全政策领域正在进行的强化合作，任何打算加入的成员国应将其意图分别通知理事会、欧盟外交部长和委员会。然后，理事会与欧盟外交部长协商后负责确认有关成员国的参与；如有必要，理事会应告知有关成员国的参与条件已经达到。对于已经在强化合作框架中通过的文件之适用，理事会可以在欧盟外交部长的建议基础上采取必要的过渡措施。如果理事会认为有关成员国的参与条件还不符合，它应做出达到这些条件的安排，并确立

---

① See Treaty Establishing a Constitution for Europe, Article I-44（3）.

② Ibid., Article III-420（1）.

重新审查参与请求的期限。理事会对于正在进行的共同外交与安全政策领域的强化合作的参与事项，均应以全体一致同意方式作出决策。①

第七，在强化合作框架中做出的决策之效力方面，宪法条约除了重申“应只约束参与成员国”外，还进一步规定“它们不应作为既定成果（aquis）的构成部分而必须由加入本联盟的候选国接受”。②

① See Treaty Establishing a Constitution for Europe, Article III-420 (2).

② Ibid., Article I-44 (4).

第四章

欧洲联盟的法律体系

第一节 概述：欧洲联盟法——自成一类的法律体系

欧盟法到底是一种什么性质的法律，迄今在中外法学界并没有形成一致的认识。自 1952 年煤钢共同体诞生的那一天开始，学者在讲授和研究欧盟法的过程中都不可避免地要面对这一问题，并一直试图对欧盟法进行自认为科学的界定。半个多世纪以来，有人将欧盟法界定为超国家法；而另有人认为欧盟法仍然属于一种区域国际法或特殊国际法；还有人将欧盟法称之为一种准联邦法；另外，还有诸如经济一体化法或区域一体化法抑或一体化法、共同市场法、经济与货币联盟法的提法；更多的中外学者干脆将欧盟称为自成一类的法律。

显然，上述种种莫衷一是的界定都有其合理性（或针对某一特定时期的欧盟法而言，或就欧盟法的某一方面或领域或部门而论），但又似乎都不能准确、全面地反映出欧盟法的特质。可以说，长期以来，中外学界对于欧盟法定性上的分歧是由欧盟颇为复杂的一体化进程所决定的。

欧盟法的特殊性与欧盟这个区域实体本身的定性紧紧地捆绑在一起。欧盟从最初的欧洲煤钢共同体开始就以一种全新的面貌展现于国际社会。当初的六个西欧国家赋予煤钢共同体高级机构在煤炭与钢铁生产、销售领域享有超国家权力。于是，超国家组织与超国家的概念和理论在欧美应运而生，并迅速传播开来。如今，虽然欧盟在组织结构、职权划分、活动领域、决策程序与方式等方面也发生了很大的变革，但是关于欧盟的超国家学说仍有相当大的影响。

欧盟法的特殊性与欧盟的一体化的演进性紧密相连。在20世纪80年代中期的《单一欧洲文件》之前，欧盟的宗旨、职能和活动范围局限于经济及其相关社会领域，即人员、货物、货币流通自由和建业与服务自由，以及在工业、农业、渔业、竞争、经济与社会联结等领域的共同政策。于是，当时的欧共体被界定为区域经济一体化组织，其相应的法律体系常被冠以区域经济一体化法（律）的名称，偶有“区域国际经济法”的称谓。随着《单一欧洲文件》提出1992年建成统一的欧洲大市场的经济与社会目标，用“共同市场法”来概称欧盟法的现象越来越普遍，尽管此时欧洲政治合作机制已经从法律上正式融入欧共体。

1993年《欧洲联盟条约》的生效及欧盟的正式诞生使得欧盟法的界定变得更加复杂起来。从此之后，虽然欧盟法的核心仍然是关于共同市场及经济货币联盟的内容，但是共同外交与安全政策和司法与内务合作成为欧盟法的两个新的领域，后二者与前者（即欧共体）组成欧盟及其法律体系的三个支柱。如果说第一支柱（欧共体）继续保持在所谓的“超国家”水平上，第二支柱（共同外交与安全政策）和第三支柱（司法与内务合作）则完全处于政府间水平上。因此，现行的欧盟法或许是一种经济货币联盟法与政治联盟法的总体，因为现时的欧盟就是一种经济货币联盟和政治联盟的相加之和。

新近问世的《欧洲宪法条约》势必给人们对未来的欧盟法的界定产生新的遐想。首先，欧盟这一最新基本文件的名称本身对人们的眼球具有很高程度的吸引力。它使得世人很容易地联想到：这个新的基本文件不仅仅是一项条约或经修订的欧盟组织章程，它同时冠以“欧洲宪法”（European Constitution）名称，从而意味着欧盟的成员国及其国民不仅各自拥有自己国内的宪法，而且还拥有一个共同的宪法。其次，《欧洲宪法条约》突破了现行欧盟条约的体系与结构，使得第一支柱的超国家因素特征与第二支柱和第三支柱的政府间特征的界限变得模糊，三个支柱领域统一归属于宪法条约第三篇“联盟的政策与职能”。再次，宪法条约对欧盟的组织结构和运作机制进行了力度较大的革新：通过将欧洲理事会正式纳入欧盟的组织框架来强化欧盟机构的权力层次；通过将欧洲理事会主席由轮值改为选举产生和新设欧盟外交部长职务来凸现欧盟在人格上的独立性和所谓的“超国家”特征；通过增加欧洲议会和各成员国议会及公民的参与来增强欧盟决策的民主性。最后，宪法条约内容的人本化尤为突出，超过了欧盟历史上的任何基本文件，更是其他国际组织（也许人权组织是例外）的章程所望尘莫及的。除了序言和正文其他部分都贯彻着以人为本的基轴之外，宪法条约第二部分系统地规定了欧盟的基本权利宪章。总之，《欧洲宪法条约》从文件名称、体系结构到具体内容都体现出宪法和条约的两重性。未来欧盟最高法的这种两重性，似乎给欧盟法的界定增添了新的变数。

综上所述，要对欧盟法作出一个准确的界定是相当困难的，对欧盟法先后出现甚至流行的描述似乎都不能科学地概括欧盟法的全貌。欧洲法院也许早就预计到这一难度，故在20世纪60年代初就利用其司法裁判权将欧盟法界定为“国际法中一种新兴的法律秩序”（a new legal order in international law）。① 许多中外法学者将欧盟法界定为“自成一类的法”（law sui generis），② 这似乎可以视为欧洲法院这一表述的学理界定，而且，在没有公认的概念来描述欧盟法之前，“自成一类的法”也许是最稳妥和最恰当的界定。

尽管学界对欧盟法的定性尚未形成共识，但是欧洲联盟经过半

---

① Case 26/62 Van Gend en Loos [1963] ECR 1.

② 参见王铁崖主编：《国际法》，法律出版社1981年版，第407页。

个多世纪的发展，已经形成一个庞大的法律体系，这是不争的客观现实。这个新兴的特殊法律体系，在规模和复杂程度上，不仅超过了任何一个国际组织的法律体系，甚至与任何一个发达的国家法律体系相比较，也毫不逊色。本章以下各节拟扼要概述欧盟法的一些主要部门法律和政策，从中足见欧盟法律体系之宏大和缜密。

第二节　欧洲联盟宪法与行政法

一、宪法概念的界定问题

长期以来，法律学者一谈到宪法，就必然是针对国家而言的。换言之，宪法是一个主权国家专属的，似乎已经成了一种定论。自从政府间国际组织诞生以来，尤其是联合国成立之后，国际法学界开始反思宪法这一概念的内涵，越来越多的国际法学者认为，国际组织的基本文件也可以称之为宪法。我国著名的国际法及国际组织法学家梁西先生就曾指出："国际组织的基本文件是其产生、存在和进行活动的法律基础。因此，他在国际组织法律体系中具有重要意义，人们常称之为国际组织的'宪法'"。① 荷兰著名国际组织法及欧洲联盟法学家谢尔莫斯（H. G. Schermes）则直接用"宪法"（constitution）名称来表述国际组织章程。② 可见，一个国际组织的章程，不论其名称如何，如果它在特定的法律体系或法律秩序中处于最高的法律地位，那么它就是该法律体系或法律秩序中的宪法，至少可以说是宪法性文件（constitutional instruments）。

二、《欧洲宪法条约》之前是否有欧洲联盟宪法的问题

就欧洲联盟而言，是否在《欧洲宪法条约》之前就已经拥有

---

① 梁西：《国际组织法（总论）》，修订第5版，武汉大学出版社2001年版，第27～28页。

② See Henry G. Schermers and Niels M. Blokker, International Institutional Law, third edition, Martinus Nijhoff Publishers, 1995.

自己的宪法，是一个有争议的问题。概括地讲，可能存在下述三种观点。

一种较为普遍的看法是，欧盟在此之前不存在宪法。原因似乎很简单：首先，在《欧洲宪法条约》之前，欧洲联盟的所有基本文件，虽然多次修正，但是从来就没有用“宪法”名称予以表述；其次，欧洲联盟以前的基本文件，在结构和内容上并没有表现出宪法文件的特征，而体现的是多边条约尤其是国际组织章程的一般特征，尽管晚近的欧洲联盟基本文件（如《欧洲联盟条约》）含有一些宪法的原则和成分；最后，以前的欧洲联盟基本文件都是采用政府间会议的形式进行制定和修正，唯有《欧洲宪法条约》是采用制宪公会和政府间会议相结合的方式诞生的。

另一种观点认为，欧洲联盟此前就拥有自己的宪法，至少拥有“经济宪法”（Economic Constitution），① 尽管没有使用“宪法”名称。其根据似乎有如下几点：（1）欧洲联盟从一开始就具有超国家性质（笔者一直比较温和地认为具有诸多“超国家因素”），这种超国家的权力近似于一个联邦体制中联邦政府的权力；（2）欧洲联盟与其成员国之间一直存在着管辖权的划分，欧洲联盟享有成员国让渡的主权权力（主要限于贸易、货币和经济及一定的社会政策领域），而各成员国则保留政治、外交、国防权力和经济及社会等领域的剩余权力，后者不因欧洲联盟的超国家权力而失去各自的国家主权；（3）欧洲联盟法从一开始就与各成员国的法律秩序融于一体，而且欧洲联盟法中的许多具体法律规定不仅具有直接的效力，而且还具有效力至上的性质，尽管欧洲联盟法的这些性质，

---

① 著名欧洲联盟法学家弗兰西斯·斯奈德（Francis Snyder）在 1998 年 12 月武汉大学欧洲问题研究中心组织的一次讲演中多次阐述这一概念。另一位英国著名的欧洲联盟法专家认为欧洲联盟的“经济宪法”概念是特定的德国概念，将宪法争论集中于经济结构（基于自由市场竞争的特定视角）与正式宪法（尤其特指德国的基本法）之间的关系。一直有一种观点认为，内部市场不只是一种国家间贸易的功能性框架，而且还是决定如何经营的经济管理的指南（如基于公平与自由竞争）。See Jo Shaw, Law of the European Union, second edition, Machmillan, 1996, pp. 100-101.

除个别情况外（如条例的直接适用性），不是其基本条约所明确规定的，而是通过欧洲法院的判决所确立的。

还有一种观点认为，如果说以前欧洲联盟不拥有真正的宪法，那么1992年2月7日在荷兰的马斯特里赫特签订的《欧洲联盟条约》（《马约》）则无疑是一个宪法文件。例如，斯奈德教授就直接指出："《欧洲联盟条约》是欧盟的成文宪法，建立了欧洲联盟，在成员国公民权之上又创立了欧洲公民权，并且提出最终要实现经济与货币联盟。原来的'欧洲共同体'被现在的'欧洲联盟'所代替，这一更名意味着它不再是个简简单单的经济共同体了，一体化的步伐又向前迈进了一步。"①

三、《欧洲宪法条约》的结构和主要内容概览

《欧洲宪法条约》的诞生标志着欧洲联盟拥有了毋庸置疑的宪法。这一宪法文件极其庞杂，由序言、正文、议定书与附件、最后文件组成。其中正文共有四个部分，共计488个条文；议定书共计36项，附件2项；最后文件包含三类宣言，共计50项：第一类是对宪法条约相关条款发表的宣言，第二类是对宪法条约相关议定书发表的宣言，第三类是有关成员国就特定条款或特定概念或措辞发表的单独宣言。

《欧洲宪法条约》的核心内容是正文的四个部分。

第一部分称为"总则"，涉及欧洲联盟的定义与宗旨、欧洲联盟公民权、欧洲联盟权能及其行使、欧洲联盟组织结构与机构、欧洲联盟的民主生活、欧洲联盟的财政、欧洲联盟与周边国家、欧洲联盟成员资格等内容。

第二部分以"欧洲联盟基本权利宪章"为题，分别就人人共享的尊严、自由、平等、正义、欧盟公民的具体权利及本宪章解释的一般规则作出了系统的规定。

第三部分是欧洲联盟的各项政策和运作的规定。本部分是以现

① ［英］弗兰西斯·斯奈德著，宋英编译：《欧洲联盟法概论》，北京大学出版社1996年版，第16页。

行《欧洲联盟条约》为蓝本而形成的，但在篇章、条款结构和内容上有很多的突破。其中第一篇为“一般适用规定”，具有“总则”性质的条款，是本部分其他各篇章适用的指导原则。第二篇是“非歧视与公民资格”，主要规定欧洲联盟的立法应基于非歧视原则，消除基于国籍、性别、种族或人种出身、宗教或信仰、残疾、年龄或性别等歧视措施；欧洲联盟机构的各项行动应有助于每个欧洲联盟公民能够行使其权利；各成员国应做出必要的规定对于在第三国的欧洲联盟公民予以外交与领事保护。第三篇为“内部政策与行动”，共分五章，其中第一章是关于内部市场的规定，涉及内部市场的建立、人员流动与服务自由、货物流通自由、资本与支付、竞争规则、财政规定等基本内容；第二章是关于经济与货币政策的规定；第三章是其他领域政策的规定，涉及就业、社会政策、经济与社会及地区的联结、农业与渔业、环境、消费者保护、运输、跨欧网络、研究与技术开发及空间、能源，等等；第四章是关于自由、安全和正义领域的规定，实际上是现行《欧洲联盟条约》中关于司法与内务合作领域的规定，主要包括边境检查、避难和入境移民政策、民事司法合作、警察与刑事司法合作等内容。第五章是关于欧洲联盟可采取协调、辅助和支持成员国政策的行动之领域，涉及公共健康、工业、文化、旅游、教育、青年、体育、职业培训、公民保护、行政合作，等等。第四篇是关于“海外国家和领地联系”的规定。第五篇专门规定欧洲联盟的对外行动，共分八章，分别涉及共同外交与安全政策、共同商业政策、与第三国合作和人道主义援助、限制性措施、国际协定、欧洲联盟与国际组织和第三国的关系及欧洲联盟代表团、团结条款的实施，等等。第六篇为“欧洲联盟的运作”，共三章组成，其中第一章系统规定欧洲联盟的组织结构、主要机关和其他机构的设立、组成、职能和程序，第二章专门规定欧洲联盟的财政构架、预算及其实施、反营私舞弊等内容，第三章是关于欧洲联盟部分成员国之间开展“强化合作”（enhanced cooperation）的规定。第七篇为通用的一些杂项条款。

第四部分以“一般和最终条款”为题，分别就先前各种条约与本宪法条约的关系、以本宪法条约建立的欧洲联盟与《欧洲联盟条约》建立的欧洲联盟和欧洲共同体的关系、特定机构的过渡性问题、本宪法条约适用的领土范围、地区同盟、本宪法条约与所附各项议定书的关系、本宪法条约的修正、通过、批准和生效、有效期和语言等作出了明确规定。

四、欧洲联盟行政法的特点

欧洲联盟的行政法（Administrative Law），从不同的角度，可以进行不同的界定。

如果从欧洲联盟机构的设立和权力划分来看，欧洲联盟行政法主要是指那些以欧洲联盟委员会为核心的有关欧洲行政机构的设立、职权、活动程序的法律规范，以及那些涉及这些行政机构与欧洲联盟其他机构和成员国政府之间关系的法律规范。如果从欧洲联盟的整体功能和运作来看，欧洲联盟的绝大多数法律似乎都可以界定为行政法的范畴。无论是在欧共体领域，还是在司法与内务合作和共同外交与安全政策领域，欧洲联盟立法与决策的事项大都属于行政管理层面，欧洲联盟与成员国之间进行合作也主要是行政机关之间展开，欧洲联盟的司法审查制度所针对的行为也主要是欧盟的行政机关的行为，即欧盟委员会和部长理事会（后者从其组成和行为隶属于司法审查的角度来看，似乎也可以归类于行政机关的行列）。

由于欧洲联盟的行政机关的设立、组成、职权、活动程序、行为的合法性以及它们与成员国的关系等均首先通过欧洲联盟宪法性文件予以规定，欧洲联盟行政法必然与欧洲联盟宪法密不可分。所以，一些欧洲联盟法学者通常将欧洲联盟宪法与行政法作为一个法律部门进行研究和阐释。①

又由于欧洲联盟的行政职能是通过欧洲联盟的行政机关来行使的，而欧洲行政机关是欧洲联盟组织结构的组成部分，所以，欧洲

---

①　这似乎从外部证明我国国务院学位委员会于1997年将原来的宪法学和行政法学两个学科合并为一个二级学科的举措，是不无道理的。

联盟行政法与欧洲联盟的组织法（Institutional Law）的内容存在着重叠之处（参见本章第三节）。因此，我们对于欧洲联盟法进行部门法的划分，主要是为了研究和阐述的便利，这种划分不具有绝对的科学性，因为客观上很难对欧洲联盟法作出泾渭分明的部门法分类。

此外，欧洲联盟在很长一段时期的活动主要是经济领域，即对内建立共同市场，对外实行共同商业政策。即使是在今天，虽然欧洲联盟的职能范围已经远远超出了经济一体化的范畴，但是欧洲联盟的基础和主要活动仍然集中于它的第一支柱——欧共体，欧洲联盟的法律和政策大都集中在经济一体化领域。从这个意义上来看，欧洲联盟行政法大多与欧洲联盟的经济一体化法律休戚相关。所以，欧洲联盟行政法又有"欧盟经济行政法"的称谓。①

第三节 欧洲联盟的组织法

一、欧盟组织法的概念与界定问题

越来越多的国际法学者将调整国际组织的法律规范大致分为两类，即内部法（internal law）和外部法（external law）。② 凡是国

① "所谓欧盟经济行政法是指以贯彻经济原则并以完成经济目标为宗旨，调整欧盟各机构及其分支机构的设置和活动，调整欧盟运用行政权调控、监督、干预、管理经济参与者与公共管理者之间关系的法律规范原则的总和"。参见朱淑娣主编：《欧盟经济行政法通论》，东方出版中心2000年版，第36页。

② 中国国际组织法学的开拓者梁西将国际组织法的定义概括为"……调整国际组织内部及其对外关系的各种法律规范……的总体"。接着，他在论及国际组织法的渊源与体系时，进一步阐述"以法律调整对象为标准，可以将国际组织法区分为对外关系法与内部关系法"。参见梁西：《国际组织法（总论）》，修订第5版，武汉大学出版社2001年版，第3、12页。著名的荷兰籍国际组织法学家谢尔莫斯在阐述国际组织法律秩序的过程中也是采用内部关系和对外关系或内部规则和外部规则的基本划分。See Henry G. Schermers and Niels M. Blokker, International Institutional Law, third edition, Martinus Nijhoff Publishers, 1997, pp. 741-754, 1052-1053, 1092.

际组织的章程和决议中有关该组织作为国际法律人格者在国际层面上为实现其宗旨而与国家（特别是非成员国）和其他国际组织进行交往与合作的原则、规则、规章和制度，均可归属于有关组织的外部法或对外关系法。凡是国际组织的章程和决议中有关该组织的成员资格、组织机构、职权划分、议事与决策规则、经费与预算等事项的原则、规则、规章和制度，则可划分为有关组织的内部法或对内关系法。本章作为欧盟法律体系的概述，这里将欧盟的组织法界定在欧盟的内部法范畴。诚然，本章以下阐述的欧盟部门法，如共同市场法、货币金融法和司法与内务合作法等等，均可归属于欧盟的内部法。因此，这里所指的欧盟组织法不包括那些具体调整欧盟共同市场以及经济、社会、司法、内务等实质关系的部门法，因为它们在欧盟法律体系中各自均有特定的调整范畴，而且都已形成相对独立的法律分支。

欧盟及其法律与成员国及其法律之间的关系；欧盟的基本文件和决议的法律效力；欧盟组织机构的设立和职权分工以及彼此关系；各主要机构的产生、职权、议事与决策程序及方式，等等，都是欧盟组织法的重要组成部分，甚至是其核心内容，本书以下辟有专门章节予以阐述。这里仅就欧盟组织法中的成员资格和经费来源问题作如下概述。

二、欧盟的成员资格

欧盟基本文件在《阿约》之前，对于欧盟的成员资格，除了地域上的限定外，没有明文规定实质性条件，即“任何欧洲国家均可申请成为本联盟（或本共同体）的成员”，至于加入的具体条件，则属于申请国与各成员国之间协定的内容。① 1997 年的《阿约》首次在欧盟基本文件中对成员国资格规定了实质条件，要求申请加入的欧洲国家必须遵守“欧盟赖以建立的自由、民主、尊

① 参见《欧洲经济体共同体条约》第 237 条；《马斯特里赫特条约》第 D 条。

重人权与基本自由、法治以及各成员国共有的原则”。①《欧洲宪法条约》在此基础上进一步明确规定申请国必须遵守并且承诺促进欧盟的价值，即“尊重人的尊严、自由、民主、平等、法治和尊重人权，包括属于少数民族人员的权利”。② 不过，必须指出的是，尽管以前的欧盟基本文件没有明确规定申请国须具备这些实质要件，欧盟在接纳新成员国的实践中一直将这些基本原则或价值作为衡量的必备标准。欧盟曾经以此为由推迟将土耳其作为申请加入欧盟的候选国就是一个典型的例证。

欧盟接纳新成员国的基本程序是，首先由申请国向理事会提交书面申请，然后由理事会分别与委员会协商和获得欧洲议会同意后，以全体一致同意方式作出决定。欧洲议会的同意意见必须是其组成议员的绝对多数赞成。值得关注的是，《欧洲宪法条约》第I-58（2）条对这一程序作了一些调整，即要求申请书必须通知到欧洲议会和各成员国的国内议会。最后，加入条约经每一个缔约国按照各自的宪法要求获得批准后，有关的申请国即成为欧盟的正式成员国。

尤其引人瞩目的是，欧盟基本文件一直没有明确规定欧盟成员资格的中止与退出，尽管从国际法及国际组织法的理论与实践的角度来看，这并不影响一成员国根据国家主权原则自愿中止或退出欧盟的成员资格。但是，这毕竟是欧盟组织法的一个重要缺陷。《欧洲宪法条约》运用了较大的篇幅，明确、具体地规定了欧盟成员资格的中止与退出问题，尤其是详尽地规定了前者。

（一）成员资格的中止③

（1）经三分之一成员国或欧洲议会提出说明理由的动议或委员会的提议，理事会可以通过一项欧洲决定，以断定存在某一成员国严重违反欧盟价值的明显危险。理事会必须在征得欧洲议会的同

---

① 参见《阿姆斯特丹条约》第49条、第6（1）条。

② See Treaty Establishing a Constitution for Europe, Article I-58（1）, Article I-2.

③ Ibid., Article I-59.

意后以其五分之四的成员多数作出这一决定。而且，理事会在作出此等断定之前，应听取该成员国的意见，并依照上述同样的程序向该国作出建议。此后，理事会还应定期核实作出此等断定的理由继续适用。

（2）经三分之一成员国的动议或委员会的提议，欧洲理事会也可以通过一项欧洲决定，断定某一成员国严重和持续违反欧盟的价值。欧洲理事会在作出这一决定之前必须邀请该成员国提交其意见，而且应在征得欧洲议会同意后以全体一致同意方式为之。

（3）一旦欧洲理事会作出上述断定，理事会则可以特定多数方式通过一项欧洲决定，中止该成员国依照欧洲宪法而产生的一些权利，包括在理事会代表该国的成员的投票权。理事会在作出这一决定时应考虑到此等中止对自然人和法人的权利与义务可能产生的影响。无论如何，该国应继续履行该国依照欧洲宪法而承担的各种义务。

（4）如果导致上述中止权利的措施之情势发生变化，理事会可以特定多数方式通过一项欧洲决定来变更或撤销已经作出的有关中止权利的措施。

（5）作为中止权利对象的成员国及其代表不应在欧洲理事会和理事会参加投票，而且该成员国在上述第（1）和（2）项中的三分之一或五分之四成员国多数的计算中不应包括在内。成员国及其代表的弃权票不应阻碍有关欧洲决定的通过。上述第（3）和（4）项中的特定多数，应该是理事会中代表参与成员国至少72%的票数，并构成这些国家人口至少65%的多数。

（6）欧洲议会在中止权利事项上的措施应获得由其多数议员出席的投票者的三分之二多数通过。

从上述规定可以看出，欧盟成员国资格的中止并不是所有资格的中止，而只是某一（些）特定权利的中止，这从第I-59条标题的措辞得到进一步明确，即“联盟成员资格中某些权利的中止”(suspension of certain rights resulting from Union membership)。而且，欧盟成员国在成员资格中止问题上的权利和义务是不对等的，即某些权利的中止并不减少有关成员国在欧盟中承担的义务。

（二）成员资格的退出①

任何成员国都可以依照其本国宪法程序决定退出欧盟。不过，决定退出的成员国应将其意图事先通知欧洲理事会。然后，欧盟根据欧洲理事会制定的有关指导原则与该国谈判和缔结协定，就其退出做好具体安排。这种协定依照共同外交与安全政策领域内的协定程序予以谈判，其缔结由理事会在获得欧洲议会同意后以特定多数方式决定。《欧洲宪法条约》自有关的退出协定生效之日起停止对该国的适用，或退出的意图通知两年后，除非欧洲理事会与该成员国协议后经全体一致同意延长这一期限。如果已经退出欧盟的国家请求再次加入，这种请求必须再依照《欧洲宪法条约》有关接纳新成员国规定的条件和程序进行。

三、欧盟的财政②

任何国际组织要为实现其宗旨而有效地开展各种活动，就必须具备稳定、充分的财源和良好的财政管理制度。欧盟自然也不例外。值得注意的是，虽然在欧盟历史上成员国之间经常就财政预算问题发生分歧，有时甚至是严重分歧，但是欧盟在财政来源和管理方面无不是国际组织中的佼佼者，其基本文件有关财政的条款之多、规定之系统，是国际组织的章程中所少见的。

欧盟拥有自己独立和稳定的财政来源。除了一些国际金融机构外，现代国际组织的活动经费几乎都是依靠各自的成员国按比例分摊和自愿捐助。“实践证明：国际组织在经费方面的这种依赖性在很大程度上限制了它们为实现其宗旨所必需的活动，并影响它们的行政预算。在成员国拒付的情况下，国际组织无法强制有关国家履

---

① See Treaty Establishing a Constitution for Europe, Article I-60.

② See Treaty Establishing the European Community (as amended by the Single European Act, the Treaty on European Union (or the Treaty of Maastricht) and the Treaty of Amsterdam, consolidated version, Article 268-280; Treaty Establishing a Constitution for Europe, Article I-53-56, Article III-402-409.

行其经费义务”。① 虽然欧盟最初时期的财源部分地也来自于成员国的认缴，但是自20世纪70年代开始就逐步实现了由自己独立筹措。欧盟的自主财源主要包括：（1）农业税；（2）与第三国进出口贸易关税；（3）享受成员国部分的增值税；（4）其他收益，包括欧盟官员缴纳的税金、欧盟委员会征收的罚金，等等。②《欧洲联盟条约》和《欧洲宪法条约》都相继明确规定，欧盟的预算在不影响其他资源渠道外，应从其自己的资源中提供资金。

欧盟制定有系统、严格和颇为详细的财政管理制度。这一制度的基本原则或主要内容有：(1)通过立法，实行年度财政预算制；(2)所有的收支项目应包括在每一财政年度的估算和最终预算中；(3)预算中的收支必须平衡；(4)预算中开支的实施必须事先通过一项立法来提供法律基础；(5)严格预算纪律，不得通过可能对预算产生可感知影响而在欧盟自身财源限度内和多年度财政框架下没有保证的任何立法；(6)各成员国应与欧盟合作保证纳入预算的各项拨款的使用遵行“健全理财原则”(principle of sound financial management)；(7)反对欺诈和任何影响欧盟财政利益的非法活动。

值得重视的是，为了增强欧盟财政制度的科学性，《欧洲宪法条约》专门设立了一种“多年度财政框架”（multiannual financial framework）。多年度财政框架至少应以5年为一个期限，其目的是保证欧盟的各项支出有序地和在其自身财源的范围内发展。具体做法是，通过欧盟的立法方式，按照支出的种类确定承诺年度拨款上限的总额。欧盟的年度预算必须符合这种多年度财政框架。

第四节 欧洲联盟的共同市场法

共同市场法（Common Market Law），或经济法（Economic

① 曾令良：《欧洲共同体与现代国际法》，武汉大学出版社1992年版，第29页。

② 曹建明：《欧洲联盟法——从欧洲统一大市场到欧洲经济货币联盟》，浙江人民出版社2000年版，第25～26页。

Law),① 是欧洲联盟法的主干部分，也是欧洲联盟实体法集中的代表。甚至可以说，在 1992 年《欧洲联盟条约》之前，当时的欧洲共同体法实质上就是共同市场法。共同市场法在欧洲联盟的第一级法中占有最大的篇幅。据此，欧洲联盟在半个多世纪的实践中制定了大量的二级法律和法规，并且形成了大量的司法判决。因此，无论是从历史来看，还是从现实着眼，也不论是从欧洲联盟的立法与政策来考究，还是从欧洲联盟的司法实践去观察，共同市场法是欧洲联盟法的核心，也是欧洲联盟法中最为庞杂、最为完善的实体法部门。

欧洲联盟的共同市场法本身又由若干个分支法律和政策部门构成。这些分支法律和政策部门主要是内部市场法和一系列经济与社会领域的共同政策。

一、内部市场法

内部市场法（Internal Market Law）的核心内容是欧洲联盟的“四大自由”（即货物流通自由、人员流动自由、开业与服务自由、资本流通与支付自由）和共同竞争法或共同竞争政策。此外，欧洲联盟有关国家垄断、国家援助、知识产权和公司的法律制度也可以归属于内部市场法的范畴。

（一）“四大自由”法律制度

1. 货物流通自由（free movement of goods）

货物流通自由是欧洲联盟建立共同市场的第一个要素，其实质就是关税同盟（Customs Union）。关税同盟的法律制度由对内和对外两方面的法律规则构成。其中对内方面，主要是对于成员国之间货物的进、出口实行禁止征收关税和具有相同效果的收费，并禁止

---

① 国内外相当一部分学者将欧洲联盟有关共同市场的法律原则、规则、规章和制度称之为欧洲联盟的经济法。其实，虽然欧洲联盟共同市场法的主要内容集中于经济领域，但是并不局限于经济领域，它的许多法律制度已经超出了经济部门，涉及社会、环境、科技等领域。从这个意义上讲，经济法似乎不能与共同市场法完全画等号。

实行数量限制及其他非关税贸易壁垒措施，同时在国内税收方面实行国民待遇；在对外方面，在与第三国的进出口贸易中实行《共同海关税则》(Common Customs Tariff, CCT)。

禁止数量限制和具有相同效果的措施，是货物流通自由的一项基本要求。但是，欧洲联盟法同时也允许各成员国可以基于下列理由免除这一责任：(1) 为维护公共道德、公共秩序和公共安全而采取的限制性措施；(2) 为保护人、动植物生命和安全而采取的限制性措施；(3) 为保护具有艺术、历史或考古价值的民族遗产而采取的限制性措施；(4) 为保护知识产权而采取的限制性措施。值得注意的是，成员国采取上述背离禁止数量限制和具有相同效果的措施，必须同时具备两项先决条件：(1) 此等措施不得在成员国之间构成任意的歧视；(2) 此等措施不得对成员国之间的贸易构成变相的限制。

2. 人员流动自由 (free movement of persons) 及欧盟公民权 (the Union citizenship)

人员流动自由是欧洲联盟建立共同市场的第二个要素。内部市场法中的人员流动自由在对人和对物两个方面都有特定的范围。从对人的范围来看，首先是指工人的流动自由，然后是自主经营者的流动自由。由于后者在对物方面是指开业和提供服务，故作为另一类自由予以概述。需要明确的是，这里所指的“工人”还包括其家庭成员。究其原因，“这是由就业这个经济事实决定的。工人家庭成员的权利源于同工人的关系”。① 从对物的范围来看，人员流动自由主要是指入境、居留、就业以及就业后的同等待遇（或非歧视待遇）的权利。共同市场法有关工人流动自由的规定和司法实践表明，各成员国可以在两种情况下背离这一自由：一是国家公务员的聘用；二是为维护公共秩序、公共安全和公共卫生而采取的限制人员流动措施。

欧盟公民权是人员流动自由权利的进一步发展。欧盟公民权创

---

① [英] 弗兰西斯·斯奈德著，宋英编译：《欧洲联盟法概论》，北京大学出版社 1996 年版，第 110 页。

设于1992年的《欧洲联盟条约》，其要旨是：凡是具有欧洲联盟任何一个成员国国籍的自然人都具有欧洲联盟公民身份。具有欧盟公民身份不仅在所有成员国境内都享有流动自由、居住和就业的权利，而且还在当地市政选举和欧洲议会选举中享有与当地居民一样的选举权和被选举权。

3. 开业与服务自由（freedom of establishment and services）

与工人流动自由不同，开业和服务自由是指自然人和法人设立经营实体的自由，故称之为自主经营者或自营者的自由。欧盟的共同市场法规定，各成员国应逐步取消对成员国国民在另一成员国领土内开业的自由，包括开设办事处、分支机构或下属机构，开业所在地的成员国应给予其他成员国的自主经营者享有与本国同行业的自主经营者同样的待遇。欧洲联盟为保证开业自由，根据其基本文件的有关规定，先后颁布了一系列指令。与此同时，欧洲联盟法为开业自由设立了一定条件。譬如，一个成员国国民在另一成员国开业必须符合后者法律所规定的适用于其本国国民的条件。又如，各成员国可以基于共同秩序、公共安全和公共卫生等原因对其他成员国国民的开业者实行限制。

内部市场法关于服务自由的规定与上述开业自由基本一致，只不过是将服务提供作为一种特定的开业领域予以单独规定。欧洲联盟法中的“服务”具有特定的含义和范围。总体上讲，服务自由中的“服务”是指为获取酬金的服务，并且是那些有关人员流动自由、货物流通自由和资本流通自由规定之外的活动，① 尤其是：（1）工业性质的活动；（2）商业性质的活动；（3）工艺活动；（4）职业活动。② 由于服务涉及广泛的领域和众多的部门，不同的服务领域和部门都有其自身的特殊性，欧洲联盟有关服务自由的法

---

① “服务属于剩余种类，即凡不属于货物、资本和人员自由流动事项范围内的其他事项都属于服务之列”，参见第C-113/89号案，《欧洲法院报告》(1990)，第1417页，转引自［英］弗兰西斯·斯奈德著，宋英编译：《欧洲联盟法概论》，北京大学出版社1996年版，第118页。

② See Treaty Establishing a Constitution for Europe, Article III-145.

律相当复杂，有关这方面的案例也颇为丰富。

4. 资本与支付自由（freedom of capital and payment）

资本流动自由是共同市场不可或缺的要素。但是，资本涉及一个国家的货币政策，而货币又是国家政策最敏感的部分之一。所以，欧洲联盟的资本流动与支付自由相对于人员、开业和服务自由而言，其速度要缓慢得多。欧洲联盟的资本与支付自由的进程大致分为两个阶段。在《欧洲联盟条约》之前，欧洲共同体法律主要是规定各成员国应逐步取消对居住在其境内的人员的资本流动的限制，并且逐步取消基于当事方的国籍或居所或投资所在地而采取的有关资本和支付的歧视性措施，从而在第一阶段实现与资本流动有关的经常性支付的自由，以保证共同市场的正常运作。为此，欧洲共同体先后颁布了指令，促使绝大多数商业和私人的资本流动脱离各成员国的外汇管制。

《欧洲联盟条约》的生效标志着欧洲联盟的资本和支付自由进入第二阶段。第二阶段的核心是，禁止成员国之间以及成员国与第三国之间对资本流通和支付的所有限制措施。不过，同时也为这种禁止规定了一些例外。例如，各成员国可以根据其税法，对于不同居所或不同投资地的纳税人区别对待；可以采取必要手段防止违反成员国有关税收和对金融审慎监督的法律和规章；可以规定资本流动申报的程序，以便利于统计数据；可以采取必要措施来维护共同秩序、共同安全和公共卫生。但是，上述这些例外措施不得构成对资本和支付自由的不公正的歧视或变相的限制。①

新近制定的《欧洲宪法条约》对于资本和支付自由的规定，基本上承袭了欧洲联盟在这一领域所取得的立法、执法和司法成果。②

（二）共同竞争法

欧洲联盟的共同竞争法（Common Competition Law）的另一种

---

① 参见［英］弗兰西斯·斯奈德著，宋英编译：《欧洲联盟法概论》，北京大学出版社 1996 年版，第 127～128 页。

② See Treaty Establishing a Constitution for Europe, Article III-156-160.

称谓是“共同竞争政策”（Common Competition Policy）或“共同竞争规则”（Common Competition Rules）。共同竞争法早在《欧洲经济共同体条约》中就作出了明文的规定，经过近半个世纪的不断充实，已经成为欧洲联盟法中内容最为复杂、规范体系最为完善、案例最为丰富的部门法之一。

欧洲联盟竞争法的宗旨是，建立“一个旨在保证不违反共同市场内部竞争的制度”。具体地讲，就是通过帮助单一市场的建立来促进欧洲经济一体化的实现，并且通过寻求保护有效的竞争来提高经济效益。①

一般认为，共同竞争法由三种级别的法律规范构成。第一级法律规范是欧洲联盟基本条约中涉及竞争规则的条款，具有最高的法律效力，属于总则性规范，故称之为共同竞争法的“母法”。② 欧洲联盟决策与立法机关根据基本文件而制定的有关竞争政策的条例、指令、决定等，属于第二级法律规范。欧洲联盟委员会根据上述二级法律规范而制定的涉及竞争规则的文件或作出的决定，属于第三级法律规范，不过，有的学者并没有作如此进一步的分类。至于欧洲联盟与第三国缔结的有关竞争政策的协定，在共同竞争法中无疑属于第二级法律规范的范畴。

从实体法的角度概括，欧洲联盟竞争法的核心内容包括两个方面。第一个方面是，禁止一切可能影响成员国之间贸易，并妨碍、限制或违反共同市场竞争规则或造成此等效果的所有企业间的协议、企业联合会的决定或协作（all agreements between undertakings, decisions by associations of undertakings and concerted practices），尤其是：（1）直接或间接固定购买或销售价格或任何其他贸易条件；（2）限定或控制生产、销售、技术开发或投资；（3）分割市场或资源供应；（4）对于从事相同交易的其他贸易伙伴适用不同的条

① 参见［英］弗兰西斯·斯奈德著，宋英编译：《欧洲联盟法概论》，北京大学出版社 1996 年版，第 96 页。

② 有关研究表明，在《欧洲联盟条约》中，直接涉及竞争法规范的条款有 17 个。参见阮方民：《欧盟竞争法》，中国政法大学出版社 1998 年版，第 28 页。

件，使后者处于不利的竞争地位；（5）迫使其他贸易伙伴以接受附加义务作为订立合同的条件，而此等附加义务，究其性质或依照商业惯例，与合同的标的没有关系。① 第二个方面是，禁止一个或几个企业滥用其在共同市场的优势地位（abuse of its dominant position within the internal market）。② 所禁止的此等滥用优势地位尤其表现在：（1）直接或间接施加不公平的购买或销售价格或其他不公平的贸易条件；（2）限制生产、销售或技术开发，致使消费者受损；（3）对从事相同交易的其他贸易伙伴适用不同的条件，使其处于不利的竞争地位；（4）迫使其他缔约方接受额外义务作为签订合同的条件，而此等额外义务，究其性质或按照商业惯例，与此等合同的标的不具有联系。③

欧洲联盟竞争法中含有严密的程序规定。欧洲联盟委员会在竞争法的执行方面负主要责任。委员会对于违反竞争法的行为行使调查权，有关企业负有义务对此等调查予以协助。一旦违反竞争规则行为成立，委员会可以做出处罚决定。此外，竞争法对于上述两大类禁止性行为规定了一些例外或豁免，而这种豁免决定权专属于委员会。如果有关企业意欲获取这种豁免，首先必须将有关的企业间协议、企业联合会决议或协作等向委员会报告并同时提出豁免申请，然后委员会就此进行调查和确认。如果委员会认为有关的协议、决定或协作没有违反竞争规则，或即使违反，但属于例外范畴，它就会向有关企业发出“安慰函”；反之，进入实质性的反竞争法程序。

（三）国家垄断和国家援助

妨碍公平竞争和货物流通自由的因素既可以是来自企业的非法

① See Treaty Establishing a Constitution for Europe, Article III-161（1）.

② 根据欧洲法院的判决，“优势地位”是指“一个企业所享有的因经济实力而获得的地位，使它能够避免相关市场内的有效竞争，它可以不受竞争、海关和消费者的影响，并从中获得利益”。参见“联合公司案”，第27/76号案，《欧洲法院报告》（1978），第207页，转引自［英］弗兰西斯·斯奈德著，宋英编译：《欧洲联盟法概论》，北京大学出版社1996年版，第103页。

③ See Treaty Establishing a Constitution for Europe, Article III-162.

经营行为，又可以出自有关政府机构的干涉。成员国可以通过其他措施或途径来影响自由贸易和公平竞争，如建立或维持国家垄断、利用公有企业避开有关规则、给予企业非法援助或其他财政手段在企业之间采取歧视行动，等等。为此，欧洲联盟专门建立了国家垄断和国家援助制度。

1. 国家垄断（state monopolies）

欧洲联盟法中的国家垄断是指一成员国在法律上或事实上通过其自身或其机构和企业直接或间接控制、决定或影响其领土内产品的销售以及成员国间的进出口。国家垄断企业，由于其在特定产品市场中的特殊地位，完全有能力阻止有关产品进出本国国境。根据欧洲法院的有关判例，一个国家垄断企业并不一定需要在特定产品方面拥有完全的控制权，只要有关的机构所涉及的商业产品能成为成员国间贸易的标的物，而且在此等贸易中“起着实际的作用”（play an effective part），就足以构成国家垄断。①

欧洲联盟关于国家垄断制度的本意并不是取消或禁止国家垄断企业本身，而是要求这种企业保证它们不以歧视的方式来经营，不妨碍货物自由流通和不歪曲竞争。而且，这里所指的国家垄断仅限于“商业性”的（of commercial character）。因此，不属于经营性质的国家垄断不受欧洲联盟国家垄断规则的约束。例如，成员国的有关机构为政府机构在特定国家采购办公用品就属于非商业性的国家垄断。

2. 国家援助（state aids）

国家援助是指欧洲联盟成员国通过国家资源（人力和物力）渠道直接或间接地给予特定企业的任何好处或利益。这种援助可以是“任何形式”的，即：既可以是中央政府或地方政府给予的，也可以是由政府控制的任何机构给予的。国家援助可以采取多种方式，如直接支付、优惠税收、优惠利率、投资补贴、私有化财政激励、优惠地价，等等。欧洲联盟的实践表明，这种好处的存在不一定非是公共基金不可，只要证实有关国家参与发动或批准这种援助

① Case 6/64 Costa v. ENEL [1964] ECR 585.

就行。换言之，在证明国家援助时，无需区别是国家或公共机构直接给予的，还是由国家或公共机构建立或操纵的私有（民间）机构间接给予的。

国家援助具有双重性。一方面，就各成员国而言，国家援助是本国经济或社会政策的重要工具。国家往往运用国家援助的方式来扶植特定地区的经济发展或某一部门（行业）。尤其在经济发生困难或失业率较高的时期，国家援助更显得必不可少。可见，国家援助具有促进经济发展和社会稳定的积极作用。另一方面，共同市场本身要求：凡是在这一市场中从事经营活动的人只能以其自己的资源和风险来行事。然而，资源的增加或风险的减少不仅可通过企业之间的协议来达到，还可以经过国家干预得以实现，而成员国给予的援助或通过国家资源给予的援助，有可能歪曲或威胁竞争而且影响成员国间贸易，从而不符合共同市场的基本要求。

由于国家援助的双重性质，使得其法律调整变得十分敏感，需要在欧洲联盟的整体利益和各成员国的利益之间达到一定的平衡。所以，欧洲联盟法一方面规定原则上禁止成员国实施“以有利于特定企业或特定产品生产”的国家援助，如果这种援助“歪曲竞争或对竞争构成歪曲的威胁”并且“影响成员国间的贸易”；① 另一方面又明确列举了一系列的例外来保护为合法的经济和社会目标所需的国家援助。国家援助的例外分为两类：一类是“应与共同市场相符合”（shall be compatible with the common market）的国家援助；另一类是“可被认为与共同市场相符合”（may be considered to be compatible with the common market）的国家援助。

根据《欧洲宪法条约》第 III-167（2）条的规定，下列国家援助属于第一类的例外：

第一，具有社会特征的援助。这种援助是针对单个消费者的，其条件是：在实施援助时，不应在有关的产品原产地方面有任何歧视；

第二，关于补偿由自然灾害或意外事故造成的损害的援助；

---

① See Treaty Establishing a Constitution for Europe, Article III-167（1）.

第三，关于对德国特定地区的援助，其条件是：援助必须是因分裂造成经济不利所需要的补救（但是，该宪法条约生效5年后，理事会根据委员会的建议可以决定取消这一例外)。

根据宪法条约第III-167（3）条的规定，下列国家援助属于第二类例外：

第一，促进特定地区经济发展的援助。这些地区的生活水平极低或失业严重；

第二，促进实施重要工程的援助。这种工程必须是具有“共同的欧洲利益”或是“补救某一成员国严重的经济困扰”的工程；

第三，促进特定经济活动或特定经济领域的援助；

第四，促进文化或遗产保护的援助；

第五，在委员会建议的基础上，理事会确定的其他此等类型的援助。

为确保国家援助规则的遵守，欧洲联盟建立了相应的国家援助监督与管理机制。

(四) 公司法

与上述共同竞争法不同，欧洲联盟的基本条约并没有设立专门的篇章和条款对公司的设立和活动作出明确的规定。尽管如此，基本条约中的一些相关条款还是为欧洲联盟机构规范公司行为提供了一定的法律依据，例如，《建立欧洲共同体条约》关于开业自由的规定（第43~48条)、关于各成员国法律趋同化的规定（第94条)、一般和最后条款（第293条）和“灵活条款”（第308条)，等等。欧洲联盟立法/决策机构根据这些规定先后颁布条例和指令，以协调各成员国的公司立法。此外，欧共体的创始成员国在1968年专门缔结了《关于相互承认公司和法人团体的公约》。

从总体上看，欧洲联盟的公司，虽然有很多是跨成员国的，但是其设立和经营活动的规制主要是由各成员国的法律进行，几乎所有的成员国都有自己的公司法。欧洲联盟公司法的主要任务是协调成员国的公司法，其根本目的是通过制定欧洲联盟的协调性条例和指令以及缔结成员国间的协定，保证在一成员国设立的公司能在任何其他成员国自由经营并从事跨国兼并与合作活动，同时保证各成员国在公司成立、组织、经营、兼并和其他活动方面不歧视或无差别地对待其他成员国的公司。①

（五）知识产权法

欧洲联盟的知识产权法与其公司法具有一些类似的特点。首先，欧洲联盟的基本条约并没有制定专门的条款对知识产权的保护作出明确规定，唯有《建立欧洲共同体条约》第30条（《欧洲宪法条约》第III-154条）提到成员国的“工业和商业产权”（industrial and commercial property）保护措施可以作为货物流通自由中禁止数量限制规定的一种例外。其次，在欧洲联盟中，知识产权的法律保护主要是通过各成员国的立法、执法和司法途径进行，而欧洲联盟的知识产权法主要是在三个方面发挥协调作用：（1）协调成员国的知识产权法；（2）协调知识产权法与货物流通自由之间的冲突；（3）协调知识产权法与共同竞争规则之间的冲突。

尽管如此，欧洲联盟知识产权法与其公司法之间也存在着明显的不同特征。首先，由于科学技术的不断变革带来知识产权保护的纵向和横向发展，而这种变革和发展又不断地对共同市场的货物流通自由和共同竞争规则产生影响，欧洲联盟有关协调成员国知识产权法的立法要比公司法活跃得多，数量也多得多。迄今为止，欧盟几乎在所有的知识产权领域都颁布了相应的协调性立法文件，如在专利方面有《关于创立药品补充保护证书条例》；在商标方面有《商标协调指令》、《商标条例》；在版权方面有《协调版权和某些相关权利保护期限指令》、《关于出租权、出借权和知识产权领域某些与版权有关的权力指令》、《协调版权和版权中与卫星传播和有线再转送有关权利的某些规则指令》、《关于保护个人处理私人数据库指令》、《关于电脑程序的法律保护指令》，等等。而且，欧洲联盟还在某些新的知识产权领域制定了统一的立法，如《关于保护生物技术发明的指令》、《植物品种条例》，等等。其次，欧洲联盟在知识产权法领域，不仅有欧盟层面和各成员国国内层面的保

① 关于欧洲联盟的公司法律制度及其与成员国公司法律制度的关系，详见邵景春：《欧洲联盟的法律与制度》，人民法院出版社1999年版，第287~390页。

护机制，而且还积极参与泛欧洲的知识产权保护体制，如《欧洲专利公约》、《欧洲经济区协定》及其《第28号议定书》，等等。最后，由于知识产权保护与货物流通自由和共同竞争政策之间的紧密联系以及实践中出现的直接和间接的冲突，欧洲联盟有关知识产权法的判例要比公司法丰富得多，尤其是在早期和欧盟层面上存在立法真空的领域，欧洲法院的判决在协调知识产权保护与共同市场运作之间的关系方面发挥了重要作用。①

二、共同经济与社会政策

欧洲联盟的统一大市场，除了上述各个部门法组成的内部市场法之外，还有在更广泛的经济与社会领域逐步形成的共同政策。虽然这些经济与社会领域的措施冠名为“共同政策”（common policy），但是它们大都是以法律的形式表现出来，即在欧洲联盟的基本条约中有专门的条款进行规定，并由其立法机关据此通过一定的立法形式作为载体。而且，有些经济与社会领域的共同政策实际上已经发展成为共同市场法中的特殊部门法或子部门法，如共同农业政策。鉴于本书为欧洲联盟法的“总论”，以下仅对这些经济与社会共同政策进行扼要综述：

（一）农业与渔业政策②

农业政策是欧洲联盟最早的共同政策之一，在当初建立经济共同体的《罗马条约》中就辟有专章对共同农业政策作出明确规定。随着欧洲联盟内一体化的发展和经济全球化的影响，欧盟的共同农

① 关于欧洲联盟知识产权法及其与成员国知识产权法、欧洲知识产权法和国际知识产权的关系，详见邵景春：《欧洲联盟的法律与制度》，人民法院出版社1999年版，第494～585页；关于欧盟的统一商标法制度，详见陈建德：《欧共体统一商标法律制度》，载《欧洲法通讯》第三辑，法律出版社2002年版，第18～57页。

② 根据《欧洲宪法条约》第III-235条的界定，共同农业政策中包括渔业政策。该条规定，“农产品是指土地产品、畜牧业产品和渔业产品以及与这些产品直接有关的首次加工产品。凡是提及共同农业政策或农业和使用‘农业’术语，应被理解为兼指渔业，同时考虑到这一部门的具体特点”。

业政策先后也发生了许多的变化。共同农业政策的初衷是为保证基本食品的自给自足而实行农业生产补贴。如今的共同农业政策的重心是直接补贴农民以保证他们的收入、食品安全与质量和在环境方面具有可持续性的生产。另一个重要变化是，从21世纪开始，过去对农业生产进行补贴的做法已经大部分地消失，取而代之的是对农民直接支付，其条件是，他们的生产和产品必须符合食品安全、动植物卫生和动物福利标准，并且必须为耕种和农村风貌保持耕地的良好状态。①

《欧洲宪法条约》第III-227条对欧盟共同农业政策的宗旨作出了最新的法律界定：（1）通过促进技术进步和保证农业生产的适度发展以及生产要素尤其是劳动力的最佳使用，增加农业生产力；（2）保证农业共同体高质量的生活水准，尤其是通过增加从事农业人员个人收入的方式；（3）稳定农业市场；（4）保障农产品供应：（5）保障合理的农产品价格。与此同时，该条还特别强调，共同农业政策的实施还必须考虑由农业社会结构和不同农业地区之间结构与自然差别的特殊性，以及农业与整个经济的紧密联系。

欧盟共同农业政策的基本原则是：（1）市场统一，即农产品市场是整个统一大市场的组成部分；（2）欧盟（欧共体）优先，即优先购买欧盟的农产品；（3）财政联合，即成员国共同承担共同农业政策的财政责任。

欧盟共同农业政策由下列主要政策构成：②

第一是共同农业价格政策（common agricultural prices），其中包括目标价格或指导价格（target price or guiding price）、干预价格或担保价格（intervention price or guarantee price）和门槛价格或固定价格（threshold price or fixed price）。

第二是共同农业市场组织（ common organization of agricultural

① EUROPA：Overview of the European Union Activities - Agriculture，http：//europa. eu. int/pol/ agr/ print_ overview_ en. htm. 2005年12月31日访问。

② 参见朱淑娣主编：《欧盟经济行政法通论》，东方出版中心2000年版，第311～323页。

market)。根据不同的产品，这种共同市场组织应采取如下三种形式之一：(1) 共同竞争规则；(2) 各种国内市场组织的强制性协调；(3) 欧洲市场组织。① 在实践中，这些组织可以分为三种类型：(1) 价格支持型的共同市场组织；(2) 对外保护型的共同市场组织；(3) 直接补贴型的共同市场组织。

第三是共同农业结构政策（common agricultural structure policy)。这一政策的目的主要是，欧盟通过其条例和指令对欧盟农业生产布局和农民生产条件及生活待遇进行改革和调整，从而加速欧盟农业现代化，缩小农业地区差别，减少农业人口、提高农民职业技能，提高农业的竞争力和农民的生活水平。

第四是共同农业基金。它实际上是1962年成立的欧洲农业指导与担保基金（European Agricultural Guidance and Guarantee Fund, EAGGF）的俗称，又简称为“农业基金”。共同农业基金的来源经历了一个转变过程。它开始由各成员国捐助，20世纪60年代中后期改为由欧共体对农产品进口所征收的关税和成员国分摊相结合的方式筹集，70年代初最终纳入到欧共体预算内支出的项目。共同农业基金由指导基金和担保基金两部分构成。其中担保基金用来实施各种农业共同市场组织中的项目，而担保基金主要用于担保基金之外的其他农业发展的项目。农业基金执行委员会是该基金的管理机构，由各成员国的代表和欧盟委员会的代表组成。

第五是共同乡村发展政策（common rural development policy)。这一政策从20世纪后期以来已经成为欧盟共同农业政策的重要内容，甚至可以说，是共同农业政策中与耕种农业并列的第二个支柱。乡村发展政策的主要目的是，在各成员国仍然掌控各自的森林政策的情况下，通过欧盟的立法和行动来促进欧盟内各成员国森林政策的协调，并保证耕作农业政策与乡村发展政策之间不产生冲突，从而有利于可持续性的森林状态。

第六是共同的对外农业政策（common external agricultural policy)。共同对外农业政策是欧盟对外关系法的组成部分，尤其是共

① Treaty Establishing a Constitution for Europe, Article III-228.

同商业政策的一个重要领域（参见本章第七节“欧盟的对外关系法”）。其主要目的是通过欧盟对外关系权的实践，在与第三国的关系上，尤其是世界贸易组织中，维护欧盟及其成员国和农民的利益，推动国际农产品贸易的逐步自由化。

（二）运输政策

运输政策（transport policy）是欧盟最早实行共同政策的部门领域之一。没有共同的运输政策，就不能真正实现共同市场的货物流通自由和人员流通自由。因此，共同运输政策被认为是与欧盟的关税同盟、共同农业政策并驾齐驱的重要经济部门。

欧盟的共同运输政策并不是要实现运输自由化，虽然并不排除在特定的运输业实现自由化的可能性。其根本任务是：（1）就出入一成员国领土或穿越一个或多个成员国领土的国际运输制定共同的规则；（2）就一成员国境内的非居民承运人从事运输服务规定相关的条件；（3）制定改进运输安全的措施；（4）对于同一运输线路上相同货物的运输实行无差别待遇，即禁止基于承运人的不同成员国来源或基于货物目的地的不同定价与收费以及施加不同的条件；（5）制定其他适当措施。①

另一方面，欧盟在制定和实施共同运输政策过程中，必须顾及到特定地区的生活水平和就业，并且还必须考虑承运人的经济情况。为此，《欧洲宪法条约》第III-236（2）条特别强调，欧盟在共同运输政策领域制定欧洲法律或框架法律时必须事先与地区委员会和经济与社会委员会进行协商。

（三）环境政策

环境政策（environmental policy）在欧盟共同政策中是相对较新的一个领域。尽管共同环境政策从20世纪70年代初才开始启动，但它是欧盟的诸多共同政策中发展最快、法律规范最为完善的领域之一。自1973年设立第一个环保行动计划以来，欧盟在环境保护领域已经通过并实施了340多项条例、指令和决定，涉及控制有害物排放、制止大气污染、控制噪音污染、监控环境中化学成

① Treaty Establishing a Constitution for Europe, Article III-236, Article III-240.

分、促进环保研究、加强环保信息收集与交流、国际环保合作、环境责任追究与补偿等广泛的领域和事项。

经过30多年的发展，《欧洲宪法条约》第III-233条明确规定了欧盟环境政策的宗旨和原则。其宗旨是：（1）保持、保护和改进环境质量；（2）保护人类健康；（3）审慎和合理使用自然资源；（4）促进国际层面的措施，以应对区域或世界范围的环境问题。其基本原则是：（1）预防原则；（2）防止原则；（3）优先从源头应对环境损害原则；（4）污染者付费原则。

欧盟为实现其环境目标，在制定和实施共同环境政策时还必须遵从如下一些基本因素：（1）可获取的科学与技术数据；（2）欧盟不同地区的环境条件；（3）采取行动或不采取行动的潜在利益和成本；（4）欧盟整体的经济与社会发展和欧盟各地区的平衡发展。

欧盟的环境政策通过欧盟的条例、指令和决定以及具体的行动方案予以制定和实施，其中尤以指令和行动方案或计划的形式居多。欧盟的共同环境政策实质上是一种旨在应对环境问题或适应环境保护需要的协调措施。理事会所有关于环境政策的措施都必须事先征询欧洲议会、区域委员会和经社委员会的意见。某些特定事项的环境措施还必须经理事会全体一致同意，如财政性质的规定；城镇与乡村规划、水资源的定量管理或直接或间接影响这些资源的获取措施、土地使用（废物处理除外）；对成员国在不同能源资源与其能源供应的一般结构之间的选择产生重大影响的措施，等等。根据《欧洲宪法条约》第III-233（2）条的规定，欧盟的环境政策含有保障措施条款（ safeguard clause），即允许成员国出于非经济的环境原因采取临时性措施，但必须接受欧盟的督察程序。

环境保护是一种典型的欧盟与成员国分享权能的领域。除了欧盟的共同环境政策外，各成员国都可以单独或集体地制定环境保护措施。《欧洲宪法条约》第III-234（6）条明确规定，欧盟的环境立法和执行措施不得妨碍各成员国维持或实施更为严格的环境保护措施，但是，这种措施必须符合《欧洲宪法条约》的规定，而且必须禀告欧盟委员会。在环境保护领域的对外关系方面，欧盟及其成员国在各自权能范围内与第三国或有关的国际组织开展合作。为此，欧盟及其成员国既可以单独、又可以共同谈判和缔结国际协定。

（四）社会政策

虽然共同社会政策（common social policy）在早期的欧盟基本文件中不像经济政策那样规定得系统和详细，但是它一开始就成为欧盟的重要宗旨和活动领域之一。从《欧洲经济共同体条约》、《单一欧洲文件》到《欧洲联盟条约》，都在序言中明确提及促进"社会进步"或"社会发展"的目标，并辟有专门的条款规定成员国社会政策的协调和趋同的措施和程序。不仅如此，欧盟在实践中还专门在社会政策领域单独制定了一些纲领性的法律文件，如1961年《欧洲社会宪章》、1989年《劳动者基本社会权利的共同体宪章》。《欧洲宪法条约》除了在序言和宗旨中明确宣示社会政策目标外，还在"其他领域政策"一章中辟专节就欧盟的社会政策进行系统规定。

根据《欧洲宪法条约》第III-209条的规定，欧盟社会政策的总体目标是，通过欧盟和成员国两级的立法、行政、司法以及成员国之间的合作等措施促进就业、改善生活和工作条件，并通过欧盟和各成员国的协调行动来保持这些条件的改善，保证社会保障、促进劳资之间的对话、加强人力资源的开发，从而保持持久的就业率和抵制排斥。

为实现上述目标，宪法条约明确规定了欧盟应在如下社会政策领域支持和辅助各成员国的活动：（1）为保护工人的健康和安全之工作环境的改善；（2）工作条件：（3）工人的社会保险和社会保障；（4）工人雇佣合同终止后的保护；（5）工人的信息和协商；（6）工人和雇主利益的代表与集体维护，包括共同决定；（7）合法居住在欧盟的第三国国民的就业条件；（8）被劳动市场排除之人员的平等待遇；（9）男女在劳动市场机会和工作待遇方面的平等；（10）社会排斥的抵制；（11）社会保障体系的现代化。①

① Treaty Establishing a Constitution for Europe, Article III-210（1）.

对于上述11项社会政策领域的活动，欧盟的权能并不都是处于同等水平。首先，欧盟可以就上述所有事项提出动议并制定旨在鼓励成员国之间进行合作的欧洲法律或框架法律，以增进了解、开发信息和最佳做法的交流、推广创新方式和评估经验；但是，这些鼓励性立法措施不包括成员国法律和规章的协调（或趋同）。其次，对于上述前9项的活动，欧盟可以通过欧洲框架法律形式确立逐步实施的最低标准。

社会政策是欧盟与其成员国分享权能的另一个典型的领域，甚至可以说，实质性的权能主要由各成员国来行使。宪法条约第III-210（5）条明确规定，欧盟在社会政策领域的立法措施不得影响各成员国确定各自社会保险制度的基本原则，并不得对此等保险制度的财政平衡产生重大影响，也不得妨碍成员国维持或实施符合宪法条约的更为严格的保护措施。该条第6款进一步规定，欧盟的社会政策不适用于薪金、结社权、罢工权和停工权。

虽然成员国在社会政策领域保留着广泛的权利，但是它们必须遵行欧盟社会政策的一项最基本的原则——男女平等。这一基本原则的核心内容是：（1）男女在就业机会上的平等；（2）男女在待遇上的平等，即同工同酬。①

为了促进成员国之间以及各成员国与欧盟委员会之间在社会保障政策领域的合作，欧盟还通过立法建立一个咨询机构——社会保障委员会（Social Protection Committee），由每一个成员国和欧盟委员会的两名代表组成。② 此外，为了促进社会政策中的首要事项——就业机会，欧盟还专门建立一项欧洲社会基金（European Social Fund）。③

（五）其他领域的共同政策

在其他领域的共同政策中，首先是经济、社会与地区的联结（economic, social and territorial cohesion）。这是以一种跨领域的共

① Treaty Establishing a Constitution for Europe, Article III-214.

② Ibid., Article III-217.

③ Ibid., Article III-219.

同政策，其目的是通过欧盟的立法、行政和司法措施，缩小不同地区发展水平的差距，协调经济、社会和地区三个领域政策的协调，从而推动整个欧盟的和谐发展。①

消费者保护（consumer protection）是欧盟经济与社会政策的一个重要方面。为此，欧盟宪法文件列出专门一节予以规定。其根本目标是确保欧盟内消费者的健康、安全和经济利益，以及增进消费者获得信息、教育以及为保障自身利益而自发组织的权利。②

跨欧网络（trans-European network）是欧盟的一个新兴政策领域。其基本目标是在交通、电信和能源基础社会领域建立和发展全欧网络，推动各国内网络的互联互通和交叉使用。③

研究与技术开发及空间（research and technological and space）是欧盟的另一个较为新近的政策领域。在《欧洲宪法条约》之前，首次由基本条约来规定欧盟的科技政策是《单一欧洲文件》，而专门将空间与科技政策并列起来在基本条约中予以规定则是新近问世的《欧洲宪法条约》。欧盟在这一领域的政策与活动，主要是致力于加强欧盟工业的科学与技术基础，通过鼓励企业、研究机构和大学的研发活动，提高欧盟在科技和空间领域的国际竞争力。④

能源（energy）是欧盟最早通过法律和机制进行单独管理的部门领域之一。至今，《欧洲原子能共同体条约》还是这一领域最基本的法律文件（虽经多次修正）。《欧洲宪法条约》将这一领域融为欧盟整体的经济与社会政策的组成部分予以规定。欧盟能源政策的宗旨是，在内部市场的建立与运作的范围内，同时考虑到环境保护与改善的需要，保证能源市场的正常运作，确保能源供应安全和促进能源效率与能源节约以及新型、可再生能源的开发。⑤

---

① Treaty Establishing a Constitution for Europe, Article III-220-224.

② Ibid., Article III-235.

③ Ibid., Article III-246-247.

④ Ibid., Article III-248-255.

⑤ Ibid., Article III-256.

三、经济与货币联盟法

如果说欧洲联盟的共同市场法就是欧洲联盟的经济法，那么其经济与货币联盟（economic and monetary union）法律制度无疑也应属于其中。但是，如果从欧洲联盟一体化进程的角度来看，经济与货币联盟法是在共同市场法基础上而建立的更高一级的一体化法律制度，因为经济与货币联盟在区域经济一体化的法律表现形式上是以共同市场为前提而又高于共同市场的一种形式。可见，经济与货币联盟法与上述共同市场法既具有密切的联系，又是一个相对独立的法律部门。

概括地讲，欧洲联盟的经济与货币联盟法是在原有的欧洲货币体系（European Monetary System，EMS）① 的基础上，有关建立和实施统一货币、统一币值、统一兑换率、统一中央银行、统一金融政策的原则、规则、规章和机制的总和。从严格意义上，它实际上是一种货币联盟法。

1988 年 6 月，欧洲理事会确立了逐步实现经济与货币联盟的目标，并成立了由当时欧盟委员会主席雅克·德洛尔（Jacques Delors）为首的专门委员会为此进行研究和作成具体的建议。次年 4 月，欧洲理事会通过了该委员会的报告，通称为《德洛尔报告》(Delors Report)，确立了分如下三个阶段逐步实施经济与货币联盟方案：②

第一阶段从 1990 年 7 月 1 日到 1993 年 12 月 31 日。其核心任务是：(1) 实现欧洲联盟内资本的完全自由流通；(2) 增强各成员国中央银行之间的合作；(3) 自由使用欧洲货币单位埃居。

---

① 原来的欧洲货币体系于 1979 年 3 月建立，由三个主要部分构成：(1) 欧洲货币单位，即埃居（European Currency Unit, ECU)；(2) 汇率的市场干预机制（CERM)；(3) 欧洲货币合作基金（EMCF)。其中欧洲货币单位埃居是整个欧洲货币体系的核心和基石。参见曹建明：《欧洲联盟法——从欧洲统一大市场到欧洲经济货币联盟》，浙江人民出版社 2000 年版，第 226～227 页。

② ECB：Economic and Monetary Union，http：//www. ecb. int/history/emu/html/index. enhtml. 2005 年 12 月 28 日访问。

第二阶段从 1994 年 1 月 1 日到 1998 年 12 月 31 日。其核心任务是:(1)建立欧洲货币机构（European Monetary Institute，EMI),①其主要职责是增强各成员国中央银行之间的进一步合作，尤其是货币政策的协调；筹备欧洲中央银行体系（European System of Central Banks，ESCB)，为在第三阶段实施单一货币政策和设立单一货币做准备；(2）禁止各中央银行向公共部门提供信贷；(3）最迟在欧洲中央银行体系建立的最后日期之前逐步结束各中央银行的独立运作。

第三阶段即最后阶段始于 1999 年 1 月 1 日。② 其主要标志是:(1）正式开始使用统一的货币——欧元（Euro)，在 12 个成员国境内适用;③（2）固定参加欧元的成员国货币的兑换率以及建立整个欧洲联盟内的汇率兑换机制；（3）由欧洲中央银行体系实施单一的货币政策;(4)《稳定与增长协定》(Stability and Growth Pact)

---

① 有人将该机构的中文名称译为“欧洲货币局”，还有人将其译为“欧洲货币研究院”。参见邵景春:《欧洲联盟的法律与制度》，人民法院出版社 1999 年版，第 277 页；曹建明:《欧洲联盟法——从欧洲统一大市场到欧洲经济货币联盟》，浙江人民出版社 2000 年版，第 224 页。

② 有学者认为第三阶段的起始时间是 2002 年 1 月 1 日，其主要理由是，从 1999 年 1 月 1 日到 2001 年 12 月 31 日是过渡阶段。在此期间，欧元只是以支票、信用卡、电子钱包、股票和债券等方式进行流通，参加欧元的各成员国的货币仍然是合法货币，继续在市场上流通。而从 2002 年 1 月 1 日起，欧洲中央银行开始发行欧元纸币和硬币，参与欧元的各成员国货币退出流通领域。参见曹建明:《欧洲联盟法——从欧洲统一大市场到欧洲经济货币联盟》，浙江人民出版社 2000 年版，第 225 ~226 页。

③ 它们是比利时、德国、西班牙、法国、爱尔兰、意大利、卢森堡、荷兰、奥地利、葡萄牙和芬兰，这 11 个成员国和两年后加入的希腊共同成为欧洲联盟的“欧元区”(euro area)。

生效。①

在经济与货币联盟的运行机制中，欧洲中央银行举足轻重，它具有独立的法律人格。它依据《建立欧洲共同体条约》和《欧洲中央银行和欧洲中央银行体系规约》的规定，与各成员国中央银行一道，既分工，又合作，共同履行单一货币政策。欧洲中央银行体系由欧洲中央银行和所有欧洲联盟成员国中央银行组成，不论后者是否参与欧元体系。欧元体系（Eurosystem）是由欧洲中央银行和那些参与欧元区的成员国中央银行组成。只要还有成员国游离在欧元区之外，欧洲中央银行体系和欧元体系就会并存共处。可见，欧洲中央银行是经济货币联盟中这一并存共处体系的核心。②

第五节 欧洲联盟的司法与内务合作法

司法与内务合作（judicial and home affairs cooperation）经《欧洲联盟条约》确立为欧盟的第三个支柱。《欧洲宪法条约》在现行法律框架及其实践的基础上对这一支柱作出了更为系统的规定。

欧盟的司法与内务合作法③是为了将欧盟建设成为一个“自由、安全和公正的地区”而形成起来的。与此同时，欧盟在司法与内务领域的共同政策并不是要取代各成员国相应的法律和政策，而是在尊重各成员国不同的法律制度和传统的基础上制定与实施

---

① 该协定是欧洲理事会为更好和更具体地实施《欧盟条约》关于经济与货币联盟的规定于 1997 年 6 月制定的。它由三项法律文件构成：一是《欧洲理事会关于稳定与增长协定的决议》；二是部长理事会通过的第 1466/97 号条例；三是部长理事会通过的第 1467/97 号条例。关于这些法律文件的主要内容，详见曹建明：《欧洲联盟法——从欧洲统一大市场到欧洲经济货币联盟》，浙江人民出版社 2000 年版，第 234 ~ 237 页；邵景春：《欧洲联盟的法律与制度》，人民法院出版社 1999 年版，第 274 ~ 276 页。

② ECB：ECB，ESCB and the Eurosystem，http：//www. ecb. int/ecb/orga/tasks/html/index. en. html. 2005 年 12 月 29 日访问。

③ 也许称之为“政策”更为合适，因为《欧洲宪法条约》将这一支柱列为其第三部分，该部分的标题就是“欧盟的政策与运作”。

的，并且以尊重基本权利与自由为前提。概括起来，欧盟司法与内务合作法主要由以下主要内容构成。

一、边境检查、避难和移民政策

在边境检查方面，欧盟的共同政策目标是，在不影响各成员国根据国际法对其边界进行地理划分之权能的情况下，保证人员（不论其国籍）不受任何控制地通过欧盟的内部边界；对穿越欧盟外部边境的人员实行检查和有效监控；逐步建立一套欧盟外部边境的一体化管理制度。为此，欧盟采用欧洲法律或框架法律的形式就如下事项采取相应的措施：（1）签证和其他短期逗留证件的共同政策；（2）跨越欧盟外部边境人员所需的检查；（3）第三国国民在欧盟作短期旅行之自由的条件；（4）逐步制定欧盟外部边境一体化管理制度所必需的任何措施；（5）对跨越欧盟内部边境人员（不论其国籍）的任何控制的免除。①

在难民保护方面，欧盟的共同政策目标是，建立共同的欧洲避难制度，保证遵守不驱逐原则和相关的国际条约，为任何需要国际保护的第三国国民，提供辅助性的和临时性的保护。为此，欧盟通过制定法律来保证其在以下事项上采取相应的具体措施：（1）为第三国国民提供整个欧盟统一、有效的避难身份；（2）对于没有获得欧洲避难的第三国国民，在需要国际保护的情况下，提供统一的辅助性保护身份；（3）对于大规模流入的移民的临时性保护建立共同制度；（4）对于确定哪一个成员国负责审批避难或辅助性保护申请建立标准和机制；（5）确立接受避难或辅助性保护申请者之条件的标准；（6）就处理大规模流入人员申请避难或辅助性或临时性保护问题与第三国建立伙伴与合作关系。②

在移民方面，欧盟的共同政策目标是，确保任何阶段的移民流入的有效管理；确保合法居住在成员国的第三国国民的公平待遇；确保对非法移民和贩卖人口进行防止和加强反击的措施。为此，欧

---

① Treaty Establishing a Constitution for Europe, Article III-265.

② Ibid., Article III-266.

盟通过制定欧洲法律或框架法律在如下领域制定相应的措施：（1）入境和居留条件，以及成员国发放长期签证和居留证件的条件，包括家庭团聚的条件；（2）合法居住在成员国的第三国国民之权利的界定，包括在其他成员国流动与居住自由的条件；（3）非法移民和未经许可的居住，包括未经许可居住之人员的离境和遣返；（4）反对贩卖人口，尤其是贩卖妇女和儿童。①

二、民事司法合作

欧盟的民事司法合作是建立在各成员国相互承认司法判决和非司法裁决基础上的。为此，欧盟应采取适当措施促进各成员国在这方面的法律和规章的趋同，尤其是应运用欧洲法律或框架法律的形式促使：（1）成员国之间相互承认并执行司法判决和非司法裁决；（2）司法文书和非司法文书的跨境服务；（3）各成员国有关法律冲突和管辖权冲突适用规则的一致性；（4）取证方面的合作；（5）司法准入便利；（6）取消影响民事诉讼适当运作的各种障碍，如有必要，促进各成员国的民诉程序规则的一致性；（7）开发争端解决的替代方法；（8）支持法官和司法人员的培训。此外，欧盟还应在具有跨国因素的家庭法方面确立相应的法律制度。②

三、刑事司法合作③

欧盟在刑事领域的司法合作也是以各成员国相互承认判决和司法这一原则为基础，并且也是旨在通过欧盟的措施促进各成员国在刑事司法领域法律和规章的趋同。为此，欧盟应制定专门的欧洲法律和框架法律：（1）确立保证承认整个欧盟范围内一切形式的判决和司法裁决的规则和程序；（2）防止并解决成员国之间管辖权的冲突；（3）支持法官和司法人员的培训；（4）便利成员国的司法机关或类似权威机构之间涉及刑事诉讼和判决执行的合作。

---

① Treaty Establishing a Constitution for Europe, Article III-267.

② Ibid., Article III-269.

③ Ibid., Article III-270-275.

与上述民事司法合作相比，《欧洲宪法条约》有关刑事司法合作的规定显得更为详细，对于刑事司法合作的要求似乎更高、更具体。这主要体现在：欧盟可以制定欧洲法律为便利相互承认判决和司法裁决以及含有跨国因素的刑事警察与司法合作确立最低的规则。这些规则应涉及：（1）成员国之间证据的相互获取与接受；（2）刑事程序中的个人权利；（3）犯罪受害人的权利；（4）由欧盟通过欧洲决定事先确定的刑事程序中的其他具体事项。

此外，欧盟还可以通过框架法律的形式对于一些特定领域的跨国严重犯罪的罪行界定确立最低限度的规则。此等跨国严重犯罪包括恐怖主义、贩卖人口、妇女儿童性交易、非法贩卖违禁药品、非法贩卖军火、洗钱、行贿受贿、伪造支付手段、计算机犯罪和有组织犯罪，等等。最后，为确保成员国法律业已趋同的领域和特定领域严重跨国犯罪的最低标准业已确定的刑事司法合作的有效实施，欧盟还可以就刑事处罚和制裁确立最低限度的规则。

根据《欧洲宪法条约》的规定，欧盟准备设立专门的欧洲正义署（Eurojust）来加强刑事领域的司法合作。虽然欧洲正义署的结构、运作、行动领域和任务还有待通过欧洲法律的方式予以确立，但是宪法条约已经就它的基本使命做出了明确的规定，即对于影响到两个或更多成员国的严重犯罪或需要根据成员国有关当局和欧洲警察署提供的信息及所采取的行动来共同起诉的严重犯罪，为有关成员国的侦查和起诉当局之间的协调与合作提供支持和力量。

四、警察合作

欧盟的警察合作不局限于成员国警察部门之间，还包括海关和其他与防止、缉拿和调查刑事犯罪有关的执法部门之间的合作。根据《欧洲宪法条约》的规定，欧盟应制定欧洲法律或框架法律来确立欧盟警察合作的如下措施：（1）收集、储存、整理、分析和交流相关信息；（2）支持人员培训以及在人员交流、装备和犯罪侦查方面的合作；（3）对有组织犯罪这种严重的犯罪形式的侦查开发共同的调查技术。①

为此，欧盟专门设立欧洲警察署（Europol）。欧洲警察署的使命是支持和加强成员国的警察当局和其他执法部门的行动，并为它们在防止和打击影响到两个或更多成员国的严重犯罪、恐怖主义和影响欧盟某项政策的共同利益的犯罪形式开展合作提供支撑和力量。欧洲警察署的主要任务包括：（1）收集、储存、整理、分析和交流信息，尤其是各成员国当局或第三国或有关机构提供的信息；（2）协调、组织和实施各成员国权能机构联合开展的调查和执行行动，或以联合调查团队形式并在适当的情况下与欧洲正义署联合而开展的调查和执行行动。但是，欧洲警察署的任何执行行动必须与该行动涉及其领土的成员国当局取得联系并获得其同意，而且，强制行动的实施属于有关的成员国权能机构专属的职责。②

第六节　欧洲联盟的人权法

一、欧盟基本人权保护的沿革

人权法（Human Rights Law）作为一个相对独立的法律部门在欧盟还是近十余年来的事情。虽然欧洲法院从20世纪60年代末70年代初开始就裁定它对于人权③保护事项享有管辖权，但是在《欧洲联盟条约》之前欧盟的基本法律文件中并没有专门对人权进行系统的规定。究其原因，欧共体的缔造者们当初认为：欧共体法是一种旨在建立和促进共同市场建设的法律，人权应由各成员国的宪法和其他部门法予以保护，更何况第二次世界大战之后和欧共体诞生之前，欧共体成员国尤其是德国和意大利的宪法已经明确地规定

---

① Treaty Establishing a Constitution for Europe, Article III-275.

② Ibid., Article III-276.

③ 在《欧洲联盟条约》之前，欧共体的文件和欧洲司法判决中，并没有对“人权”和“基本人权”两个概念作明确区分，经常是交替使用。但是，在多数情况下，主要是指基本人权或基本权利。从新近《欧洲宪法条约》的规定来看，欧盟的人权法主要是指人的基本权利和自由的保护。

了基本人权，而欧共体法的实施当初主要寄托于各成员国的机构和官员，这些机构和官员在实施欧共体法过程中必然要受到国内宪法有关基本人权规定的制约。此外，当时在欧共体外部的国际层面，继联合国大会1948年通过了《世界人权宣言》之后，在欧洲委员会（The Council of Europe）的主持下，包括当时欧共体所有成员国在内的西欧国家于1950年缔结了《欧洲人权公约》。在这种背景下，作为旨在推动区域经济一体化的欧共体基本法律文件似乎没有必要重复规定基本人权保护。①

然而，从另一个角度来看，虽然早期的欧盟基本条约没有系统地规定基本人权，但是其中有许多的条款直接或间接地包含着人权保护。例如，共同市场的四大自由（即货物流通自由、工人流通自由、开业自由和货币流通及支付自由）无疑包含着人权法中的禁止基于国籍的歧视原则，欧共体法中有关男女同工同酬的规定无不是人权法中的禁止基于性别的歧视原则。如果从共同市场建设的根本目的上考究，可以说，欧共体有关共同市场的所有法律似乎都与人的经济、社会和文化教育权利有着密切的联系。

在推进欧盟人权法的形成与发展进程中，欧洲法院发挥了至关重要的作用。在最初的10余年间，欧洲法院在人权保护的管辖权问题上持谨慎态度，一般都拒绝受理以人权保护为诉求的诉讼。从20世纪60年代末的“斯道德尔案”（Stauder Case），② 欧洲法院改变其原来的谨慎政策，裁定其对基本人权的保护享有管辖权。当时，成员国法院对于欧共体内保护基本人权问题表示出越来越多的担忧，担心被国内法充分保障的基本人权会逐步被欧共体不断膨胀的权力所侵蚀。在这种情势下，欧洲法院如果再排斥对人权案件的管辖权，各成员国法院势必会利用本国宪法的基本人权规定来解决涉及欧共体事务的人权案件，从而导致以成员国法为标准审查欧共体立法和措施的合法性。其结果是，不仅欧洲法院自身的威信、声

---

① George A. Bermann, et al., Cases and Materials on European Union Law, West Group, 2002, p. 203.

② Erich Stauder Case [1969] ECR 419.

誉和作用严重受损，而且整个共同体法的权威就会大打折扣。

在欧盟基本文件缺失基本人权明确规定的情况下，欧洲法院主要以《欧共体条约》第220条（原第164条）作为行使人权案件管辖权的法律依据。该条规定，欧洲法院的基本职能是保证欧共体条约的解释和适用过程中，“法律……得到遵守”。欧洲法院裁定，这里所指的“法律”包括着欧共体法的“一般法律原则”，而各成员国宪法和各成员国参加的有关国际公约规定的基本人权是一般法律原则的组成部分，故基本人权是欧共体及其成员国必须遵守的欧共体“法律”。①

继欧洲法院之后，欧盟的主要机关从20世纪70年代后期开始采用宣言的形式确认基本人权是它们必须遵守的法律。例如，1977年4月，欧洲议会、理事会和委员会签署《联合宣言》，认识到建立三个共同体的条约是以“遵守法律原则为基础”，这种法律包括“欧洲法院所确认的……一般法律原则，尤其是各成员国宪法所基于的基本权利、原则和权利”，从而宣示三个主要机关“强调保护基本权利的极其重要性”，并表示“它们在行使权力和实现欧共体各项宗旨过程中遵守并将继续遵守这些权利”。②

1989年12月，在欧共体及其成员国首脑举行的欧洲理事会会议上，各成员国首脑（英国除外）通过了《欧洲共同体工人基本社会权利宪章》，旨在建立欧洲共同市场过程中保证社会领域的一体化（尤其是工人的权利领域）与经济领域的一体化并行不悖和相辅相成。该宪章特别强调的工人基本社会权利有：（1）流动自由；（2）就业自由和公平报酬；（3）必要的生活和工作条件；（4）结社自由和集体交涉；（5）职业培训；（6）男女平等；（7）工作场所健康保护与安全；（8）青少年保护；（9）老年人保护；（10）残疾人保护。

---

① 参见曾令良：《欧洲共同体与人权》，载韩德培总主编：《人权的理论与实践》，武汉大学出版社1995年版，第992页；George A. Bermann, et al., Cases and Materials on European Union Law, West Group, 2002, p. 203.

② O. J. C 103/1 (April 27, 1977).

1993年生效的《欧洲联盟条约》在欧盟基本人权保护进程中具有特殊的意义。该条约通过确立"欧盟公民权"（citizenship of the Union）将增强保护各成员国国民的权利和利益作为联盟的宗旨之一。后来的《阿约》和《尼斯条约》都进一步明确基本人权保护是欧盟的基本目标。

特别引人瞩目的是，在2000年12月举行的尼斯会议上，欧洲议会、理事会和委员会庄严宣布了《欧洲联盟基本权利宪章》。① 该宪章系统地规定了基本权利的具体内容，并对每一项内容作出了言简意赅的阐释。虽然该宪章当时没有直接进入《尼斯条约》，但是新近签署的《欧洲宪法条约》第二部分"联盟的基本权利宪章"基本上是以2000年这一宪章为蓝本的。

二、《欧洲宪法条约》中的基本人权

《欧洲宪法条约》既是欧洲联盟的根本大法，又是欧盟的一部系统的基本人权法典。宪法有关基本人权的规定不仅篇幅大、条款多，而且在结构上处于整个文件及其相关部分的首位或显要位置。

该宪法条约第一部分的第一篇是欧盟的定义与宗旨。其中第I-2条开宗明义地规定"尊重人的尊严、自由、民主、平等、法治和尊重人权，包括属于少数民族个人的权利，是本联盟赖以建立的价值"。接着在第I-3条"联盟的宗旨"中首先将"促进和平、其价值和其人民的福祉"作为欧盟的首要目标。第I-4条紧接着以"基本自由与非歧视"为标题，专门强调欧盟应在其范围内"依照本宪法保证人员、服务、货物和资本流动自由以及开业自由"，"任何基于国籍的歧视都应被禁止"。

宪法条约第一部分的第二篇首先在第I-9条中规定欧盟"应加入《欧洲保护人权和基本自由公约》"。这一规定具有划时代的意义。它表明：欧盟成员国、主要机构、学者和社会各界长期以来有

① O. J. C 364/1 (Dec. 18, 2000).

关欧盟是否加入《欧洲人权公约》的争议宣告结束,[①] 从而为欧盟将来成为该人权公约的缔约方奠定了宪法基础。与此同时，第 I-9 条还明确地规定《欧洲人权公约》所保证的和从各成员国共有的宪法传统中产生的基本权利“应构成本联盟法的一般原则”，从而使欧洲法院二十多年来确立和坚持的这一判例原则正式成为一项宪法原则。

然后，第 I-10 条规定了“欧盟公民权”。其中首先确立每一个成员国国民同时应是欧盟的公民，并指出欧盟个人的公民权是国民资格的补充，而不是取代后者。接着列举式地规定欧盟公民权应包括：（1）在各成员国领土内的自由迁徙和居住权利；（2）在欧洲议会选举和居住的成员国的地方选举中，与该国国民享有同等条件下的选举权和被选举权；（3）向欧洲议会请愿的权利，向欧洲廉政专员申请的权利，以及运用欧洲宪法规定的任何语言向欧盟机构致函和以相同语言获取答复的权利。

《欧洲宪法条约》第二部分集中、系统地规定欧盟的基本权利宪章。该宪章由序言、七篇、共计 53 个条文构成。其中序言重申了欧盟赖以建立的共同价值和欧盟的根本目标，并认识到有必要根据社会的变化、社会进步和科技发展，通过在一个宪章中促使其基本权利更加有形的方式来增强这些权利的保护。第七篇是关于本宪章的解释和适用的一般性规定。宪章第一篇至第六篇对各项基本权利逐一分类进行规定。

宪章第一篇集中规定人的尊严。其主要内容包括：（1）人的尊严不可侵犯，应得到尊重和保护；（2）每个人均享有生命权，任何人不得被判处死刑或被执行死刑；（3）人人享有人格之完整权利；（4）禁止酷刑和非人道或侮辱人格的待遇或刑罚；（5）禁

---

① 欧洲法院曾在 1994 年裁定，在《欧盟条约》的现阶段，欧盟不能成为《欧洲人权公约》体系的成员，尽管它在许多案件的审理和裁决中多次、反复地借助《欧洲人权公约》和成员国宪法来确立欧盟基本人权保护的法理。See George A. Bermann, et al., Cases and Materials on European Union Law, West Group, 2002, p. 204.

止奴役和强制劳动。

宪章第二篇规定自由权。宪章在规定人人享有人身自由和安全权利的原则下，列举规定了如下自由权的主要内容：（1）私人与家庭生活受到尊重的权利；（2）个人数据受保护的权利；（3）结婚和组建家庭的权利；（4）思想、意识和宗教自由的权利；（5）表达和信息自由的权利；（6）集会和结社自由的权利；（7）自由从事艺术和科学研究及学术自由的权利；（8）获取教育、职业培训和继续教育的权利；（9）自由选择职业和参与工作的权利；（10）经商自由的权利；（11）人人享受拥有、使用和处置以及遗赠其合法财产的权利；（12）享有庇护的权利；（13）任何人享有不被移居、驱逐和引渡至其会被判处死刑、遭受酷刑或其他不人道或侮辱性待遇或刑罚的国家，并禁止集体驱逐。

宪章第三篇规定平等权。宪章首先规定法律面前人人平等的基本原则，然后进一步规定了平等权所包括的如下主要内容：（1）禁止任何基于性别、种族、肤色、人种或社会出身、基因特征、语言、宗教或信仰、政治或其他方面意见、少数民族之成员身份、财产、出生、残疾、年龄、性别取向和国籍的歧视；（2）尊重文化、宗教和语言的多样性；（3）男女平等；（4）未成年人权利，包括获得福祉所必需的保护与照料的权利、自由表达观点的权利、优先考虑其最佳利益的权利和与其父母保持正常的个人关系和直接联系的权利；（5）承认和尊重老年人过一种尊严和独立的生活以及参与社会与文化生活的权利；（6）承认和尊重残疾人的独立、社会与职业平等待遇和参与社区生活的权利。

宪章第四篇规定团结权。其主要内容有：（1）工人在企业内获取信息和参与协商的权利；（2）工人、雇主或其相应的组织享有谈判和缔结集体协定以及采取集体行动（包括罢工行动）以维护其利益的权利；（3）人人享有免费获取就业服务的权利；（4）每一个工人享有不被不公正地解雇的权利；（5）每一个工人享有尊重其健康、安全和尊严的劳动条件之权利，以及最长工作时间限制、每日和每周休息时间和年度带薪休假的权利；（6）禁止童工和保护在岗青年人；（7）家庭影响受法律、经济和社会保护，每个人均享有不因怀孕、生育而被辞退的权利，并享受产假带薪和抚养假期的权利；（8）每个居住以及在欧盟内部合法迁徙的人都有权享受社会福利、社会保险和其他社会利益，以及获得社会救助的权利；（9）人人享有获得预防性健康医疗的权利，并享受医务治疗的权利；（10）承认和尊重获取具有一般经济利益的各种服务的权利；（11）高水准的环境保护和环境质量的改进应融入欧盟的各项政策之中，并保证依照可持续发展原则予以实施；（12）欧盟各项政策应保证高水平的消费者保护。

第五篇集中规定欧盟公民权的具体内容，主要包括：（1）每一个欧盟公民在其居住的成员国享有与该国国民同等条件下的欧洲议会议员的选举权和被选举权；（2）每一个欧盟公民在其居住的成员国享有与该国国民同等条件下的地方选举权和被选举权；（3）每一个人享有良好管理的权利，即有权对于其事务得到欧盟的各个组织、机关、办公室和机构公正、公平地和合理时间内处理；（4）任何欧盟公民和居住在一成员国的自然人或在一成员国有经注册的办公室的法人，均享有获取欧盟各机构文件的权利，不论这些文件是何种媒介形式；（5）任何欧盟公民和居住在一成员国的自然人或在一成员国有经注册的办公室的法人，均享有权利向欧洲廉政专员（European Ombudsman）举报欧盟各机构在其活动中的不良管理；（6）任何欧盟公民和居住在一成员国的自然人或在一成员国有经注册的办公室的法人，均享有向欧洲议会请愿的权利；（7）每一个欧盟公民均享有在各成员国领土内自由迁徙和居住的权利，这种迁徙和居住自由也可以按照欧洲宪法赋予在成员国领土内合法居住的第三国国民；（8）每一个欧盟公民，如果在其为国民的成员国未在第三国领土内设立代表机构，有权享受任何其他成员国在该第三国的外交或领事机构提供的与该成员国国民相同条件的保护。

第六篇专门规定在司法领域的基本权利。这些权利主要有：（1）每一个人如果其得到欧盟法保证的权利和自由受到侵犯，享有在法庭获得有效救济的权利，并享有在依法建立的独立和公正的法庭于合理时间内获得公正和公开审讯的权利；此外，对于缺乏足够资源而为保证其有效进入司法之必要者，应提供司法援助；(2)每一个遭受指控的人应被推定无辜直至根据法律证明其有罪；应保证尊重受指控的任何人的辩护权利；(3)应遵循刑事犯罪和刑罚的合法性和相称性原则，即任何人不得因任何行为或不作为之时依照国内法或国际法不构成刑事犯罪而被定为有罪；不得施行比有关犯罪之时所施行的更严厉的刑罚，而且如果有关刑事犯罪之后法律规定的刑罚更轻，则应适用后者；刑罚的严厉程度不应与有关刑事犯罪不相称；(4)任何人享有不为同一刑事犯罪接受两次审判或处罚的权利。

第七节 欧洲联盟的对外关系法

欧盟的对外关系法（External Relations Law）是调整欧盟在其基本条约范畴内与第三国和国际组织（全球的和区域的）之间的各种关系而逐步建立和完善的运作体制、法律原则、规则、规章和制度的总体。其主要宗旨是，在国际层面：(1)保障其各种价值、基本利益、安全、独立和完整；(2)加强和支持民主、法治、人权和国际法原则；(3)依照《联合国宪章》、《赫尔辛基最后文件》和《巴黎宪章》① 的宗旨和原则，维护和平、防止冲突和增强国际安全；(4)促进发展中国家可持续的经济、社会和环境发展，并以消除贫困为首要目标；(5)激励所有国家融入世界经济，包括通过逐步取消国际贸易的各种限制；(6)帮助开发国际措施以保

① 《赫尔辛基最后文件》和《巴黎宪章》是欧洲安全和合作组织（其前身为欧洲安全和合作会议，简称为“欧安会”）中制定的两个最重要的政治和法律文件。前者是指欧安会第一次首脑会议于1975年8月1日在赫尔辛基通过并签署的《最后文件》，又称《赫尔辛基宣言》，其内容包括《指导与会国之间关系的原则宣言》、《经济、科学技术和环境方面的合作》、《地中海的安全与合作》以及《人道主义和其他方面的合作》。后者是指欧安会第二次首脑会议于1990年11月21日在巴黎签署的《新欧洲巴黎宪章》，其内容主要强调“欧洲对抗与分裂的时代已经结束”，各国关系将“建立在彼此合作和尊重的基础上”。http://www.people.com.cn/GB/channel2/20/20000321/20094.html。

持与改进环境质量和全球自然资源的可持续利用，从而确保可持续发展；(7) 协助各地居民、各个国家和各个地区应对各种自然或人为灾难；(8) 促进建立一种以更加强化的多边合作和全球良治为基础的国际制度。①

欧盟对外关系法的最原始组成是欧共体的共同商业政策。从20世纪70年代开始，欧洲法院通过其判决确立了“平行发展原则”（principle of parallel development），将欧共体的对外关系权扩展到共同市场的所有领域。从20世纪80年代中期的《单一欧洲文件》开始，原本在欧共体外围运作的欧洲政治合作体制也被逐步纳入到欧共体的对外关系范畴。② 自1992年《欧洲联盟条约》以来，欧盟的对外关系法主要由共同商业政策、共同外交与安全政策、共同安全与防务政策等三大领域构成。此外，欧盟基本文件有关发展援助、人道主义援助、与第三国和国际组织关系的规定，无疑也是欧盟对外关系法的重要组成部分。

一、共同商业政策

从1957年的《罗马条约》开始，共同商业政策（Common Commercial Policy, CCP）一直是欧盟对外关系的首要内容。但是，欧盟的基本文件却一直没有对共同商业政策的概念和范围作出明确的界定。《欧洲共同体条约》第133条（原第113条）只是列举性地规定了必须遵行一些共同原则的领域，主要是关税的调整、贸易自由化措施的一致性、出口政策以及反倾销和反补贴贸易保护措施。在此基础上，《欧洲宪法条约》第III-315条增列了有关货物贸易和服务贸易关税与贸易协定的缔结、知识产权的商业层面和对外直接投资等内容。可见，当初欧洲法院在涉及共同商业政策的定义的判决和咨询意见中所作出的裁定是正确的。欧洲法院在这些案件中虽然没有对共同商业政策作出定义，但是明确断定它不限于贸易

---

① Treaty Establishing a Constitution for Europe, Article III-292.

② 关于欧盟1992年以前的对外关系法的理论与实践，参见曾令良：《欧洲共同体与现代国际法》，武汉大学出版社1992年版。

的数量和流量，而是一个能动的概念，具有不确定性。其范围一方面随着欧盟经济一体化的演进而扩展，另一方面又根据国际经贸秩序的变化和需要而更新。①

欧盟的共同商业政策主要采用自主立法和缔结协定两种法律形式予以体现。所谓自主立法，就是欧盟立法机关根据欧盟基本条约相关条款规定的程序，通过适当的法规形式表现共同商业政策的具体内容。经过近半个多世纪的实践，欧盟有关共同商业政策的自主立法已经相当的完善，涵盖着共同商业政策的各个方面。与一个或多个第三国或国际组织缔结国际协定是欧盟制定和实施其共同商业政策的主要外部法律形式。欧盟基本条约对于这些国际协定的缔结权限和程序均有颇为明确的规定。一般说来，属于欧盟排他权能领域的共同商业政策的国际协定首先应由欧盟委员会向部长理事会作成建议；然后，由后者授权前者与第三国或国际组织举行谈判，在谈判过程中，欧盟委员会应与部长理事会根据需要所设立的专门委员会进行协商，而且还应定期向该专门委员会和欧洲议会报告谈判的进展；最后，有关的协定由部长理事会以特定多数的方式作出缔结的决定。

值得注意的是，根据宪法条约，在谈判和缔结服务贸易、知识产权的商业层面和对外直接投资领域的协定时，如果协定中的某些规定按照内部规则需要全体一致通过，理事会应以此方式作出决定。另外，在文化和视听服务领域，若协定存在损害欧盟文化和语言多样性的风险；或在社会、健康和教育服务领域，若协定存在严重扰乱国家组织此类服务以及损害成员国提供服务之职责的风险，有关决定也要求理事会须以全体一致方式议决。②

二、共同外交与安全政策

共同外交与安全政策（ Common Foreign and Security Policy,

---

① 邵景春：《欧洲联盟的法律与制度》，人民法院出版社 1999 年版，第 587 ~589 页。

② Treaty Establishing a Constitution for Europe, Article III-315 (4).

CFSP）在 1993 年《马约》生效后即正式成为欧盟的第二个支柱。1999 年生效的《阿约》和 2002 年《尼斯条约》通过修订相关条款进一步加强了共同外交与安全政策。新近签署的《欧洲宪法条约》更是在现有基础上运用了较大篇幅从组织体制、具体内容、运作方式和行动能力等角度系统地完善了共同外交与安全政策。

为实现上述欧盟对外关系的总体宗旨，目前，共同外交与安全政策主要由以下几个层面构成:①

（1）确立共同外交与安全政策的原则和一般指导方针。这是欧洲理事会在这一支柱中的首要职责。

（2）决定共同战略。这同样是欧洲理事会的职责。共同战略是分别针对单个国家制定的共同外交与安全政策的指导原则，每一个共同战略都有其具体的宗旨、期限和欧盟及其成员国提供的资源。迄今欧盟已分别对俄罗斯、乌克兰、地中海国家和中东和平进程制定了共同战略。

（3）采取联合行动和共同立场。此等行动和立场的决定由总务理事会（General Affairs Council）作出，主要是责成各成员国对于特定的外交与安全事件对外采取共同立场和共同行动。

（4）确立与第三国定期政治对话机制。这种定期的政治对话通常由欧盟、成员国和有关第三国三方代表组成的部长级会议、高级别会议和工作组会议进行；在有些情况下，也举行首脑会议进行对话。

（5）向冲突或危机地区派遣特别代表。为维持欧盟在一些武装冲突地区和安全危机地区的政治存在，以防止有关冲突升级或危急局势的恶化直至和平与安全的恢复和重建，欧盟近几年来在共同外交与安全政策的框架下越来越频繁地派遣其特别代表赴非洲、前南斯拉夫、阿富汗、中东等地区，积极参与这些热点地区的和平与安全问题的解决。

《欧洲宪法条约》从运作机制和法律属性上进一步强化了欧盟

---

① http：//europa. eu. int/comm/external_ relations/cfsp/intro/. 2006 年 3 月 12 日访问。

的共同外交与安全政策。

首先，该条约明确地规定欧洲理事会和理事会应通过欧洲决定的法律形式来表述共同外交与安全政策领域的各种决策，并且具体地规定这一领域的欧洲决定的制定程序，尤其强调除非另有专门规定，共同外交与安全政策事项的欧洲决定必须由全体一致通过方式作出。与此同时，该条约还明确排除欧洲法律和框架法律这两种法律渊源在共同外交与安全政策领域的适用。①

其次，设立欧盟外交部长职位，具体负责并与理事会一起保证共同外交与安全政策各项原则、指导方针和战略的遵守与实施。外交部长主持外交事务理事会会议，在有关共同外交与安全政策的事项上代表欧盟与第三方进行政治对话和在国际组织中以及国际会议上表达欧盟的立场。②

最后，欧盟与成员国之间以及成员国相互之间在共同外交与安全政策领域的合作义务进一步加强。《欧洲宪法条约》第 I-40（5）条规定，各成员国应就具有普遍利益的任何外交与安全政策问题在欧洲理事会和部长理事会中彼此进行协商，以确立共同的方法；各成员国在国际舞台上采取任何影响欧盟利益的行动或作出影响欧盟利益的承诺之前应在欧洲理事会和部长理事会中与其他成员国协商；各成员国应通过其行动的整合来显示彼此的团结，保证欧盟能在国际层面上嵌入其利益和价值。这种合作不仅体现在内部体制上，还表现在对外代表机关之间。根据宪法条约第 III-302（2）条规定，各成员国在第三国或国际组织的外交使团和欧盟的代表团应开展合作并应致力于对欧盟具有普遍利益的外交与安全政策的形成和实施共同的方法。第 III-306 条还进一步规定，在第三国和国际组织中的各成员国外交使团和领事机构与欧盟代表团以及它们在国际会议上的代表应开展合作，以保证共同外交与安全政策领域内旨在确立欧盟立场和行动的欧洲决定得到遵守和实施；这些外交代表机构和代表应促使欧洲公民权的保护在第三国领土上得到执行。

---

① Treaty Establishing a Constitution for Europe, Article I-40.

② Ibid., Article III-296.

三、共同安全与防务政策

自20世纪50年代中期欧洲防务共同体夭折之后，共同安全与防务政策（Common Security and Defence Policy，CSDP）直到1992年的《欧洲联盟条约》之后才逐步确立起来。《欧洲联盟条约》在欧盟的基本文件中首次将最终形成共同防务政策作为其共同安全政策的使命。与此同时，欧盟考虑到自身不拥有军事力量，将有关的军事措施赋予西欧联盟，由后者代其行动。1997年《阿约》正式将欧盟的人道主义和救援任务、维持和平任务和应对危机之军事力量的任务载入其中，首次为共同安全与防务政策的具体运作奠定了条约基础。在1999年的科隆首脑会议上，欧盟各方最高领导同意制定一个共同的防务战略，并表示将处于休眠状态的西欧联盟并入欧盟，这一愿望在2000年底通过《马赛宣言》得以实现。2003年生效的《尼斯条约》通过条约的修正将共同安全与防务政策的运作与发展作为一个独立的欧盟项目予以反映。2004年7月12日，理事会第2004/551/CFSP号共同行动文件决定设立欧洲防务机构（European Defence Agency），标志着欧洲共同外交与防务政策又向前迈出了实质性的一步。现行的共同安全与防务政策是在上述共同外交与安全政策的总体框架中运作的。①

共同安全与防务政策的核心目标是为防止国际冲突和处理危机提供军事和民事资源。为此，欧盟一直致力于冲突的非暴力解决，并确定了民事手段的四个优先领域，即警察、法治、文明管理和民事保护能力。可见，欧盟的共同安全与防务政策的宗旨并不是要创建一支欧盟军队，各成员国的武装力量仍然属于各自国内最高指挥官控制，它们只有在执行欧盟共同安全与防务政策的军事行动时才接受欧盟任命的最高司令官指挥。

《欧洲宪法条约》使现行的共同安全与防务政策在法律制度和组织体制上得到了进一步的加强和完善。

---

① http://www.eurativ.com/Ariticle? tcmuri = tcm: 29-117486-16&type = LinksD... 2006年3月13日访问。

首先，宪法条约更加明确地规定了欧盟共同安全与防务政策所采用的军事和民事手段的具体种类和范围，即：联合的裁军行动、人道主义救援任务、军事顾问与援助任务、冲突防止与维和任务、危机处理任务（包括建设和平及冲突后的稳定）和支援第三国以及在第三国的反对恐怖主义行动。①

其次，进一步明确了欧盟及其成员国在安全与防务政策的权限和合作关系。在权限划分方面，宪法条约第 I-41 条规定逐步形成共同的联盟防务政策，并且最终实现共同防务——如果欧洲理事会以全体一致方式如此决定，但最后的决定权必须由各成员国根据各自的宪法要求来行使。该条还明确规定，共同安全与防务政策不得妨碍某些成员国在安全与防务政策方面的一些具体特征，如一些成员国在北大西洋公约组织中承担的共同安全与防务义务。在合作方面，该条明确要求各成员国应为共同安全与防务政策的实施提供民事和军事能力并负有义务逐步改进其军事能力。

最后，在防务能力开发与研究、兵力和装备等领域建立理事会管辖的欧洲防务机构，以增强共同防务政策的能力建设。其主要任务是：（1）鉴别成员国的军事能力目标，并评估成员国作出能力承诺的遵守情况；（2）促进行动需求的协调和采用高性能、可兼容装备的方法；（3）提交军事能力开发目标的多边方案；（4）扶持防务技术研究，协调和策划联合研究活动，并研究符合未来行动需求的技术解决方法；（5）辨别并在必要时实施一切有用的措施，以增强防务部门的工业与技术基础，改善军事支出的成效。②

四、发展合作与经济、金融和技术合作

欧盟的发展合作政策（Development Cooperation Policy）是欧盟对外关系法的重要组成部分。这一政策的首要目的是减少贫困并最终消除贫困。为此，《欧洲宪法条约》规定，欧盟应通过欧洲法律或框架法律为发展合作的确立采取一切必要的措施，其中包括与

① Treaty Establishing a Constitution for Europe, Article III-309.

② Ibid., Article III-311.

发展中国家开展的多边合作计划或以专门项目方式进行的各种计划，还可以与第三国和具有权能的国际组织缔结协定以实现上述目的。宪法条约还规定，欧盟的发展与合作政策与各成员国的发展与合作政策应相互补充和加强。为此，欧盟和成员国应协调其发展合作政策，并应相互协商其援助计划，且可以采取联合的行动。这种协调、协商和联合行动不仅在欧盟内部，还包括在相关的国际组织中和相关的国际会议期间。①

欧盟与第三国的经济、金融和技术合作是一种有别于上述发展合作政策的措施，合作的对象是发展中国家以外的第三国。除了合作对象特定之外，经济、金融和技术合作与上述发展合作政策在总体宗旨、原则、方式和与成员国相应的合作措施的关系等方面均基本相同。②

五、人道主义援助

欧盟在人道主义援助（humanitarian Aid）领域的行动也必须在欧盟对外关系政策的宗旨和原则下进行，并且应符合国际法的原则以及公正、中立和非歧视等原则。这种人道主义援助行动应旨在为遭受自然灾害和人为灾难的第三国人民提供临时支援、救助和保护，以满足由这些不同情势导致的人道主义需求。为此，欧盟应制定相应的欧洲法律或框架法律确立实施人道主义援助行动的框架，并可以与第三国和具有权能的国际组织缔结协定以协助有关人道主义援助目标的实现。《欧洲宪法条约》规定，欧盟的人道主义援助行动和成员国的人道主义援助行动应相互补充和加强，彼此之间可以促进此等行动的协调。引人注目的是，宪法条约规定，为吸收欧洲青年人为欧盟的人道主义援助行动做出共同的贡献，欧盟应设立一个欧洲人道主义援助志愿团（European Voluntary Humanitarian Aid Corps），并通过欧洲法律的形式确定志愿团行动的规则和程序。③

---

① Treaty Establishing a Constitution for Europe, Article III-316-318.

② Ibid., Article III-319-320.

③ Ibid., Article III-321.

第五章
欧洲联盟的法律渊源

虽然国内和国际法律共同体成员对于“渊源”一词的法律含义的理解或界定不尽一致，但是各自在工作中都不可避免地要探寻特定法律体系或法律事项的法律渊源问题。这是因为：法律渊源对于国际和国内法律工作者具有极其重要的意义：它是法律共同体成员断定特定的社会规范是否为具有法律约束力或产生法律效果之行为规则的法律标杆；是判断一个特定事实或争端是否构成法律事实或法律争端的法律依据；是检验法律主体或当事人的行为是否违反特定社会之法律的试金石；是揭示一个特定法律体系内各种法律规范之间的层次关系和交互作用必不可少的要素。

如同其他自成一类的国际法律体系（如 WTO 法律体系）或国家法律体系的渊源一样，欧盟的法律渊源也可以分为不同的种类。首先，从调整的法律关系来看，欧盟法可分为对内渊源（internal sources）（如欧盟的立法）和对外渊源（external sources）（如欧共体缔结的国际协定）。其次，如果从法律规范的等级来区分，欧盟法有首级渊源（primary sources）如欧盟的基本条约）和第二级渊源，或次级渊源（secondary sources）（如欧盟的立法）的区别。又次，如果从法律约束力上考察，欧盟法则有严格法律意义上的渊源（如欧盟基本条约、欧盟立法、国际协定、一般法律原则）和广泛历史意义上的渊源（如欧盟的各种建议、决议、行动纲领）。① 最后，如果从法律涉及的领域来考虑，欧盟法可以分为第一支柱的法律渊源（欧共体的法律渊源）、第二支柱领域的法律渊源（共同外交与安全政策的法律渊源）和第三支柱领域的法律渊源（警察与刑事司法合作的法律渊源）。

值得注意的是，上述第一种分类只能是相对而言的，不能绝对化。例如，欧盟机构制定的法律虽然绝大多数是调整欧盟内部各种法律主体之间关系的，但是有些立法则是涉外的，如关于反倾销和反出口补贴的立法。同样地，欧共体缔结的国际协定虽说是一种对外渊源，但它毕竟在欧共体内部还存在法律效力和适用的问题。因此，以下主要结合后几种分类法来阐述欧盟的各种法律渊源。

第一节　欧洲联盟的条约

条约是欧盟的主要法律渊源之一。根据条约的缔结者和内容以及在欧盟法律秩序中的地位与效力，欧盟的条约可以分为下列三种类型：（1）成员国之间就欧共体及欧盟的建立与发展而缔结的条约，它们构成欧盟及其法律体系的基础，故称之为“基本条约”（basic treaties）或“基本文件”（constituent instruments）；（2）成员国之间有关实施欧盟基本条约的有关条款而缔结的条约，可以称

① 所谓严格法律意义上的渊源，在国际法上是指那些“用以形成有法律约束效力的国际行为规范的方式”；所谓广泛历史意义上的渊源，在国际法上是指那些“与国际法规范有历史联系的各种渊源”，这是一种辅助性渊源，其自身“当初并不是有效的国际法规范，而是在通过长期的国际实践并获得国际社会公认后，才有可能形成为对各国有约束力的国际法规范”。虽然广泛历史意义上渊源的效力不同于严格法律意义上的渊源，但是前者对于揭示一种法律体系的规律，认识一种法律体系的特殊性，准确认定及适用有关法律，具有理论和实践的双重意义。参见梁西主编：《国际法》，修订第2版，武汉大学出版社2000年版，第41～49页。

之为“实施性条约”（implementing treaties）；（3）欧共体或同其成员国（全体或部分）一道与第三国或国际组织缔结的条约，统称为“欧共体协定”（Community agreements）。以下就这三种类型条约的性质与特点分别作进一步的具体阐述。

一、欧洲联盟的基本条约

欧盟的基本条约，又称之为宪法性条约（constitutional treaties），构成欧盟及其法律体系的基础。欧盟发展到了今天，已形成了一定规模的基本条约框架。这种基本条约框架由下列三种类型构成：

（一）欧共体和欧盟赖以建立的基本条约

虽然现行的欧盟是在统一的组织、程序和机制下运作，欧盟和欧共体（原来的欧洲经济共同体）仍然是相对独立的实体。与此同时，虽然欧洲煤钢共同体和原子能共同体因其活动领域单一而一般很少提及，但是它们同样也是相对独立的实体，不仅如此，三个共同体甚至还各自是独立的国际法律人格者。欧盟体制中的这一独特现象的一个重要因素是，这些相对独立的实体从一开始就各自拥有赖以建立的基本条约。这些基本条约构成三个共同体和欧盟最原始的组织章程，它们分别是《建立欧洲经济共同体条约》、《建立欧洲煤钢共同体条约》和《建立欧洲原子能共同体条约》。

（二）其他基本条约

除了上述三个共同体和欧盟赖以建立的基本条约之外，欧盟成员国还缔结了一系列有关欧共体/欧盟的组织和运作的条约，其中有一些后来通过修订的方式嵌入欧共体/欧盟基本条约，另有一些则仍然保留其独立法律文件的地位。这些其他基本条约如果进一步分类，主要涉及如下三种情况：（1）有关组织事项的条约，如1957年成员国在签署《经济共同体条约》和《原子能共同体条约》的同时，还专门缔结了《欧洲共同体①一些共同机构公约》

---

① 这里的“欧洲共同体”英文版采用的是复数，即 European Communities，故系指欧洲煤钢共同体、欧洲经济共同体和欧洲原子能共同体。

(即将议会机关和司法机关统一);1965 年的《合并条约》(即将三个共同的决策机关和执行机关统一);(2)有关基本预算改革的条约,如成员国 1970 年签订的《第一个预算条约》①;1975 年的《第二个预算条约》;②(3)有关新成员国加入欧盟的条约。根据《欧盟条约》第 49 条,加入欧盟的申请由理事会在获取委员会的意见和欧洲议会的同意后,以全体一致同意方式做出批准决定。然后,申请国与现行的成员国之间签署加入条约。加入条约连同其附件(有关加入事项的详细规定)须经每一签署国依照各自宪法程序批准后才能生效。

(三)《欧共体条约》和《欧盟条约》的修订条约

如同其他国际组织的章程一样,欧盟基本条约也有关于修订的规定。但是,欧盟基本条约的修订有其鲜明的特点:

首先,由于欧盟是一个不断演进的区域一体化实体,其活动的领域和范围一直在朝着纵横两个方向延伸和深入,这就决定了其赖以建立的基本条约必须适时地予以修订,以适应欧盟一体化的需要。所以,与其他任何国际组织的章程相比,欧盟基本条约的修订次数要多得多。从 20 世纪 80 年代中期算起,如果将《欧洲宪法条约》包括在内,欧盟基本条约已经历了 5 次修订,每一次修订都产生一个新的欧盟基本条约。这些修订条约分别是 1986 年《单一欧洲文件》、1992 年《马斯特里赫特条约》、1997 年《阿姆斯特丹条约》和 2001 年《尼斯条约》。有关这些修订条约的主要内容和在欧盟一体化进程中的地位与作用,本书第一章、第二章和第四章都有相应的阐述。

其次,欧盟基本条约的修订程序比较独特。根据《欧盟条约》第 48 条的规定和欧盟的实践,成员国和欧盟委员会都可以向理事会提出修订欧盟基本条约的动议。如果理事会与欧洲议会协商后

① 该条约赋予欧共体享有独立的财源,并取代先前的成员国摊派制;同时,该条约还赋予欧洲议会一定的预算权力。

② 该条约主要是进一步增强欧洲议会在欧共体预算中的权力。从《马约》开始,预算条款被正式纳入《欧共体条约》。

（如有必要须与委员会和欧洲中央银行协商）做出修订的决定，它可以举行成员国政府间会议。理事会的这种决定并不一定以全体一致同意的方式，多数同意即可。例如，1985 年卢森堡政府间会议就是在丹麦、希腊和英国反对的情况下召开的，该次政府间会议最终诞生了《单一欧洲文件》。① 但是，一旦政府间会议举行，任何有关基本条约的修订都必须通过共同同意方式（by common accord）决定，其最终生效如同原来的基本条约一样必须得到所有成员国的批准。

引人注目的是，2004 年 10 月 29 日欧盟成员国首脑签署的《欧洲宪法条约》无疑是最新的欧盟基本条约。该条约一旦生效，将取代现行的、历经多次修订的《欧盟条约》和《欧共体条约》，从而成为欧盟基本条约的唯一核心和基础。然而，该宪法条约是否属于欧盟基本条约的修订，是一个值得商榷的问题。一方面，它不像过去欧盟基本条约的修订所针对的是部分条款，而是将现行的欧盟基本条约重新进行整合，并且还增添了许多新的内容。另一方面，它又不是与现行欧盟基本条约的内容完全不同的一个新的基本文件，而是在承袭了现行基本条约内容的基础上，在篇章和条款上重新建构，并将既定的欧盟成果吸纳其中。此外，该宪法条约的制定程序也非常的特别。它与其他国际组织章程的制定与修订的主要区别在于：除了成员国政府的代表和欧盟委员会的代表之外，候选成员国的代表、国内议会和欧洲议会的代表也参与其中。它与此前欧盟基本条约的制定与修订的区别在于：在理事会的决定与政府间会议之间插入了一个由多方代表构成的制宪会议负责起草的新程序。

二、欧洲联盟的实施性条约

除了上述基本条约之外，欧盟成员国还就一些特定事项缔结或签署了有关公约。由于这些公约通常是为实现欧盟的宗旨，甚至是

---

① See George A. Bermann, et al. (ed.), Cases and Materials on European Union Law, West Group, 2002, p. 31.

根据欧盟基本条约的特定条款而缔结的，我们姑且将它们称之为实施性条约（implementing treaties）。从实践来看，这些公约的缔结有如下两种情形：

第一种情形是有关公约是根据基本条约的特定条文而缔结的。例如，《欧共体条约》第293条（原第220条）规定：

> 各成员国在它们之间遇有必要应进行谈判，以便保证对它们的国民：
>
> ——在各成员国对各该本国国民所给予的同等条件下之人身保护，以及各项权利的享有和保护；
>
> ——在共同体内消除重复征税；
>
> ——互相承认第48条第2款所指的公司，保留在公司地址从一国迁移到另一国的情况下之法人地位，以及属于不同国家法律管辖的公司之间进行兼并的可能性；
>
> ——简化关于相互承认和执行司法判决和仲裁裁决的手续。

为此，成员国之间先后缔结了诸如《关于民事和商事判决的管辖与执行公约》、《有关相互承认公司和法人公约》、《合同义务的法律适用公约》等条约。

第二种情形是：虽然基本条约并无明文规定，但是有关公约是为实现欧共体的宗旨而缔结的。1975年的《欧洲专利公约》就是如此。该公约的宗旨是创立欧共体专利，即：建立覆盖整个欧盟领土的单一专利制度。公约的序言明确指出，公约是为实现欧共体各项宗旨而缔结的。欧共体法院对于公约条文的解释还享有管辖权。

值得注意的是，虽然这类公约如同上述基本条约一样，必须经过各成员国按照各自宪法规定履行批准程序后才能生效。但是它们不构成欧盟的基本条约，因为成员国缔结这些公约的法律依据或是基本条约的有关条文或是基本条约的宗旨。因此，从性质上看，这些公约在欧盟法体系中是实施性条约，是欧盟基本条约的补充。①

但是，也有欧盟法学者认为，成员国之间的这些实施性条约并不一定具有欧共体法的特性。其理由主要有：（1）它们在成员国不具有欧共体法那样的特殊法律效力；（2）欧盟委员会对于这些公约不拥有执行权力；（3）欧洲法院缺乏像解释欧共体法那样来解释这些公约条款的权威。此外，这些学者还举例予以证实。第一个例子是《申根协定》。该协定最初由七个国家于1990年签署，旨在通过建立共同边界来取消边界控制。虽然《阿约》正式将《申根协定》引入共同体法律框架（欧盟的第一支柱），但是仍然维持丹麦的特殊地位，并继续将英国和爱尔兰排除在外，为了将《申根协定》转换为欧共体法，理事会专门发布了第1999/436/EC号决定，为该协定的每一个条款在《欧共体条约》中确立特定的法律基础。另一个例子是1968年成员国缔结的《民商事管辖与判决执行公约》(简称为《布鲁塞尔公约》)。该公约签署后不久，成员国又缔结了一个议定书，赋予欧洲法院对《布鲁塞尔公约》的解释以初步裁决权。而且，《加入文件》都统一规定新成员国应加入《欧共体条约》第293条中规定的公约以及有关欧洲法院解释这些公约的议定书，并应与创始成员国谈判，以作出必要的调整。这些规定恰恰进一步说明，成员国依照这些公约承担的义务不同于它们加入欧盟的义务，因此，这些公约自身并不当然构成欧共体法的组成部分。②

三、欧洲共同体缔结的国际协定

根据《欧共体条约》第281条（原第210条）的规定，欧共体享有法律人格。此外，《欧共体条约》第300条（原第228条）、第310条（原第238条）和第133条（原第113条）等条款均明确

① 参见［英］弗兰西斯·斯奈德著，宋英编译：《欧洲联盟法概论》，北京大学出版社1996年版，第43页。

② See George A. Bermann, et al. (ed.), Cases and Materials on European Union Law, West Group, 2002, pp. 32-33.

规定欧共体享有与第三国和国际组织缔结国际协定的权能。除了这些明示的国际协定缔结权外，欧共体法院的判例还表明，只要是为实现欧共体宗旨所必需，凡是《欧共体条约》在内部市场建设领域赋予欧共体以立法与决策权能，欧共体就相应地享有对外缔结国际协定的权能，即“平行发展”原则（principle of parallel development）。①

在欧共体与第三国或国际组织缔结的国际协定中，有的是欧共体单独缔结的，即所谓的“纯欧共体协定”（pure Community agreements），有的是欧共体和其全体或部分成员国一道缔结的，即所谓的“混合协定”（mixed agreements）。② 不论是哪一种类型的协定，它们都是欧盟法律渊源的组成部分。

值得注意的是，现行的欧盟基本条约并没有明确规定欧共体缔结的国际协定在欧盟的法律效力。但是，欧洲法院的判例早已证明，这并不影响它们属于欧盟法的组成部分和对欧盟机构和成员国的法律约束力。《欧洲宪法条约》在既定的欧共体成果的基础上，在第 III-323 条中明确规定“本联盟缔结的协定约束欧盟的机构和成员国”。显然，宪法条约这里规定的“约束力”自然是指“直接的法律效力”。然而，宪法条约并没有解决欧盟缔结的国际协定是否对于欧盟公民和法人具有直接效力的问题。从字面意义上，它似乎排除了这种可能性。但是，欧洲法院在有关的判例中并没有排斥欧共体协定在一定的条件下直接为个人创设权利和义务，如果有关协定的条款是“确定的”（precise）和“无条件的”（unconditional）（参见本书第六章）。因此，欧盟未来缔结的国际协定是否对个人具有直接的法律效力，仍然有待观察和证实。

---

① 详见曾令良：《欧洲共同体与现代国际法》，武汉大学出版社 1992 年版，第 61～65 页。

② See H. G. Schermers, Methodology of Mixed Agreements in D. O'keefee and Schermers (ed.), Mixed Agreements, 1983. 另见曾令良：《欧洲共同体与现代国际法》，武汉大学出版社 1992 年版，第 154～160 页。

第二节　欧洲联盟的立法

一、概述

当我们谈论欧盟的立法，主要是指欧盟机构在欧共体框架内根据《欧共体条约》的规定制定的法律规范。当然，欧盟机构在共同外交与安全政策和警察与刑事司法合作领域，同样可以制定具有法律约束力的文件。《欧洲宪法条约》在整合现行欧盟基本条约的同时，将欧盟机构在三个支柱领域制定的规范文件从名称上进行更新和统一。以下将重点阐释欧共体框架中立法措施的分类与特点；对于其他领域的措施和宪法条约中的相关规定，也将相应地进行适当阐释。

在欧共体框架内，欧盟机构制定的法律措施在《欧共体条约》第249条（原第189条）中作了如下规定和分类：

> 为了完成它们的任务并在本条约规定的条件下，欧洲议会与理事会联合、理事会和委员会应制定条例、发布指令、作出决定、提出建议或发表意见。
>
> 条例具有普遍适用性质。它具有整体约束力并直接适用于所有成员国。
>
> 指令，所要达到的结果对任何其针对的成员国具有约束力，但在形式和方法上则由各该国当局选择。
>
> 决定，对它所针对的各方具有整体约束力。
>
> 建议和意见不具有约束力。

上述规定表明，欧盟可以制定三种具有法律约束力的文件，即条例（regulation）、指令（directive）和决定（decision），并还可以制定两种没有法律约束力的文件，即建议（recommendation）和意见（opinion）。

然而，除个别情况外，①《欧共体条约》并没有明文规定在哪些领域内或在哪些事项上或在哪些情况下应采取何种形式的文件。欧共体法院在其裁决中也强调在具体实践中对有关措施的性质起关键作用的是该项措施的内容，而不是制定机构所采取的形式。例如，在"国际苹果公司案"② 中，欧共体法院裁决该案所涉及的有争议的措施是一种以条例做标签的一系列单个决定。这一裁决对案件当事人——国际苹果公司的诉讼权利极为关键，因为如果欧洲法院裁定有关措施是条例，那就意味着国际苹果公司不能在欧共体法院对该项措施提出司法审查的诉讼；如果欧共体法院裁定是决定，国际苹果公司就有权提起司法审查的诉讼。关于不同的欧盟法主体在欧共体司法审查制度中所具有的不同的诉权或诉讼资格，本书将将在第十章中集中阐述。

必须指出的是，《欧共体条约》第 249 条的规定与《原子能共同体条约》第 161 条的规定完全相同；但是，《煤钢共同体条约》就不一样，后者只规定了三种立法与行政措施，即决定、建议和意见。比较起来，煤钢共同体的决定（依有关决定的一般性或单个性而定）相当于欧共体的条例或决定；煤钢共同体的建议相当于欧共体的指令；煤钢共同体的意见则与欧共体的意见相同。可见，在煤钢共同体中，建议是具有法律约束力的。下面选择覆盖面最宽、适用范围最广、援用最为频繁的欧共体内具有法律约束力的措施进行具体阐释。

二、欧共体的条例

根据《欧共体条约》第 249 条的规定，欧盟的条例应具有三个基本要素：（1）普遍适用性；（2）整体约束力；（3）直接适用。

所谓"普遍适用"（general application），是指一项条例的颁布

---

① 例如，《欧共体条约》第 39 条（原第 48 条）第 3 款第 4 项和第 89 条（原第 94 条）分别要求欧共体机构对有关工人流动自由和国家援助的措施应采用条例的形式。

② Case 41-44/70 International Fruit Company v. Commission [1971] ECR 411.

与实施不针对欧盟法中特定的主体，在各成员国具有同等的法律效力。只要有关的法律关系或事项或情势属于条例调整的范围，就应采用条例的形式。条例的“普遍适用”性是条例区别于下述决定的一个关键性特征。当然，判断一项法律文件到底是条例还是决定，有时并不容易。一旦发生这种争端，往往由欧共体法院作出司法解释。欧洲法院的司法实践表明，确定一项法律文件是否为条例，有时并不能仅仅从其名称上判断，而是要具体分析其内容和法律特性（参见本书第十章）。

所谓“整体约束力”（binding in its entirety），是指一项条例的约束力及于该条例的各个方面，即：无论是条例的实质规定，还是程序规定，均在所有成员国同时适用。条例的这一特征与下述的指令形成比照，后者仅对其特指的成员国和预期的效果发生约束力。

所谓“直接适用”（directly applicable），是指条例的实施不需要也不允许国内议会立法措施的转化。为此，欧共体法院曾经裁定：“条例的直接适用意味着对有利于或不利于受其支配的那些人的效力和适用不依赖于任何转化为国内法的接受措施……成员国负有义务不阻挠条例所固有的直接适用性。严格遵守这一义务是在整个共同体同时和统一适用共同体条例必不可少的条件。”①

欧盟条例的直接适用性在国际法与国内法之关系的理论与实践上是一个重要的突破。根据一般国际法的理论与实践，国际组织制定的规范，除了约束有关组织机构和成员国外，如果要在成员国国内实施，就必须根据各成员国的国内法所规定的转化程序才得以实现。然而，欧盟并不受这种理论与实践的束缚，大胆并成功地尝试将国际机构的特定的法律文件直接适用于成员国国内。当然，我们也必须清楚地认识到：这种“大胆”和“成功”归根结底取决于国家的意志。欧盟成员国之所以从一开始就如此作为，就是想在“直接适用”原则的指导下，运用一体化的法律手段推动欧盟各个领域一体化的进程。欧盟通过的条例数量繁多、内容庞杂，如果按照传统的转化程序予以适用，其结果必然阻挠整个欧盟一体化的

① Case 34/73 Variola v. Italian Finance Administration [1973] ECR 990.

发展。

条例应在《欧洲联盟官方公报》（Official Journal of European Union，OJ）上公布，①其生效依有关条例中的规定而定；如果有关条例没有规定生效日期，则从公布的第20日后开始生效。

三、欧共体的指令

“指令的具体特点在于它对其发布对象所施加的义务的类型。”② 与上述条例相比较，指令有两个主要的区别：首先，指令可以对任何一个成员国发布，而不需要非对所有成员国发布不可；其次，指令就其要取得的结果对作为其发布对象的成员国有约束力，至于通过什么途径或采取何种方法来实现指令所要求的结果，则由作为指令发布对象的成员国自行选择。

根据《欧共体条约》第254条（原第191条）的规定，所有的指令必须通知其发布的对象。但是，在《欧洲联盟条约》之前，欧共体并无义务在《欧共体官方公报》上公布指令，尽管在实践中欧共体还是公布了很多的指令。现在，凡是针对所有成员国发布的指令必须在《欧洲联盟官方公报》上公布。指令的生效日期如同前述的条例一样。

必须强调的是，虽然《欧共体条约》对于成员国实施指令的方式与方法没有作出具体要求，但是成员国实施指令是一种必须作为的义务，因为指令的有效实施是实现欧盟在共同市场方面的各项目标的关键手段之一。通常的做法是，欧共体指令往往规定一个实施该指令的期限（通常是1~3年不等），然后有关成员国必须在此期限内将有关指令转化为国内法律。

---

① 《欧洲联盟官方公报》分为“L系列”和“C系列”两大类。其中“L”是英文“立法”（legislation）的代表符号，表示立法文件：“C”是英文“信息或意见交换”（communications）的代表符号，表示法律意见和信息。因此，一般说来，《公报》“L系列”中公布的文件具有法律约束力，而“C系列”中的文件不具有法律约束力，但仍会产生法律效果。

② See Jo Shaw, Law of the European Union, second edition, Macmillan Law Masters, 1996, p. 200.

成员国在如何实施指令的问题上享有酌处权。在通常的情况下，成员国或通过立法或修订其现行立法的方式来实施有关的指令。当然，如果现行立法符合有关指令，有关成员国就无需采取专门的转化措施。在实践中，如果成员国没有按规定实施有关指令，有可能在欧洲法院遭受不作为的起诉 。同样地，如果有关成员国不当地实施有关指令，也会构成对欧洲联盟法的违反。有关这类性质的问题，将结合本书有关章节中的欧共体法院的初步裁决权和成员国违反之诉的管辖权作进一步的讨论。

四、欧共体的决定

根据《欧共体条约》第 249 条的规定，决定对其所针对的对象具有整体上的约束力。既然第 249 条没有明确限定决定所针对的具体对象，我们就可以推定决定可以对欧盟法的任何主体作出；即：既可以是成员国，又可以是自然人或法人。欧盟的实践也证明了上述推断。根据《欧共体条约》第 251 条（原第 189b 条）程序而作出的决定，必须在《欧盟官方公报》上公布。决定的生效日期依有关决定中的规定；在没有具体规定的情况下，从有关决定公布后的第 20 日开始生效。

从性质上讲，欧盟的决定基本上是一种行政法规，主要是由欧盟委员会（但不局限于委员会）将欧盟法适用于具体情况的一种手段。如同一国的行政行为一样，欧盟的决定可用于多种目的，有些决定授权成员国或企业作出某种行为，有的决定则禁止或要求成员国或企业采取某种行动。一般说来，欧盟机构可以自行选择在哪些领域作出决定。例如，对于有关共同农业政策的实施细节的请求，欧盟委员会通常以发布决定的方式作出答复。不过，《欧共体条约》也明确规定在有些领域必须采用决定的方式。例如，在竞争法领域，委员会采用决定的方式断定违反竞争规则行为的存在并以决定的方式处以罚金。另一个重要领域是国家援助，委员会采用决定来断定这一领域的违反行为的成立。除了欧盟基本条约明文规定委员会必须采用决定的领域或事项外，理事会在其权能范围内可以自行授权委员会就有关事项作出决定。

在欧盟的实践中，有时会遇到决定在辨识与解释上的困难。例如，欧洲法院有时必须断定一项特定的措施到底是条例还是决定，或名为条例而实为决定。欧共体法院的这种断定通常是有关案件的实质性判决的先决问题，往往决定着当事人是否对有关的欧盟措施享有提起司法审查的权利。关于这些问题，我们将在本书第十章有关欧盟司法审查制度的阐释中作进一步分析。

第三节　欧洲联盟的一般法律原则

一、一般法律原则的概念

当法律专家提到不构成习惯的某项不成文规则时，通常将其作为一种一般法律原则（general principle of law）予以对待。作为一般规律，一般法律原则是现代民主与法治国家在适用法律、习惯或判例时所必需的一个概念。从这个意义上讲，这种原则显然是“一般性的”。因此，一项成文法规则和一项一般法律原则之间的区别应从后者的一般性考虑。当然，“一般性”（generality）也是成文法规则的特征之一。所以，一项法律原则比一项成文法律规则的适用范围更广泛。不仅如此，一项成文规则的通过往往考虑的是针对特定的社会或经济问题，而一项法律原则的一般性在于它是大量法律适用过程中所固有的。正如格妮（Geny）所指出的，“这些一般原则表示的是与人类本质之永恒基础相符的理性和公正的观念，并被推定构成法律的基础，它们必须时时刻刻在立法者的脑海里”。①

的确，立法机关有意识或无意识地经常按照这些原则的存在来制定成文法规则，司法机关在实践中更是经常地推定这些原则的存在，尤其是在解释法律规则时适用。一般法律原则也可以产生于统一的安排，这些统一的安排由法律适用于特定的问题或适用于具有

---

① See Nicholas Emilious, The Principle of Proportionality in European Law, Kluwer, 1996, p. 117.

类似性质的一些问题。一般原则还可以产生共同的逻辑和共同感。

欧盟的一般法律原则构成欧盟所基于的道德和组织框架。这些原则约束有权制定第二级法的欧盟机关、欧洲法院以及所有负责欧盟法适用的国内机构。例如，在《欧共体条约》中，有大量的条款涉及到自由原则。这一原则不仅适用于货物流通，而且还适用于人员流动、货币流通与支付、开业与职业活动、服务提供、竞争政策领域等。这些各种形式的自由的根本在于这样一种哲理：应激励欧盟的自然人和法人在经济、社会和各种职业活动方面的个人创造性和自由发展。

在欧洲法院的判例中，有大量的裁决提到《欧共体条约》中的所谓"基本条款"，如第 28 条（原第 30 条）关于禁止数量限制和具有同等效果措施的规定、第 39 条（原第 48 条）关于工人流动自由的规定、第 43 条（原第 52 条）关于开业（设立公司）自由的规定、第 49 条（原第 59 条）和第 50 条（原第 60 条）关于服务自由的规定，以及第 81 条和第 82 条（原第 85 条和第 86 条）关于共同竞争政策的规定。欧洲法院利用这种表述来保证《欧共体条约》特定条款的优先效果，这些条文是欧洲内部市场所必不可少的，其所含的原则是从市场一体化中固有的经济和社会性前提条件中凝练而来的。

必须明确的是，在《马约》之前，欧共体一般法律原则主要是一种"法官造法"（judge-made law），即当欧洲法院不得不对《欧共体条约》和欧共体立法未作出明文规定的事项作出裁决时，它往往通过从《欧共体条约》或成员国国内法中推断出一般法律原则作为其裁决的法律依据。《马约》首次以基本条约的形式明确规定将《欧洲人权公约》所含的原则和从成员国宪法中产生的基本原则作为"欧共体法一般原则"的义务予以遵守。

二、一般法律原则在欧盟法律秩序中的作用

首先必须明确的是，一方面，一般法律原则在欧共体法律秩序中起着重要的作用；另一方面，并不是所有一般法律原则均具有同样的地位和作用，而且违反了它们并不一定都导致同样的法律后

果。概括地讲，欧盟一般法律原则的作用主要表现在：第一，指导欧盟第一级法和第二级法的解释；第二，指导欧盟基本条约和第二级立法授权之权力的行使，包括立法权；第三，作为断定欧盟机构和成员国有关适用欧盟法之措施的合法性的标准，包括立法措施；第四，填补欧盟法的空白（如果不填补，空白的存在就会导致拒绝司法）。

（一）作为解释欧盟基本条约和立法的指导

一般说来，如果《欧共体条约》的一项条款不只含有一种解释，优先考虑的解释应是与欧共体一般法律原则相符的解释，而不是与之相冲突的解释。例如，在20世纪70年代中期的一个案件中，一般法律原则（即相称性原则）对于解释欧共体基本条约的重要性得到了体现。在本案中，欧洲法院必须结合一项荷兰法律（该法要求从事保险经纪人业务的人员在荷兰有永久的居所）来解释《欧共体条约》第59、60条和第65条（现第49、50条和第54条）。为此，欧洲法院的裁决是："《欧洲经济共同体条约》的条款，尤其是第59、60条和第65条，必须作如下意义的解释，即：国内立法不可以通过在其领土上有居所的要求，使得居住在另一成员国的人员不可能提供服务，如果存在更宽松的措施能使在该领土上的服务提供所遵从的职业规范得到遵守的话。"① 虽然，这里并没有直接使用相称性概念，但是其表达的意思无疑是相称性原则的含义。当然，如果基本条约的措辞很清楚地表明起草者旨在拒绝所含的某项原则，就不得再按照与一般法律原则相符的方式来解释有关的条款。

（二）作为行使欧盟机构之权能的指导

欧洲法院在司法实践中通常运用一般法律原则来断定欧盟机构是否适当地在行使有关的权能。欧洲法院曾经确立：作为一般原则，《欧共体条约》关于保护个人的规定优先于欧共体的条例。换言之，欧盟机构不能运用制定条例的权能与基本条约中的个人保障条款相悖。因此，它明确指出，"在任何情况下，它（指第17/62

① Case 39/75 Coenen [1975] ECR 1547, p. 1556.

号条例）不能优先于基本条约规定的保护个人的保证，该保证优先于所有的条例”。① 欧共体遵守一般法律原则的义务基于这样一个事实，即：若不如此，就会导致欧盟制定的有关措施的最终无效或废除。

（三）作为断定欧盟机构和成员国行为之合法性的客观标准

欧盟机构和成员国的任何违反欧共体一般法律原则的行为，如违反非歧视原则、相称性原则、合法期望权益原则等，都可能被欧洲法院裁定为非法，从而导致有关措施的无效。一般法律原则作为检验欧盟机构和成员国行为的合法性标准，在很大程度上加强了欧洲法院对欧盟机构和成员国的实施权能的司法监督。仍以个人权利保护为例。从 20 世纪 70 年代开始，欧洲法院一直通过一般法律原则的包装，将尊重基本人权作为判断欧盟和成员国行为之合法性的一个重要标准。

（四）作为断定非合同责任的依据

《欧共体条约》第 288 条（原第 215 条）规定，“在非合同责任的情况下，本共同体应依照成员国法律共有的一般原则对其机构或其职员在履行其职责过程中造成的损害做出赔偿。”这是现行欧盟基本条约中唯一明确提及由成员国法产生的一般法律原则的条款。

三、欧洲联盟一般法律原则的来源

欧盟的一般法律原则主要是从成员国法、欧盟基本条约和一般国际法以及有关的国际条约中推断而来。

（一）从成员国法中来

一般法律原则作为欧盟法的不成文原则主要来源于各成员国法律制度所共有的概念和原则，而这些概念和原则又可以再追溯到罗马法。欧洲法院指出：“根据成员国法律制度共有的原则（其来源可以追溯到罗马法），当立法被修正时，除非立法者明显地表示相

① Cases 8-11/66 Noordwijks Cement Accords [1967] ECR 75, p. 93.

反的意图，法律制度的延续性必须得到保证”。①

在欧共体的侵权责任方面，《欧共体条约》对于一般法律原则的适用作出了明确的规定。如前所述，该条约第288条规定，欧共体的非合同责任以“各成员国法律共有的一般原则”为基础的。因此，从大多数情况来看，一般法律原则表示的是大陆法制度的原则。这意味着，在欧盟法中，一般法律原则概念总体上比国际公法中的相同概念要窄一些，因为后者指的是被所有“文明国家”普遍接受的那些法律原则。② 就欧盟一般法律原则而言，一般国际法上的这种“普遍接受”就显得没有必要。尽管如此，随着欧盟成员国的增多，其一般法律原则概念也随之延伸，因为新成员国法律的一般原则也必须予以考虑，如普通法系的一些原则。

值得注意的是，当欧洲法院在寻求国内法作指导时，有关原则并不一定非得所有成员国法律制度都接受不可。还必须强调的是，不管有关原则事实上的起源，欧洲法院是以欧盟一般法律原则而不是作为国内法一般原则予以适用的。这就意味着，某一（些）成员国法没有对有关原则作出规定并不妨碍欧洲法院适用那些已被其它成员国法确立的一般法律原则。这种适用部分成员国法共有的原则的情况，主要体现在欧洲法院在借助这些原则确定已由基本条约或立法制定之规则的场合。

当一项一般法律原则本身被用作独立的法律渊源时，欧洲法院是否也可以适用部分成员国法共有的原则呢？迄今为止，尚无明确的判例可循，理论上也存在争议。有些欧洲法院总顾问建议，欧洲法院可以酌情选择其认为是最进步或最为成熟的国内法原则，以便使欧共体法保持在先进法律体系的行列。然而，持异议者则认为：如果欧洲法院在有关案件的裁决中适用其认为是进步的或成熟的原则，而有关成员国则不以为然，有可能导致该国拒绝适用欧洲法院的有关裁决。而且，“进步”或“成熟”是一种主观概念。一种事物的进步与退步、先进与落后、成熟与不成熟，取决于人们思维的

---

① Case 25/68 Klomp [1969] ECR 43.

② 参见《国际法院规约》第38（1）（c）条。

导向。有的学者甚至反问：如果一项法律原则真正是进步的，为何它不被每一成员国所接受呢？

不过，欧洲法院在实践中往往会特别看重一些成员国的法律，而轻视另一些成员国的法律。事实上，早期的欧洲法院的裁决和总顾问的意见主要参考的是德国法和法国法。究其原因，欧洲法院的总顾问主要来自这两个成员国的法官，他们自然容易受本国法的影响，因为他们对本国法最了解。从另一个角度来看，欧盟法起源于欧洲大陆法，而德国法和法国法又是大陆法的主要代表。因此，欧盟的一般法律原则主要受德国法和法国法影响（尤其是早期）就不足为奇了。

德国法自 1970 年以来对欧盟法的一般法律原则的影响最大。欧洲法院适用的一些重要原则，如相称性原则、法律确信原则、保护合法期望原则等，均是从德国法中借鉴而来的。德国法影响大的一个重要因素是欧洲法院受理的初步裁决案很大一部分来自德国的法院或法庭的请求。在答复德国法院提出的问题时，欧洲法院自然要以德国法官能理解的措辞来形成其初步裁决，更何况德国法在理论上的完整性和逻辑结构上的严密性是举世闻名的。另一个不可忽略的因素是，自第二次世界大战之后，德国的公法为保护公民不受武断使用国家权威的侵害提供了完整的实体法和程序法，一直被视为其他成员国法的典范。

（二）来自欧盟基本条约自身

尽管大多数的欧盟一般法律原则根源于成员国法，但也有一些重要的原则直接来源于《欧共体条约》的条款。如果考察欧洲法院的实践，我们可以发现该法院主要采用两种方法来挖掘欧共体一般法律原则。第一种方法是从相对有限的基本条约条款中推断出一般原则，最明显的例子是“欧共体优惠”（Community preference）概念。第二种方法是：当同一个概念在《欧共体条约》的不同部分的一系列条款中有明确的表述时，欧洲法院可能认定这种概念是一种潜在的欧共体一般法律原则，如非歧视原则。这一原则在《欧共体条约》所涉及的有关领域或事项的条款中均有明确的表达，如有关四大自由流动的国籍方面、货物的国内税收方面、男女同工同酬方面，等等。根据《阿约》的有关规定，男女同工同酬已发展到男女在就业和职业的机会与待遇均等的一般方面。

（三）来自一般国际法

从欧洲法院的实践来看，国际习惯法和国际条约规则也是欧盟一般法律原则的重要组成部分，尤其是一些有关保护基本人权的国际法律文件，如《欧洲人权公约》、《公民权利与政治权利国际公约》、《经济、社会、文化权利国际公约》、《世界人权宣言》等等。尽管欧盟基本条约在《阿约》① 之前没有关于基本人权的规定，欧洲法院从20世纪60年代开始还是逐步将基本人权的保护纳入自己的司法管辖之列，其主要法律依据就是来自这些国际人权公约文件的欧共体一般法律原则。②

四、典型剖析：法律确信原则

由于欧盟一般法律原则的来源广泛，欧盟基本条约没有、也不可能对这些原则进行列举，其认定主要是通过欧洲法院的司法实践来进行的。经欧洲法院判例确认的一般法律原则中，尤以相称性原则和法律确信原则最为重要，其援用频率最高、发挥的作用最大。鉴于相称性原则已经被欧盟基本条约确认为欧盟权能的基本原则（详见本书第三章），以下仅以法律确信原则作为典型予以阐述。

（一）概念

法律确信原则（principle of legal certainty）是欧盟最重要的一般法律原则之一，其适用贯穿于欧盟实体法和程序法的各个方面。早在1987年，LEXIS数据库的统计显示，法律确信原则或概念在欧洲法院审理的案件中有900多件被援引，而“合法期待（权益）”或“合法确信”（legitimate confidence）原则或概念被援引的

---

① 《阿约》对《欧洲联盟条约》第1条作出了修改，在第三段之后插入了以下文字：“确认1961年10月18日《都灵欧洲社会宪章》和1989年《劳动者基本社会权利共同宪章》中定义的基本社会权利。”

② 参见韩德培总主编：《人权的理论与实践》，武汉大学出版社1995年版，第987～997页。

有500多件。由于法律确信原则具有极大的一般性或普遍性，很难确切地将其起源归属于哪一种法律体系或哪一国的国内法。从广义上讲，法律确信是欧盟法具有可靠性和稳定性的基本要求。其含义是，法律在适用于一个特定情势时必须是可以预见的，同时还应该避免含糊不清的法律情势，当事人在法律管辖范围的任何时候都知道其权利和义务。法律确信还隐含着：对于现行法律情势和关系，欧盟法律主体有合法权利真诚地依赖它们继续存在，即现行法律情势和关系应予以维持，除非不得已的原因。在程序方面，法律确信要求欧盟机构不应无限期地延迟行使制裁的权力，欧盟机构的措施应在合理时限内可以被欧盟法主体指控。

在欧盟法中，法律确信通常以不同的子概念或子原则的形式来发挥具体作用。其中最为常见的有合法期待（legitimate expectations）和不溯既往（non-retroactivity）原则。

（二）合法期待（权益）原则

一般认为，合法期待原则同样来自德国，德语中的“vertrauensschutz”一词，其相应的法文是“protection de la confiance légitimate”，其相应的英文最初表述是“protection of legitimate confidence”，后来认为“confidence”在英国法中容易引起歧义，故将其改为“expectation”。其实，合法期待原则难以与法律确信原则分开，欧洲法院在很多场合将二者交替使用。

根据欧洲法院的判例，合法期待权益必须基于已经存在的事实或情势，或有确定的保证之事实或情势。例如，在20世纪90年代初期欧共体初审法院审理的一个案件中，① 原告主张其合法权益是根据欧盟委员会发送给它们的两封信函（letter）而建立的，其中委员会表示：当它就欧共体香蕉制度向理事会提交处理法案的动议时，将考虑中小进出口商的特殊情况。初审法院拒绝了原告们的上述主张，基于的理由是，委员会作出的一般性陈述（statements in general terms）与作出确切保证（assurance in precise terms）之间存在着重要的区别：前者不能产生任何有效的期待利益，后者则可以

① Case T-571/93 Lefebvre and Others v. Commission [1995] ECR II-2385.

被合法地援用。

在当事人存在有合法期待权益的情况下，欧盟的立法和行政决定权的行使会受到严格的限制。20 世纪 80 年代中期，根据早些时候的欧共体计划，一部分牛奶生产者同意放弃为期 5 年的牛奶生产计划，并在 1983 年这一年度这些牛奶生产者没有生产任何牛奶。当理事会 1984 年制定并实施牛奶配额制时，将 1983 年作为计算酸牛奶配额的基础年份。其结果是，当欧共体根据理事会通过的第 857/84 条例开始实施配额时，这些牛奶生产者却没有得到配额。这就意味着这部分牛奶生产者在 5 年期结束后不能再生产任何牛奶。于是，他们先后提起了一系列诉讼。① 欧洲法院经审理后裁决，理事会的上述立法为非法，因为它构成对保护合法期待权益这一项一般法律原则的违反。在裁决中，欧洲法院一方面承认自愿停产（在特定时期内）的生产者不能期待不受过渡期采取的市场规则或结构政策的约束，但另一方面确认：在欧共体措施鼓励下，在特定时期内暂停生产或销售的生产者不可能预见到它们将完全被排斥在牛奶生产市场之外。根据欧洲法院的裁决，有关牛奶生产者最终得到了欧共体的配额补偿。

（三）不溯既往

不溯既往是法律确信这一项更广泛原则的一个方面，它同时与相称性原则之间存在着密切的联系。不溯既往针对的是欧盟的第二级法律渊源。根据不溯既往原则，欧盟机构的任何措施自公布之前不能发生法律效力。欧洲法院的判例表明，不溯既往原则含有两个方面的具体规则。第一是解释规则，即：在没有明文规定的情况下，立法被推定不具有溯及力。第二是实体规则，即：作为一般原则，禁止法律规定溯及既往。但是，当有关措施的目标不可能采取其他方式实现时，允许例外，前提是有关当事人的合法期待权益应受到尊重。

欧洲法院曾经从程序规则和实体规则两个方面进一步阐释不

---

① Case 120/86 Mulder [1988] ECR 2321; Case 170/86 Deetzen [1988] ECR 2355.

溯既往原则的含义："虽然程序规则被裁定适用于在其生效时所有悬而未决的案件，但是实体规则就不是这样，相反，后者只有从其措辞、目标或一般结构中清楚地表明应给予此等效力的情况下，才通常被解释为适用于其生效前已经存在的情势。这种解释保证了对法律确信原则的尊重和对合法期待权益原则的保护。根据这两项原则，欧共体立法必须对其管辖者是清楚的和可预见的"①

由此可见，根据不溯既往原则，新的程序规则也可以适用于先前提交的案件，而新的实体规则将适用于未来的事实结果，这种事实在新规则之前可能已经发生。具体地说，一项修改以前规定的条例，除非另有规定外，将适用在过去产生的情势（在以前规定的情况下）而导致的未来结果，即使这可能对个人产生不利结果，也不例外。

第四节 欧洲联盟的"软法"

一、"软法"的界定问题

一般说来，中外国际法学者大多认为国际法由"硬法"（hard law）和"软法"（soft law）两种类型的法律规范构成。所谓"硬法"，系指那些从形式到内容对于其法律主体具有法律约束力的行为规范。至于"软法"的界定，中外国际法学者的认识似乎有所不同。国内学者一般从行为规范的形式是否具有法律约束力的角度来判断，而国外学者则注重从行为规范的内容或实质是否具有执行力作为标准。②

早在20世纪80年代初期，我国就有国际法学者对于国际经济法中"软法"的特点做过如下概括：（1）软法由不享有立法权的

① Cases 212-217/80 Samuli [1981] ECR 2735.

② 参见林灵：《关于多哈回合特殊与差别待遇谈判的国际法分析》（武汉大学硕士学位论文，分类号：D993，编号：10486），2006年5月，第39～40页。

国际组织制定，如它们通过的各种决议；（2）软法的措辞一般用条件式的语句表达；（3）软法的内容不确定，含义暧昧，多为原则性规定；（4）软法规则的实施需要各国制定国内法来实现；（5）软法多为自愿遵守规范；（6）软法缺乏制裁手段；（7）软法是一种过渡性、试行性规范。①

上述关于国际经济法的"软法"特征的有些论点是有待商榷的。首先，国际法律秩序中的"软法"并不都是由国际组织制定的，其表现形式也不都是国际组织的决议、宣言、建议、纲领之类的文件，而且国际组织并非都不具有立法权。有些软法存在于国家之间的条约之中，如1947年GATT的第四部分、乌拉圭回合有关多边贸易协定中的"特殊与差别待遇"条款，等等。另外，欧盟作为一个拥有立法权的区域一体化组织，在制定大量"硬法"的同时，也产出不少的"软法"规范。其次，"需要各国国内法的实施"并不是国际法中软法的特性，绝大多数的硬法同样如此。可以说，这是一般国际法的基本特征之一，也是各国的普遍实践。又次，"自愿遵守"也不是"软法"所独有的，同样也是包括硬法规范在内的一般国际法的基本特性。最后，"缺乏制裁手段"也是整个国际法不同于国内法的一个基本表现，只不过软法的制裁，比起硬法而言，更是无从谈起。

在"软法"概念问题上，我很赞成著名欧盟法及国际经济法专家弗兰西斯·斯奈德所作出的如下言简意赅的定义：所谓"软法"，是指那些"原则上不具有法律约束力，但会产生实际效果的行为规则"。② 这个定义看似简单，但有着深刻的内涵。首先，该定义表明，国际法和欧盟法上的"软法"一般不具有法律约束力，但并不排除有一些"软法"规范具有法律约束力。其次，该定义

① 参见李泽锐：《略论国际经济软法与建立国际经济新秩序的斗争》，《法学研究》，1983年第6期，转引自林灵：《关于多哈回合特殊与差别待遇谈判的国际法分析》（武汉大学硕士学位论文），2006年5月第39页。

② F. Snyder, The Effective of European Community Law: Institutions, Processes, Tools and Techniques, 56 Modern Law Review, 1993, p. 32.

还进一步意味着：即使“软法”规范不具有法律约束力，但是它会导致具有实际意义的效果。此等“实际效果”（practical effect）可能是有关的“软法”规范已经升华为“硬法”规范，也可能是在某一特定领域“硬法”处于真空的情况下，有关的“软法”规范对国际法主体的行为发挥着实际的指导和调节作用。

二、欧洲联盟“软法”的特点

在欧洲联盟中，软法有多种表现形式，既有基本条约明文规定的建议（recommendations）与意见（opinions），又有在实践中逐步形成的通报（communications）、结论（conclusions）、宣言（declarations）、行动计划或纲领（action programmes）、公报（communiques）和机构间协议（inter-institutional agreements），等等。一个引人瞩目的现象是：近年来，特别是自《欧盟条约》引入从属性原则以来，欧盟似乎比过去更多地采用软法形式的措施，而有意识地限制采用诸如条例和指令之类的“硬法”措施。弗兰西斯·斯奈德教授甚至认为，应将这些软法措施的作用视为行政文化或规范文化的一般性转移的组成部分，其中表明欧盟绝对没有孤立于其它规范制定的权威当局，如国家。①

欧盟的软法文件一般不具有约束力。但是，这些软法措施可以用作解释欧盟或成员国通过的其他措施具有说服力的指南，甚至可以对欧盟机构和成员国的行为产生影响。欧洲法院曾经裁定，国内法院可能需要用欧盟的软法措施来解释有关的国内立法。② 另一方面，欧洲法院一直坚持：当软法措施与硬法措施相抵触时，软法措施不能优先。

欧盟软法的另一个重要特点是其先导性。当某一个一体化政策

① F. Snyder, Soft Law and Institutional Practice in the European Community, in Martin (ed.), The Constitution of Europe-Essay in Honour of Emile Noel, Kluwer, 1994.

② Case C-322/88 Grimaldi v. Fonds des Maladies Professionnelles [1989] ECR 4407.

领域处于欧共体权能的边缘时，欧共体共同政策在该领域的形成与演进最好是经历一段由软法措施向硬法措施过渡的时期。欧盟先后在环境保护、职业培训、社会政策等一体化领域的立法就是通过这种过渡性的调整策略而实现的。

在各种软法措施中，欧盟机构间协议或机构间宣言具有特殊的意义。这些协议或宣言是由理事会、委员会和欧洲议会之间达成的或共同发表的，并对各当事机构具有法律约束力。机构间协议或宣言的内容涉及欧盟行使权能的从属性原则、欧盟立法与决策的民主化与透明度、欧盟预算程序与纪律等重要事项。机构间协议或宣言通常是基本条约中特定条款或政府间会议上形成之框架的具体化。前者的例子有 1993 年《关于从属性的机构间协议》（Inter-Institutional Agreement on Subsidiarity），后者的例子有 1993 年《关于民主、透明度和从属性的机构间宣言》（Inter-Institutional Declaration on Democracy, Transparency and Subsidiarity）。如今，这些机构间协议或宣言中所确立的规范已经载入《欧洲宪法条约》。

第五节　欧洲联盟第二支柱和第三支柱中的措施

以上各节所阐述的是欧盟在欧共体领域中的法律渊源。在多数情况下，欧盟法的著述在论及法律渊源时，只涉及欧共体法律渊源，回避欧盟的第二支柱（共同外交与安全政策）和第三支柱（警察与刑事司法合作）中的法律渊源问题。其实，虽然欧盟的法律体系主要体现在第一支柱（欧共体）方面，但是第二和第三支柱同样是依法运作的，尽管它们的法律不可与欧共体法同日而语。正因为如此，有必要对这两个领域的法律渊源的特点进行专门阐释。

一、共同外交与安全政策中的法律渊源

根据《欧盟条约》第 12 条规定，欧盟应通过以下方式实现其共同外交与安全政策的宗旨：（1）确定共同外交与安全政策的原则和一般准则；（2）决定共同战略中的一般准则；（3）采取共同行

动；(4) 采取共同立场：(5) 增进成员国之间在政策运作中的系统合作。根据上述条款和其他有关条款的规定，并结合欧盟的实践，我们可以将欧盟在第二支柱领域中的措施分为一般准则（general guidelines）、共同战略（common strategies）、共同行动（common actions）和共同立场（common positions）等几种主要类型。

（一）一般准则和共同战略

共同外交与安全政策领域的一般准则和共同战略应由欧洲理事会来制定。其中一般准则从动议到制定均由欧洲理事会独立负责，而共同战略则应在理事会提交建议的基础上由欧洲理事会制定；一般准则旨在为共同外交与安全政策及其包含的防务事项确定指导性的一般原则，而共同战略则应根据这些一般准则确立具体的目标、期限以及欧盟和成员国可以采用的手段。① 在实践中，欧洲理事会制定的一般准则和共同战略一般采用宣言或决议的形式。必须指出的是，这种宣言或决议对于欧盟及其成员国具有法律约束力，尽管它们不可能像第一支柱中的一些法律渊源那样可以在成员国具有直接的适用性。所以，将欧盟共同外交与安全政策中的宣言和决议一概说成是欧盟的“软法”似乎并不科学，至少不是那种狭义上的“软法”(即不具有法律约束力的规范)。

（二）共同行动和共同立场

共同行动和共同立场应由理事会制定，它们是欧盟在共同外交与安全政策领域实施上述一般准则和共同战略的主要措施形式。理事会的共同行动是在欧盟需要采取操作性行动时所针对的特定情势而制定的。

共同行动应确立其具体目标、范围和欧盟可采取的手段、期限（如有必要）和其实施的条件等内容。如果情势变迁足以对共同行动问题造成实质影响，理事会应审查该共同行动的原则和目标，并做出必要的决定。但是，只要理事会不采取措施，有关的共同行动将持续有效。此外，理事会在制定共同行动时，可以请求委员会提

---

① See Treaty on European Union as amended by the Treaty of Amsterdam and the Treaty of Nice, Article 13.

交与共同外交与安全政策有关的适当建议，以保证共同行动的实施。①

共同立场是理事会就地缘和专门性质的特殊事项而确定应对方法的一种措施形式。② 具体地说，对于欧洲和全球范围内在和平与安全领域的突发事件或情势，欧盟及其成员国通过共同立场这种形式在欧盟内部和其他国际组织中以及国际会议上实施一致的外交策略。

理事会在共同外交与安全政策领域所制定的共同行动和共同立场，一般都是通过理事会的决定形式进行。决定一旦通过，对于欧盟和成员国具有法律约束力。

需要特别指出的是，在共同外交与安全政策领域，如有必要，理事会可以与其他国家或国际组织缔结国际协定。理事会可以授权轮值主席在委员会的适当协助下就此开展谈判。这种协定对于欧盟和成员国具有法律约束力。如果有成员国在理事会的代表说明该国在履行其国内宪法程序以前不受有关协定的约束，则其他成员国可以达成一致将该协定在它们之间予以临时适用。③

二、警察与刑事司法合作中的法律渊源

根据现行的《欧盟条约》及其实践，欧盟在第三支柱中的措施分为两个层面：一个层面是在欧盟框架下成员国之间采取的措施，另一个层面是欧盟机构制定的措施。

（一）成员国之间的措施

成员国之间在警察与刑事司法合作领域的共同行动（common action），是欧盟在自由、安全和正义领域为其公民提供高水平安全的主要方式之一。这种共同行动进一步通过成员国的职能部门（如警察、海关、司法机关和其他权能机构）之间的更紧密合作

---

① See Treaty on European Union as amended by the Treaty of Amsterdam and the Treaty of Nice, Article 14.

② Ibid., Article 15.

③ Ibid., Article 24.

（closer cooperation）方式进行。① 为此，《欧盟条约》第 30 条和第 31 条分别就警察合作和刑事司法合作两个分支领域共同行动的主要内容作出了列举式的具体规定（参见本书第四章第五节）。

（二）欧盟机构的措施

根据《欧盟条约》第 34 条，为实现欧盟在第三支柱领域中的宗旨，理事会应利用适当的程序和措施来促进合作。为此，理事会在任何成员国或委员会的动议下，可以采取如下几种形式的措施：（1）共同立场（common positions），以确立欧盟应对特殊事项的方法；（2）框架决定（framework decisions），以促使成员国有关法律和法规的趋同化；②（3）其他决定，即旨在促进与第三支柱领域其他宗旨相符合之事项的合作，但成员国法律和法规的趋同化不包括在内；③（4）公约（conventions），由理事会向各成员国建议它们依照各自的宪法要求予以通过。成员国应在理事会确定的期限内启动相关的程序。对于这一领域的公约，一旦获得至少半数成员国的通过，就可以对这些成员国生效；有关这一领域公约的实施措施，经理事会中缔约方的三分之二多数同意就可以通过。

第六节　欧洲联盟法律渊源的等级问题

一、概说

这里要探讨的欧盟法律渊源的等级问题，主要是针对欧盟框架

---

① See Treaty on European Union as amended by the Treaty of Amsterdam and the Treaty of Nice, Article 29.

② 根据经过《阿约》修订的《欧盟条约》第 34 条第 2 项的规定，这一领域的框架决定类似于欧共体中的指令，其对成员国的约束力限定在其要取得的结果方面，至于取得这种结果的方式和方法，则由成员国当局选择。因此，框架决定不具有直接的效力。

③ 根据经过《阿约》修订的《欧盟条约》第 34 条第 2 项的规定，此等决定具有法律约束力，但不具有直接的效力。理事会还应在欧盟层面以特定多数的方式采取为实施此等决定所必要的措施。

内各种法律渊源之间的层次关系问题。至于欧盟法与成员国法的关系，因涉及到欧盟法在成员国的法律效力这一重大而又复杂的理论与实践问题，故本书另辟第六章予以专门讨论。

研究欧盟法的等级应采取统筹和分类两种方法进行，才能科学地反映欧盟法律渊源的特殊体系。从统筹的角度来看，欧盟的基本条约无疑是欧盟三个支柱领域法律规范中的最高法，任何与之相抵触的机构立法、一般法律原则、软法和判例，均属无效。从分类的视角分析，欧盟三个支柱的法律渊源形成了各自相对独立的等级结构，尤其是欧共体的法律渊源与第二和第三支柱领域的法律渊源之间存在着显著的区别。鉴于第二支柱和第三支柱基本属于政府间合作机制，其中的措施仅仅直接约束成员国政府和欧盟机构，不直接对个人产生法律效力。因此，以下重点阐释欧共体法的等级问题。实际上，中外学者在论及欧盟法规范的等级问题时，所针对的就是第一支柱中的法律规范之间的关系。

二、欧洲联盟法律渊源的等级

（一）基本条约

既然欧盟的基本条约是欧盟的最高法，当然也是欧共体的最高法。欧盟基本条约的这种最高性，不仅体现在欧盟/欧共体自身的法律规范体系之中，而且还表现在各成员国的法律体系之中。基本条约在两种法律体系中的最高性具有三个方面的基本含义：第一，任何涉及欧共体事项的欧盟立法和各成员国国内立法都是根据基本条约而制订的；第二，欧盟和成员国不得制定与基本条约相悖的任何立法、行政和司法措施，否则无效；第三，基本条约的条款既不可以在欧洲法院被指控，也不可以在各成员国被指控，即在两个司法体系中都不属于司法审查的范畴。

那么，欧盟基本条约与成员国宪法之间是何种关系呢？应该认为，二者在各成员国法律体系中具有同等的最高性。宪法作为各成员国的根本大法，其最高法律属性自不待言。欧盟基本条约作为欧盟的首级或第一级法律渊源（primary sources of law），在欧共体管辖的领域内（既包括专属权能领域，又包括共享权能领域）在成员国同样具有最高的法律效力。更进一步的问题是，基本条约与各成员国的宪法之间发生抵触，何者优先？应该推定，二者之间一般不会发生冲突，而且这种推定也得到实践的证实。这是因为：欧盟基本条约的缔结与修订，要经过起草、谈判、签署和批准等多个程序，甚至还要经过由各方利益代表组成的制宪大会（如《欧洲宪法条约》的制定），其间，各成员国的政府和议会机关已经有充分的时间考虑和协调二者的一致性。

（二）机构立法

欧盟机构立法的等级主要是指《欧共体条约》第249条（原第189条）中规定的条例、指令、决定、建议和意见等措施。这涉及到两个问题：第一，欧盟机构制定的这些措施之间是否存在等级关系？第二，欧盟机构的这些措施在整个欧盟法律体系中的法律地位如何？

从整体上看，欧盟机构的措施在欧盟法律规范体系中都属于次级或第二级法律渊源（secondary sources of law）。不过，《欧共体条约》第249条并没有明确规定它们之间的等级，而是规定每一种措施适用的对象、情势和特征。尤其是在条约、指令和决定这三个具有法律约束力的措施之间，是很难分出规范等级的。它们之间的区别主要在于适用于不同的对象和效力范围。因此，从这个意义上讲，欧盟机构立法措施本身之间不存在严格的等级区分。

但是，如果进一步深入分析，我们似乎可以发现：这些措施之间还是存在着一定的等级关系。首先，在条例、指令、决定与建议和意见之间存在着明显的效力区别：前三者是具有法律约束力的措施，后二者是不具有法律约束力的措施。其次，前三者在各自适用的对象和情势中实际上显现出彼此之间的效力和范围上的梯级关系。既然条例对所有成员国做出，在成员国具有整体的法律约束力和直接的适用性，它实际上是三者中的级别最高者。既然指令针对的是特定成员国，而且给对象国留有实施方式和程序上的酌处权，其级别自然是次一级的。决定通常是根据有关条例或指令而具体做出的，其级别似乎在三者中最低。

（三）国际协定

欧共体单独或与其成员国（全体或部分）一起同第三国或国际组织缔结的协定，包括贸易协定、联系协定、渔业协定、运输协定、环境协定，等等，应推定为欧盟法中的第二级法律渊源的范畴。国际协定在欧盟法中的这一定位已得到欧洲法院的确认。① 这些国际协定与上述欧盟机构立法措施分别构成欧盟第二级法律渊源的对内和对外两翼。

（四）一般法律原则

一般法律原则在欧盟法律渊源中处于何种地位，在欧盟法学界是一个有争议的问题。一种观点认为，既然一般法律原则在欧盟基本条约中没有明文规定，而是通过欧洲法院的判例所逐步确立的，故它不能作为欧盟的正式法律渊源，至多只能与欧洲法院的判例一起构成欧盟的辅助性法律渊源。持不同意见者认为，如果说在欧共体早期一般法律原则的地位还不明朗的话，经过欧洲法院长期、持续和一贯的判决确认，它成为欧共体的正式法律渊源已经是既成事实。至于它在欧共体法律规范体系中处于何种等级，则又有不同的看法。一些学者认为，一般法律原则与欧盟机构立法措施同属于第二级法律渊源。另有研究者主张，欧洲法院判例确认的一般法律原则，至少其中的一些重要原则，如相称性原则、合法期待（权益）原则等，在等级上高于欧盟机构的立法。②

（五）欧洲法院的判例

虽然欧洲法院及初审法院的职务是解释和适用既定法律而不是造法，而且这两个司法机关自身并不受其先前裁决的约束，但是在实践中它们的判例法（特别是欧共体法院的判例）在欧盟法律秩序中构成一种重要的法律渊源。

---

① See Case 12/86 Demirel v. Stadt Schwäbisch Gmünd [1987] ECR 3719; Case 104/81 Hauptzollamt Mainz v. C. A. Kupferberg & Cie [1982] ECR 3641; Case 181/73 Haegeman v. Belgium [1974] ECR 449.

② See George A. Bermann, et al., (ed.), Cases and Materials on European Union Law, West Group, 2002, p. 32.

首先，欧洲法院的裁决不仅对成员国的当事法院（在初步裁决案中）具有约束力，而且对所有成员国法院构成应该遵循的判例。在这一方面，英国1972年的《欧洲共同体法案》（European Communities Act）最具有代表性。其中规定："任何涉及任何基本条约的含义和效力问题，或涉及任何共同体文件的有效性、含义或效力问题，应视为法律问题来对待；而且，如果（这种法律问题，笔者注）没有提交到欧洲法院，则应按照欧洲法院或其附属的任何法院所确立的原则和相关决定来进行裁决。"

其次，在欧共体法与成员国法的关系方面，欧洲法院在基本条约没有明文规定的情况下在其裁决中先后确立了直接效力原则和优先原则。

再次，在欧共体对外缔结国际协定的权能方面，欧洲法院确立了"平行发展权"原则。

此外，在确立和发展欧共体一般法律原则方面，欧洲法院从成员国法、欧盟基本条约和有关国际条约中吸收了诸如相称性、合法期待（权益）等原则。

最后，基本人权的保护，在《马约》之前，在欧共体法律秩序中主要是通过欧洲法院的裁决来予以确认和保障。

可见，尽管欧洲法院的判例在基本条约中没有得到明确的定位，但是欧盟半个多世纪的实践已经充分证明，欧洲法院的判例构成欧共体法最重要的辅助性渊源，而且，正是欧洲法院的判例在推动欧盟一体化及其法治进程中扮演着关键性的角色。

第七节　《欧洲宪法条约》与法律渊源的变革

《欧洲宪法条约》给欧盟法律渊源带来的变革主要体现在欧盟机构的立法方面。这种变革给欧盟机构制定的文件产生两种主要结果：一是对欧盟机构的文件进行了更清晰的分类；二是对欧盟机构的文件进行了统一的冠名。

根据《欧洲宪法条约》第一部分第五篇第一章的规定，欧盟机构的文件划分为两个基本类型，即具有约束力的文件（binding

acts）和不具有约束力的文件（non-binding acts）。其中具有约束力的文件中又划分为立法性文件（legislative acts）、非立法性文件（non-legislative acts）、授权性欧洲条例（delegated European regulations）和实施性文件（implementing acts）四种具体类型。

一、具有约束力的文件

（一）立法性文件

欧洲法律（European laws）和欧洲框架法律（European framework laws）被宪法条约第 I-33 条和第 I-34 条确定为欧盟机构的立法性文件，必须经过宪法条约有关规定的立法程序予以制定（参见本书第八章）。

根据《欧洲宪法条约》第 I-33 条的规定，欧洲法律是一种具有一般适用性的立法文件，具有整体的约束力，并在所有成员国直接适用。可见，宪法条约中的欧洲法律等同于现行的由理事会或理事会与欧洲议会共同制定的条例。宪法条约不仅是将现行的此等条例的名称替换为欧洲法律，而且直截了当地确立其为欧盟的立法性文件。

依照该条的规定，欧洲框架法律是欧盟的另一种立法性文件。其约束力及于所针对的成员国并限于其期望获得的结果方面，至于实现这种结果的形式和手段，则完全由国内当局自由选择。可见，宪法条约中的欧洲框架法律相当于现行的由理事会或理事会与欧洲议会联合制定的指令。

（二）非立法性文件

依照《欧洲宪法条约》第 I-33 条，欧洲条例（European regulation）是一种为实施立法性文件和《欧洲宪法条约》特定规定（如在共同外交与安全政策领域）而具有一般适用性的非立法性文件。这种非立法性的欧洲条例，既可以具有整体的约束力并在所有成员国可以直接适用，也可以仅在达到的结果上对作为其发布对象的每一成员国具有约束力；在后者的情况下，国内当局完全可以自由地选择实现这种结果的形式和手段。由此可见，宪法条约中的欧洲条例类似于现行的由理事会或委员会为实施理事会或理事会和欧洲议会联合制定的条例或指令而进一步制定的实施性条例或指令。宪法条约将现行的立法性条例或指令与实施性条例或指令分别冠以不同的文件名称，使得欧盟机构制定的规范性文件性质和彼此间的关系更加清晰。

欧洲决定（European decision）是该条规定的另一种非立法性文件。它同样具有整体的约束力。但是，如果一项欧洲决定的对象是特定的，其约束力只限于这种特定的对象。毫无疑问，这里的欧洲决定等于现行由理事会或委员会通过的决定。

（三）授权性欧洲条例

根据《欧洲宪法条约》第I-36条的规定，“欧洲法律和欧洲框架法律可以授予欧盟委员会制定授权性欧洲条例（delegated European regulations）的权利，以补充或修正该法律和框架法律的某些非根本性内容”。该条还进一步规定，这种授权的目标、内容和期限应在欧洲法律和框架法律中明确地予以界定。而且，无论如何，这种授权不得涉及某个领域的根本性要素，此等根本性要素必须保留给欧洲法律或框架法律来予以规范。最后，该条还明确规定了另外两个条件：一是欧洲议会或理事会可以决定撤销这种授权；二是委员会制定的授权性条例只有当欧洲议会或理事会在欧洲法律或框架法律设置的期限内没有表示反对的情况下才能生效。

可见，宪法条约中的这种授权性欧洲条例是赋予委员会专属的一种文件形式。这种文件形式具有补充或辅助立法的性质，尽管委员会的这种独立的补充性立法权具有明确的前提和严格的条件限制。

（四）实施性文件

根据宪法条约第37条的规定，实施性文件是为贯彻欧盟机构制定的具有法律约束力之文件的措施。实施性文件分别在成员国和欧盟两个层面上予以制定。

就成员国层面而言，该条款要求它们应采取一切必要的国内法律措施来实施具有法律约束力的欧盟文件。可见，宪法条约明确地将成员国的立法措施作为欧盟实施性文件的组成部分。宪法条约没有具体规定成员国的实施措施形式或名称，其理由是显而易见的：

因为这属于各国国内法特别是宪法规定的事项。

从欧盟层面来看，实施性文件主要由委员会来负责制定。但是，在特定的领域（例如，在共同外交与安全政策领域），则应由理事会来通过。委员会或理事会的实施性文件应采取欧洲实施性条例（European implementing regulations）或欧洲实施性决定（European implementing decisions）的形式。

二、不具有约束力的文件

根据宪法条约第 I-33 条的规定，欧盟机构根据实际情况，应采取建议（recommendations）和意见（opinions）的方式来行使其权能。该条款还明确规定，这些建议和意见不具有约束力。但是，在特定情况下，理事会和欧洲中央银行应将建议作为非立法性文件的形式予以制定（第 I-35 条）。因此，这里的建议与意见与现行欧盟机构通过的建议或意见是基本一致的。

第六章
欧洲联盟法与成员国法的关系

第一节　概　述

本章将要阐述的内容实际上是“欧共体法”而不是“欧盟法”与成员国法的关系。之所以章节的标题采用“欧盟法”，主要是顾及到本书整体结构的一致性。实际上，自欧盟成立以来，每当学者们在谈论欧盟法时，基本上涉及的还是欧共体法，因为欧盟法的绝大部分内容是欧共体法，欧盟法的主要特征是以欧共体法为代表而得以体现出来的。

如前所述，欧盟由欧共体、共同外交与安全政策和司法与内务合作三大支柱构成。其中，第一支柱具有诸多的“超国家”因素，第二和第三支柱属于政府间水平。成员国法律与欧盟第二和第三支柱领域法律的关系所适用的原则，与各成员国处理国内法与一般国际法的关系所适用的原则基本上一样，无需赘述。而作为具有“超国家”因素的欧共体法，是欧盟法律秩序中形成最早、发展最快、体系最完善、一体化程度最高、判例法最丰富、个性特征最突出的法律体系。系统研究欧盟的第一支柱法与成员国法的关系，其理论和实践的重要性无论作何种高度的估计都不过分。

如同一般国际法与国内法一样，欧共体法与成员国法的关系主要涉及两方面的问题。首先，欧共体法在各成员国的法律秩序中是否具有直接的效力和直接的适用性？其次，当欧共体法与成员国法发生抵触时，何者优先？

遗憾的是，欧共体的基本条约对于这两大关系问题并未作出一般性的规定，而只是就欧盟机构制定的这种第二级法律渊源（即条例）的直接适用性做出了明确规定。幸好欧共体基本条约赋予欧洲法院对欧共体法享有统一的解释权。正是这一司法机关充分发挥其权威的欧共体法解释权，从而在实践中确立了欧共体法的直接效力和优先于成员国法的两大基本原则。这两项判例法原则实质上是欧共体法的基本特征，自20世纪60年代以来一直指导着欧共体法与成员国法关系的实践。以下将结合欧洲法院的判例，分别阐述直接效力原则和优先原则。

第二节 欧洲联盟法的直接效力原则

一、直接适用与直接效力：两个概念的联系与区别

“直接适用”（direct applicability）和“直接效力”（direct effect）这两个概念在法律文书中（立法文件、判例、著述等）很容易混淆，甚至经常交替使用。这两个概念的混乱在欧共体法中同样十分突出。姑且不论欧共体法的著述，仅就欧洲法院的司法判决书而言，该法院经常不加区别地交替使用“直接效力”和“直接适用”两种措辞。

然而，必须明确的是，“直接适用”是欧共体基本条约中所采用的一个术语，而“直接效力”则是欧洲法院在其判例中惯用的表达方式。在欧共体法中，“直接适用”概念被用来说明其条例这一立法形式在各成员国运作的途径。因此，《欧共体条约》第249条（原第189条）明文规定条例应在“所有成员国内直接适用”。

这就意味着：欧共体以条例形式的立法在各成员国自动适用，不需要经过国内立法机关的批准、核准、确认、接受、转化等程序。换言之，条例一经欧共体立法机关通过，自动成为各成员国法的组成部分，直接约束成员国的各级国家机关或政府机构和司法机关。

既然《欧共体条约》只是在条例的情况下使用“直接适用”术语，那么《欧共体条约》的条文本身和欧共体法的其他渊源（如指令、决定）是否也可以在成员国直接适用呢？要回答这一问题，一个重要的前提是必须区别基本条约使用的“直接适用”概念和欧洲法院判例中使用的“直接效力”概念。

“直接效力”的含义是：某些欧共体基本条约的条文和欧共体的立法，就赋予个人以权利和在某些情况下给个人创设义务而言，可以在成员国产生直接的效力，即直接由国内当事法院适用或可以由当事人在法院直接援用。从严格的意义上讲，“直接适用”和“直接效力”分别涉及欧共体法与成员国法关系中两个不同的方面，尽管这两个方面密切相关。“直接适用”针对的是一项欧共体法，如条例，在各成员国运作（产生效力）的方式，而“直接效力”则说明一项欧共体法在成员国正式生效后的效力（尤其是针对个人的权利和义务而言）。

根据以上的区分，英国的托斯（A. G. Toth）教授认为，“直接适用”术语应该只适用于欧共体的条例。至于欧共体的基本条约，使用这一概念并不合适。欧共体的基本条约，作为一种国际法的文件，在其正式生效之前需要各成员国批准，而在未批准之前，它既不能直接适用，也不能间接适用；在批准和生效之后，它就构成成员国法律体系的组成部分，从而约束或适用于各成员国（依照一般国际法）和相应的国内机关（依照其本国法）。而且，只有在欧共体基本条约被批准和生效后，欧洲法院才能够确认其某些条文在成员国与其法律主体（主要是个人）之间的法律关系中是否产生直接的效力。至于欧共体的指令（包括以成员国为对象的决定），它们根本不可能“直接适用”，因为它们在任何情况下都需要经过成员国进一步的实施或转化措施以成为成员国法的组成部分。如果它们得到适当的实施，它们只有通过此等国内措施才可能与个人发生法律关系；如果它们未得到正确的实施或未在规定的期限内实施，它们则有可能对个人在权利方面产生“直接效力”。不过，在后者的情况下，“直接效力”的法律基础不是有关指令或决定的“直接适用”，而是有关成员国没有履行《欧共体条约》确定的义务。①

在欧共体法中，“直接适用”和“直接效力”二者的联系与区别可概括为如下几个方面：

第一，《欧共体条约》的某些条文可具有直接效力，而不引起它们是否可以直接适用的问题；

第二，《欧共体条约》有关条例的定义本身表明：条例总是具有直接适用性质，从而其结果必然是产生直接效力；

第三，欧共体的指令和以成员国为对象的决定的定义本身表明：它们在任何时候都不能直接适用，尽管它们有可能产生直接效力，但是此等直接效力的法律基础与条例的直接效力截然不同；

第四，一项基本条约的规定、条例、指令或决定等是否产生直接效力的问题，总是属于欧洲法院司法解释的事项，并在具体案件中取决于有关规定的性质、总体结构和措辞。②

二、欧盟基本条约条款的直接效力

如前所述，直接效力是欧洲法院为确定欧共体法在成员国法律秩序中的法律地位而开发的一个新概念。这一新概念意味着：基本条约、机构立法以及欧共体缔结的国际协定的某些条文，可能在成员国产生不需要任何转化措施的法律效力，从而个人可以直接在成员国法院援引这些条文来维护其权利；抑或成员国当事法院可以直接援引这些条文来维护有关个人的权利。如果这些条文的直接效力是在个人与成员国之间的法律关系中产生，学理上称为“纵向直接效力”（vertical direct effect）；如果是在个人相互之间的法律关

---

① A. G. Toth, The Oxford Encyclopedia of European Community Law, vol. I, 1990, pp. 162-163.

② Ibid., pp. 162-163.

系中产生，则称为“横向直接效力”（horizontal direct effect）。

（一）基本条约条款的纵向直接效力

《欧共体条约》的条文是否对个人的权利产生可执行的直接效力问题，首次出现于1962年著名的“范根与路斯案”①。范根与路斯是荷兰的一家公司。它从德国进口一种化学产品，由于商品目录重新分类的结果，该产品在入关时所征收的进口税率高于该产品在《欧洲经济共同体条约》生效之前的税率。该公司在荷兰一法庭指控这种关税的增高违反了《经济共同体条约》原第12条（现第25条）的“冻结条款”。② 荷兰的当事法庭根据《经济共同体条约》原第177条（现第234条）的程序请求欧洲法院初步裁决两个问题，其中之一是“《经济共同体条约》第12条是否在国内法中具有直接的适用性，从而成员国的国民可以依此条文为基础来主张国内法院必须予以保护的权利”。当时，有三个成员国政府和理事会介入这一案件，三国政府和理事会均认为：第12条只对各成员国产生国际义务，不对个人产生直接的效力，尽管欧共体委员会主张该条文具有内部效力。

欧洲法院在确立了其对该案的管辖权之后，认为上述问题的答复应从欧共体条约有关条文的“精神、总体结构和措辞”来分析。法院指出，既然欧共体的宗旨是建立一个与私人公民有直接关系的共同市场，该条约就不只是缔约国之间的一整套相互义务。与一般的国际条约不同，《欧共体条约》所建立的是一个构成“国际法中一种新型法律秩序”的共同体。为此，成员国已限制其主权权利，尽管是在有限的领域。在这个新的法律秩序中其主体不仅是成员国，而且还包括其国民。因此，欧共体法不仅对个人创立义务，而且还赋予个人权利。这些权利不局限于基本条约明文规定的地方，还由于基本条约以明确的方式对个人以及成员国和欧共体机构所规定的义务。然后，欧洲法院将第12条置于“关税同盟”条款的上

① Case 26/62 Van Gend en Loos [1963] ECR 1.

② 根据《欧共体条约》原第12条的规定，自该条约生效之日起，禁止各成员国实施新的关税或具有同等效果的收费，并禁止增加现行的关税税率。

下文中进行结构分析，并得出结论：第12条“所含的是一种明确和无条件的禁止。它不是一种积极的义务，而是一种消极的义务。正是这一禁止的性质使它在成员国和其主体之间的法律关系中产生直接效力”。

“范根与路斯案”似乎表明：欧洲法院只是认为《欧共体条约》中有关禁止性或不作为式的条款才产生直接效力。然而，后来的判例却不以为然。《欧共体条约》有关“积极义务”或“作为式义务”的条款也可以产生直接效力，如关于取消既有的国内限制或歧视的规定或关于限令废弃或修改与欧共体法相抵触之国内法的规定。不过，这种直接效力往往有一个前提条件，即：有关条款明文规定积极义务必须履行的期限，如过渡时期或某年、某月、某日。一旦期限结束，个人可以在成员国法院依照《欧共体条约》的某项条款指控成员国政府违反《欧共体条约》义务的行为。

关于《欧共体条约》条文的直接效力问题，欧洲法院已形成了大量的判例。我们从这些判例中可以得出两方面的基本认识。一方面，并非《欧共体条约》的所有条款均具有直接的效力。欧洲法院在认定特定条款是否具有此等效力的过程中已形成了一些重要的标准，如（1）条款必须明确无误；（2）条款必须是无条件的，即不给成员国或欧共体机构留存酌处的余地；（3）如有期限规定，直接效力必须是在期限结束之后，等等。另一方面，经欧洲法院判例确立，有一大批《欧共体条约》的条款具有直接效力。这些条款多为涉及货物与人员流动自由、竞争法、禁止性别与国籍歧视等领域的基本规则。

（二）基本条约条款的横向直接效力

“范根与路斯案”中的直接效力原则针对的是成员国政府机关（荷兰海关）与个人之间的关系，即纵向的直接效力。那么，《欧共体条约》的条文能否产生横向的直接效力呢？回答是肯定的。即使《欧共体条约》条文的义务是以国家为对象的，一个人仍然可以在国内法院直接援引此等条款指控另一个人，这在“蒂芙里妮案”① 中得到证实。

蒂芙里妮是一家比利时航空公司雇佣的一名空姐。她根据《欧共体条约》原第119条（现第141条）② 在本国法院起诉这家航空公司。其主要指控是：该航空公司男性工作人员的工资比女性工作人员高，尽管都是执行同样的任务；航空公司的这种工资制度违反了《欧共体条约》第119条男女同工同酬原则。当事法院请求欧洲法院初步裁决的问题是：第119条是否具有直接效力以及在何种情况下具有直接效力。该航空公司曾经辩称：当时欧洲法院确认《欧共体条约》中有直接效力的条款涉及的是国家与其法律主体之间的关系，而第119条主要是针对个人之间的关系，所以第119条不产生直接效力。欧洲法院否定了航空公司的观点，得出如下结论：“禁止男女之间的歧视不仅适用于政府机构的行为，而且延伸到旨在集体地规定劳动报酬的所有协议以及个人之间的合同。”

除了男女同工同酬的规定之外，欧洲法院还将横向的直接效力原则适用到《欧共体条约》的其它一些条款，如在雇佣工人和提供服务方面禁止国籍歧视；在进口货物方面禁止数量限制和具有同等效果的措施；竞争规则，等等。

三、欧盟机构制定之措施的直接效力

在欧共体法中，不仅《欧共体条约》的条文可能在成员国具有直接效力，而且欧盟机构制定的第二级法律渊源或其特定的条款也可以产生同等的效力。

（一）条例的直接效力

在欧盟机构制定的措施中，条例的直接效力不构成争议。与上述《欧共体条约》的条款一样，条例的直接效力既可以体现在纵向的法律关系上，也可以适用于横向的法律关系之中。那么，条例

---

① Case 43/75 Defrenne v. Sabena (No. 2) [1976] ECR 455.

② 该条规定，每一成员国应在过渡时期的第一阶段期间保证并在随后维持男女同工同酬的原则。

的直接效力的根据何在呢？正如欧洲法院在一系列案件中所指出的，条例的直接效力的依据是其自身的性质。《欧共体条约》第249条（原第189条）明确规定，条例“具有一般的适用性……整体的约束力和直接的适用性”。换言之，条例一经颁布，就可以立即产生法律效力，无需成员国进一步的转化措施。可见，条例的直接效力根源于其自身的直接适用性质。

（二）指令的直接效力问题

1. 纵向的直接效力问题

在欧盟机构制定的三种具有约束力的措施中，指令的直接效力最富有争议。究其原因，《欧共体条约》第249条（原第189条）没有将指令确定为“直接适用”的法律渊源。指令是向成员国发布的，作为指令发布对象的成员国在实施指令的过程中享有一定的酌处权。可见，从当初欧共体缔造者的意图来看，指令与条例不同，不产生直接效力。然而，经过较长时期的争论之后，欧洲法院在有关案件中确认：指令在一定的情况下也可以产生直接效力。该法院强调，第189条只规定条例具有直接适用性这一事实并不意味着其他具有约束力的法律不具有此等效力。法院重申：“如果原则上排斥有关人员可以援引指令创设的义务的可能性，这就与第189条赋予指令以约束力不相称。尤其是当欧共体机构已通过指令对成员国规定从事特定行为的义务时，如果个人在其国内法院被阻止援引指令以及如果国内法院被阻止将指令作为其裁决的要素予以考虑，这种法律的适用效力将被削弱……”① 在这一前提下，欧洲法院进一步确认：个人可以在国内法院援引指令的规定来维护其直接从指令中产生的权利，并使当事法院裁决有关国内机关在选择实施指令的方式与方法过程中是否超出了指令所限定的条件。一言以蔽之，指令原则上也可以在各成员国产生纵向的直接效力。

然而，必须明确的是，指令的直接效力视具体情况而定。欧洲法院认为，对于指令的直接效力问题，有必要考究其规定的性质、总体结构和措辞是否在成员国与个人之间的关系方面产生直接效

① Case 41/74 Van Duyn [1974] ECR 1337.

力。更重要的是，指令的直接效力依据与条例不同，即指令的直接效力不是其自身的直接适用性，而是有关成员国没有在指令规定的时限内正确地履行实施有关指令的义务。换言之，指令的直接效力只有在有关指令规定的实施时限结束之后才能产生。如果指令规定的时限没有结束，成员国仍有时间来履行其实施指令的义务，此时的指令不能产生直接效力。

2. 横向的直接效力问题

接下来的问题是，指令是否也同基本条约和条例一样，可以在个人与个人之间的法律关系中产生直接效力（横向的直接效力），尤其是指令能否也对个人产生义务？长期以来，研究欧共体法的学者们在这一焦点问题上争论不休，已形成了平分秋色的两派主张。反对指令具有横向直接效力者认为，指令不像条例那样被要求公布（原第191条，现第254条），尤其是指令中的义务只针对成员国，不针对个人。赞成指令具有横向直接效力者则辩解，虽然指令未被要求公布，但是事实上一直是公布的；既然《欧共体条约》的条文（同样是以成员国为对象，其义务同样是针对成员国）可以被认定具有横向直接效力，如果排斥指令的同等效力，这不仅不正常，而且会损抑欧共体法的适用效果。①

对于这一棘手的问题，欧洲法院曾经尽可能回避。它直到1984年才在一宗有关男女平等待遇的案件②中表明其司法立场。在该案中，马歇尔（Mashall）女士指控英国一地方卫生机构关于男女职工不同的退休年龄的硬性规定（男为65岁，女为60岁）是歧视性的，从而违反了欧共体关于平等待遇的第76/207号指令。英国的上诉法院请求欧洲法院初步裁决如下两个问题：

（1）男女不同退休年龄之做法是否违反了第76/207号指令？

（2）如果违反了，马歇尔女士能否在本案的情况下援引第76/207号指令？

---

① Josephine Steiner, Textbook on EEC Law, 1992, p. 32.

② Case 152/84 Marshall v. Southampton & South West Hampshire Area Health Authority [1986] ECR 723.

该案一个重要的情形是，被指控的地区卫生机构虽然是一个“公共”机构，但是其运作又是以私人雇主身份进行的。在审理中，欧洲法院赞同该案总顾问的结论：（1）不同退休年龄的强制性做法违反了第76/207号指令；（2）个人可以援引该指令指控诸如卫生机构等公共机构。法院还进一步强调：“如果一个被卷入法律程序的个人不能够根据一项指令来指控有关国家，他可以如此（意指可以指控此类公共机构，笔者注），而不论后者是雇主的身份还是公共机构的身份。”另一方面，法院明确提出，既然根据《欧共体条约》原第189条一项指令只对其发布的“每一成员国”有约束力，那么指令本身不可以对个人设立义务，指令的条款也就不可以被援引来指控此等个人。至此，指令的横向直接效力问题终于得到明确的司法意见。该案的裁决表明：欧洲法院实际上是通过否定指令的横向直接效力来加强指令的纵向直接效力。

（三）决定的直接效力问题

根据《欧共体条约》第249条（原第189条），决定既可以向成员国作出，也可以向个人作出。由于以个人为对象的决定直接涉及有关个人的权利义务，其直接效力也就不言而喻。然而，以成员国（一个、几个或全体）为对象的决定之直接效力则是值得探讨的问题。虽然决定在某些方面不同于指令，但是向成员国发布的决定如同指令一样，通常需要成员国的实施措施转化才能对个人适用。在很长时期内，以成员国为对象的决定，在没有相应的国内实施措施的情况下，能否产生直接效力的问题一直不明朗。欧洲法院从20世纪70年代开始才在一系列相关案件中解决这一问题。概括地讲，以成员国为对象的决定之直接效力与上述指令的情形是一致的，即：一方面此等决定在一定的条件下可以产生纵向的直接效力，另一方面此等决定不可以产生横向的直接效力。

（四）国际协定的直接效力

在欧共体的法律体系中，有三种类型的国际协定不仅可以在欧洲法院援引，并有可能被判定在成员国具有直接效力。第一种协定是欧共体在其专属权能范围内缔结的协定（纯欧共体型协定）；第二种协定是欧共体与其成员国一起在其共享权能领域缔结的协定

（混合协定）;① 第三种协定是在欧共体成立之前业已存在的、经欧洲法院认定由欧共体继承的原来经成员国缔结的国际协定，如1947年《关贸总协定》。

无论是哪一种类型的国际协定，《欧共体条约》并未明确规定其直接效力，而是由欧洲法院的裁决来确定。例如，欧洲法院曾经涉及一宗有关《雅温德公约》条文的直接效力争端案。该公约有关条文规定（与《欧共体条约》原第12条的规定类似），欧共体各成员国从该公约的联系缔约国进口的货物，享受逐步取消关税和具有同等效果的收费的待遇。如前所述，欧洲法院已在其它有关案件中裁定欧共体条约第12条具有直接效力。欧洲法院在审理此案时发现，该公约的背景是作为欧共体与前殖民地缔结的特别联系协定的继承条约。法院还注意到，公约关于禁止对这些联系缔约国的产品收取相当于进口税效果的费用是不附带任何明示或默示保留的。尽管公约规定联系缔约国一方可以在这一方面享有单方面的协商请求权，这种双方义务的不平衡是欧共体联系协定的一个共同点，从而并不妨碍该公约的上述规定在成员国与个人之间的关系中产生直接效力。②

国际协定的国内效力通常是一国自由决定的事项，也是国家主权较为敏感的问题之一。因此，欧洲法院关于国际协定直接效力的裁决有时难免受政治气候的影响。20世纪80年代初，它曾被请求裁决欧共体与葡萄牙缔结的自由贸易协定第14（2）条的直接效力问题。该条款涉及禁止和取消对进口施行具有与数量限制相同效果的措施。案件是由英国进口葡萄牙制造的唱片而引起的。问题的关键是：唱片的版权所有者——英国的波利多尔（Polydor）能否运用其版权来阻止葡萄牙制造的唱片的进口？英国上诉法院就该案两个主要问题请求欧洲法院初步裁决：（1）执行英国版权来阻止唱片进口是否构成欧共体与葡萄牙之间自由贸易协定第14（2）条中

---

① 参见曾令良：《欧洲共同体与现代国际法》，武汉大学出版社1992年版，第152～160页。

② Case 87/75 Bresciani [1976] ECR 139-241.

的具有与数量限制相等效果的措施？（2）如果上述问题的答复是肯定的，该协定第14（2）条是否具有直接效力？

欧洲法院对于第一个问题作出了否定答复，并以第一个问题的否定答复为由认为它不适合对第二个问题作出答复。① 然而，真正的内幕是：除了诉讼当事方外，当时的欧共体委员会和成员国政府都介入了这一案件，分别在书面和口头陈述中表示反对国际协定在国内的直接效力。尤其引人注目的是，一向以"欧共体法卫士"著称的委员会这次也变得谨小慎微。它认为直接效力概念不能适用于欧共体的对外关系，其理由是：（1）国际协定与欧共体基本条约和机构立法具有不同的性质和目的；（2）诸如自由贸易协定这样的条约，其中的相互利益的平衡需要维持。②

事有凑巧！不久，欧洲法院又涉及一起关于欧共体与葡萄牙之间自由贸易协定条文的直接效力争端案。这次是关于该协定第21（1）条禁止对任何一缔约方的进口产品实行歧视性的国内税收的规定。这一规定与《欧共体条约》第90条（原第95条）的规定类似。在审理这一案件过程中，欧洲法院又遇到一些成员国政府的压力。它们在提交的陈述中反对将欧共体范围内的直接效力标准适用于欧共体缔结的国际协定。有趣的是，欧洲法院这次似乎没有受政治因素的影响，其结论是：欧共体与葡萄牙之间的这一协定的性质和总体结构原则上不排除直接效力的可能性。然后，法院裁定，该协定第21条的义务是无条件的（unconditional）和精确的（precise），从而具有直接效力。③

上述两案涉及的是同一国际协定，有关条文均与欧共体基本条约相应条文（已被确认为有直接效力）的措辞类似，而欧洲法院的裁决却不一致。根据英国的哈特利（Hartly）教授的分析，欧洲法院的这种不一致是两方面因素之间的冲突：一方面欧洲法院在主观上想为执行国际协定提供一种有效的途径，另一方面它在客观上

---

① Case 270/80 Polydor [1982] ECR 329.

② Jean-Victor Louis, The Community Legal order, second edition, 1990, p. 128.

③ Case 104/81 Kupferberg [1982] ECR 3641.

又缺乏如此作为所依赖的坚实的法律基础。①

尽管如此，经过多年的判例积累，"欧洲法院在1987年的一项裁决中概括了其判断国际协定的直接效力所遵循的原则和标准，即：欧共体与非成员国缔结协定之条款必须被视为具有直接的适用性，如果在考察协定本身的措辞、目标和性质的同时，有关条款含有清晰和精确的义务，而且该义务在其实施和效果方面不需要通过任何后续措施"。②

综观欧洲法院后来在这一方面的判例，它基本上是依照上述原则和标准行事的。由于欧共体与特定国家缔结的联系协定的许多条款与《欧共体条约》的有关规定类似甚至于雷同，这些国际协定的一些条款往往被认定为具有直接效力。其实，欧洲法院通常把联系协定视为一种准成员国协定。相比之下，其他类型的国际协定的条款是很难取得直接效力的地位。例如，欧洲法院曾在1972年涉及《关贸总协定》的联合案件中否定了该总协定条文的直接效力。③

第三节　欧洲联盟法的优先原则

一、欧盟法优先的必要性和重要性

《欧共体条约》涉及范围广泛，欧洲法院又在如此广泛的范围内延伸适用直接效力原则，而这些欧共体法调整的领域通常又是各成员国国内法管辖的范畴，这就不可避免地在欧共体法与成员国法之间产生抵触。在这种情况下，哪一种法优先，如何解决这一冲突，既关系到欧共体法的前途，又牵连到各成员国法的效力，甚至于宪法问题。然而，也许是"优先"问题的过于重要和敏感，《欧

---

① T. C. Hartley, International Agreements and the Community Legal System: Some Recent Developments, 8 European Law Review, 1983, p. 383.

② Case 12/86 Demirel [1987] ECR 3752.

③ Joint Cases 21-24/72 [1972] ECR 1219.

共体条约》对此并未作出明确规定。

那么，欧共体法与成员国法的抵触，是否可以比照一般国际法与国内法之间冲突的解决办法来处理呢？必须指出的是，对于国际法和国内法何者优先的问题，国际法并无统一的规定，通常由各国作为国内法事项予以处理。在实践中，虽然各国的做法并不一致，但是大多通过宪法或有关的部门法来确定。尽管如此，各国法律对于"优先"问题的处理又不尽相同，有的采用一元论，有的采用二元论。在采用一元论的国家中，国际法（主要指条约）从其批准时起就自动被接受为国内法，无需进一步的转换措施。在采用二元论的国家中，国际法只有通过国内立法的转换才能作为国内法的组成部分而具有国内法效力。

在欧共体中，有的成员国是一元论制，如法国，而多数成员国是二元论制，如德国、意大利、英国等。即使是同一类型的成员国，其具体做法也不相同。因此，在各成员国对于"优先"问题的处理存在差异的情况下，如果让各成员国法院适用本国法来解决欧共体法与成员国法的冲突问题，欧共体法在各成员国的统一效力和统一适用就会成为空话。其后果不仅会削弱欧共体法对整个欧盟一体化的保证作用，而且还会动摇成员国之间的凝聚力与联合的根基。因此，不可将各成员国关于一般国际法与国内法关系的传统做法照搬到欧共体法与成员国法的关系之中。

在没有基本条约的明文规定作依据的情况下，欧共体法的优先问题在实践中主要依靠欧洲法院和成员国法院（在欧洲法院的协助下）来处理。

二、欧盟法优先原则的确立

欧共体法优先于成员国法的原则首次确立于1964年的"柯斯塔案"。① 该案的原告为一个名叫柯斯塔（Costa）的自然人，被告为意大利一家国有电力公司。当电力公司向柯斯塔收取电费时（1925里纳，当时约合1.10英镑），后者拒付，并以该电力公司的

---

① Case 6/64 Costa (Flaminio) v. ENEL [1964] ECR 585.

建立违反了欧共体法为由向一米兰法院起诉。该电力公司是根据意大利一项关于电力供给国有化法令而设立的，这项国有化法令在时间上后于《欧共体条约》以及意大利有关转化《欧共体条约》为国内法的立法。米兰当事法院请求欧洲法院初步裁决的问题之一就是上述诸项法律何者优先的问题。当事法院同时请求意大利宪法法院就同一问题作出裁定。在审理过程中，意大利政府在其陈述中认为当事法院的请求完全不应接受，因为当事法院作为意大利的司法机关负有义务适用意大利的国有化法律，更何况该意大利法律在时间上后于有关欧共体的法律。意大利宪法法院的裁定亦持同样的观点。

欧洲法院在审理中首先强调欧共体法律秩序的显著特点。它列举了欧共体无限定的期限、对内对外的职权和成员国通过转让主权创立了“一种既约束其国民又约束其自身的法律体系”。然后，欧洲法院进一步考察《欧共体条约》的措辞与精神，认为不可能允许“各国以其单方面的和后续的措施优先于它们在对等的基础上所接受的法律制度”。法院还指出，欧共体法的优先地位可从《欧共体条约》第249条（原第189条）关于条例在所有成员国的约束力和直接适用的规定中得到证实。法院注意到，“这一不附带任何保留的条款（意指第189条，笔者注）将会毫无意义，如果一个国家可以单方面用一种立法措施之手段来取消其效力”。最后，欧洲法院得出如下结论：“综上考察表明，根源于《欧共体条约》的法——一种独立的法律渊源——因其特殊性和原始性，不可能被国内法律规定所推翻”。值得一提的是，欧洲法院是以《欧共体条约》为基础的，而不是根据成员国宪法来确立欧共体法的优先地位。因此，在欧共体法与国内法的关系方面，无需援引成员国有关调整国际法与国内法关系的宪法规定。

欧洲法院关于欧共体法优先的裁决通常直接指向成员国法院。因此，正如它在另一裁决中所指出的，在欧共体法优先的原则下，“每一个国内法院必须在其管辖范围内完全适用欧共体法和该法赋予个人的各项权利，并且必须将任何与该法相抵触的国内法规定置之不理，而不论此等规定是先于或是后于欧共体规则”。① 可见，欧共体法的优先地位是绝对的和无条件的。

欧洲法院的判例还表明，欧共体法的优先不仅适用于欧共体基本条约的规定，而且还包括欧共体的立法，更重要的是，还可以适用于欧共体与第三国缔结的国际协定。仅以后者为例，欧洲法院曾在一宗有关《欧洲公路运输协定》缔结权的案件②中指出，一旦欧共体为实施一项共同政策制定共同规则，各成员国不再有权利——无论是单个地还是集体地——对非成员国订立影响这些共同规则的契约性义务。而且，一旦欧共体为一项共同政策缔结条约，这就排除各成员国方面的并存权能之可能性。

总之，从欧洲法院的立场来看，一切形式的欧共体法优先于一切与之相冲突的国内法，而不论后者在时间上是先于或后于欧共体法。

三、成员国的反映

在 20 世纪 70 年代以前某些成员国的司法机关（如意大利宪法法院和德国宪法法院）曾不大愿意，甚至拒绝接受欧共体法的优先地位。随着时间的推移，尤其是在欧洲法院始终如一的立场的推动下，各成员国法院后来对于这一原则逐步地不再表示反对，如果它们认为有关的欧共体法具有直接效力的话。

在有些成员国（如荷兰和卢森堡）中，其宪法（如 1983 年荷兰宪法第 94 条）或判例早已规定了国际法优于国内法，所以欧共体法优先被看作是当然的事。

在另一些成员国，欧盟法的优先原则的接受经历了一个演变过程。例如，比利时一直是一个二元论制的国家，在该国中，国际条约与国内立法的地位相当，一旦发生抵触，国内法院采用后法优于前法的原则。1971 年，在欧洲法院裁决的影响下，最高（上诉）法院（Court of Cassation）终于改变了其传统的原则。这种改变是

① Case 106/77 Simmenthal Case [1978] ECR 629.

② Case 22/70 ERTA Case [1971] ECR 263.

因一起涉及欧共体法和国内立法的诉讼而引起的。《欧洲经济共同体条约》生效之后，比利时政府曾对牛奶制品的进口制订了新的特别关税，结果被欧洲法院裁定为违反了《欧洲经济共同体条约》第25条（原第12条）。随后，比利时国会于1968年一方面废止了上述政府的特别关税令，另一方面又通过了一项立法，后者实际上确认了原政府令的效力。一家比利时公司在一法院提出起诉，要求退还其支付的有关关税。当事法院驳回了原告的请求，但是上诉法院接受了原告的上诉，并裁定：比利时1968年的立法不能阻止该上诉法院在本案中适用欧共体法。比利时政府对于上诉法院的裁决表示不服，再次上诉到比利时最高（上诉）法院。在总顾问意见的影响下，最高（上诉）法院作出了支持一般国际法尤其是欧共体法优先于比利时立法的如下裁决："国内法的一项规定和在国内法律体系中具有直接效力之国际法规定之间存在冲突时，条约的规定必须优先。后者的优先是国际条约所造之法律的本质所在。""在本案中，当国内法的规定与欧共体法的规定之间存在冲突时，应尤其适用。创立欧共体法的各基本条约已建立了一种新的法律秩序，各成员国为此在基本条约所确立的领域限制行使其主权"。①

上述裁决的措辞与欧洲法院在"柯斯塔案"中的表述相似，这标志着比利时法院在处理欧共体法与国内法的关系问题上已转变其"后法优于前法"的传统立场。从此，比利时的各级司法机关在许多涉及两法冲突的裁决中均确认欧共体法的优先地位。

在德国，其宪法法院对于欧共体法的优先地位也经历了一个认识和适应的过程。该法院在1971年6月的一项裁决中，明确地将欧共体法定位为高于国内的普通立法。而且指出：由德国的普通法院在具体案件中决定可适用的法律；如果适用欧共体法，就给予该法以优先的地位。然而，对于欧共体法与德国宪法的关系问题，德国宪法法院的立场则有一个明显的转变过程。在20世纪70年代初期，它认为：如果欧共体法与德国宪法的基本人权条款之间存在冲

① See Jean-Victor Louis, The Community Legal order, second edition, 1990, p. 150.

突，德国宪法优先。其理由是：当时的欧共体仍缺乏一个经直接普选产生且享有立法权的民主性议会，而且欧共体没有基本人权法典。80年代初，德国宪法法院又指出，任何涉及欧共体法的合宪性指控只能以指控德国批准《欧共体条约》之立法的形式提出，从而尽量避免德国宪法与欧共体法的直接冲突问题。1986年，它进一步宣称：由于欧共体法自身对于基本人权的有效保护已有保证，欧洲法院依《欧共体条约》第234条（原第177条）作出的裁决不受审查。虽然德国宪法法院在这里并没有直言欧共体法优先，但是它已事实上接受了这一原则。

在意大利，其宪法法院的态度富有一定的戏剧性。如前所述，欧共体法与成员国法的优先问题首起于意大利。该国宪法法院在“柯斯塔案”中明确地坚持二元论，并且裁定该国批准《欧共体条约》的立法不得优于该国的其他普通法。1973年，它曾在一项判决中含蓄地承认欧共体条例优先于时间在后的国内法。但是，1975年，它又决定：意大利立法与欧共体条例之间的冲突产生有关立法的合宪性问题，应由初审法官向宪法法院请求裁决。直到1984年，该法院才遵循欧洲法院的有关裁决，并重新决定：今后初审法院无需请求宪法法院，可以自行决定不适用与具有直接适用性之欧共体法相抵触的国内立法。然而，对于涉及意大利法律制度的基本原则和基本人权的冲突，仍应由宪法法院来审查。

在法国，与行政法院相比，普通法院更乐于接受欧共体法的优先地位。就普通法院而言，其涉及欧共体法优先的典型案例是1975年最高（上诉）法院的一项裁决。一家法国可溶咖啡制造商从荷兰进口的咖啡蒸馏品的税收高于直接进口到法国的绿咖啡。这一歧视性征税违反了《欧共体条约》第90条（原第95条）。该制造商起诉征税机关，请求退还被错征的税额。初审法院和巴黎上诉法院均裁定原告胜诉，因为法国宪法第55条规定条约优于国内立法。最后，最高（上诉）法院驳回了被告的上诉，裁定：“1957年3月25日的条约（意指《欧洲经济共同体条约》，笔者注），依照上述宪法规定，具有高于法规的权威；它创立了一种特别的法律制度并与各成员国法律体系融为一体。由于其特殊性质，它创立的这种法律制度对成员国的国民具有直接的适用性并约束它们的法院。因此，上诉法院的裁决是正确的，并未超越其管辖权，即将《欧共体条约》第 95 条而不是《海关法典》第 265 条适用于本案，尽管后者在日期上居后。"① 虽然法国的上诉法院和最高（上诉）法院所依据的是本国的宪法规定，但是它们毕竟正式承认了欧共体法优先于时间在后的国内立法。

与此相反，法国的最高行政法院（Conseil d'Etat）则长期反对欧共体法优先于时间在后的国内立法。直到 1989 年 10 月，在法国宪法理事会的影响下，最高行政法院才在一项裁决中最终承认国际条约优先于国内立法，尽管后者的时间在后。不过，这一裁决并没有将《欧共体条约》视为特殊的条约，而是将它与一般国际条约相提并论。

在早期加入的成员国中，除英国外，其他成员国很少出现欧共体法与国内法冲突的案例。作为一个二元论制且无成文宪法的国家，英国法院对于欧共体法的态度主要依据《1972 年欧洲共同体法案》（European Community Act 1972）。但是，该法案只明文规定了欧共体法在英国的直接适用性，并未规定它在英国的优先地位。早期的英国判例对优先问题的态度不明朗。丹宁勋爵（Lord Denning）曾在上诉法院的两项判决中指出，《欧共体条约》"与任何法规具有同等效力，当我们加入欧共体之后，我们的议会颁布法令要求我们应受欧洲法院确定的那些原则的约束……第二项原则就是欧共体法优先"。然而，上述意见并未完全解决欧共体法在英国的优先问题。例如，在 1979 年的一宗案件中，上诉法院裁决《欧共体条约》第 141 条（原第 119 条）优先于英国的《同工同酬法》（Equal Pay Act）和《性别歧视法》（Sex Discrimination Act），其中前者是在英国加入欧共体之前制订的，后者是之后颁布的。然而，在同一判决中，丹宁勋爵发表了下述意见："如果我们的议会蓄意通过一项法案旨在否定《欧共体条约》或其中的任何条文或有意

---

① See Jean-Victor Louis, The Community Legal order, second edition, 1990, p. 153.

识地不与它一致并以明确的措词表示之，那么我们应该认为遵守我们议会的法律是我们法院的职责”。这一观点亦得到英国上议院的赞成。①

至于后来几次加入的成员国，虽然迄今没有多少实际的案例予以证实，但是可以推定：欧共体法在这些新成员国的优先地位应该不存在多大的问题。究其原因，从《马约》开始，遵行“共同体成果”一直是欧盟的一项基本原则，也是新成员国加入欧盟必须接受的一个重要前提原则。经欧洲法院判例始终如一地确立的欧共体法优先原则无疑是“共同体成果”的组成部分。所以，新成员国接受“共同体成果”必然意味着接受欧共体法优先原则。

四、《欧洲宪法条约》与优先原则

《欧洲宪法条约》第I-6条明确规定：“本宪法和本联盟机构在行使赋予它的权能过程中制定的法律应优先于成员国法律。”虽然这一规定十分简短，但是却具有深远的意义。如上所述，尽管欧盟法优先原则早在20世纪60年代初期就被欧洲法院所确立，但是其后的数十年间欧洲法院仍然会时断时续地审理有关欧盟法与成员国法相抵触事项的争端，而且各成员国在接受欧盟法优先原则方面大都经历了一个过程，有的成员国甚至进行了较长时期的抵制。如今，《欧洲宪法条约》在欧盟基本条约的历史上首次明确欧盟法的优先地位，从而使优先原则长期由判例法认定上升为由最高法律文件来确立。可以预见，即使今后有关欧盟法与成员国法相抵触的争端不会完全杜绝，至少这种可能性也会大大减少。同样重要的是，《宪法条约》所确立的“优先性”，不仅仅限于该宪法条约本身，而且还包括欧盟机构制定的各种法律。

---

① See Jean-Victor Louis, The Community Legal order, second edition, 1990, pp. 155-156.

第七章
欧洲联盟的治理结构及其改革

第一节　概说：欧盟治理结构的独特性

欧盟的治理结构（governing structure）或组织结构（institutional structure）从一开始就具有卓尔超群的特点。这首先表现在它的主要机关的设置上。虽然国际组织①的主要机关的多寡并没有一定之规，这完全取决于有关组织的成员国依据该组织的宗旨和职能的实际需要而定，但是，绝大多数的国际组织的主要机关由审议与决策机关、执行机关、行政管理机关构成，少数国际组织还设有司法机关。欧盟不仅拥有上述这些主要机关，还另设立欧洲议会作为其主要机关。而且，从《马约》开始，过去作为辅助机构的审计院也提升为欧盟的主要机关。

欧盟在治理结构上最重要的特色之一是其主要机关组成的混合

① 这里所指的国际组织仅限于政府间组织，不包括国际民间组织或非政府间组织。

性。在其他国际组织中，除了秘书处和司法机关外，最重要的审议、决策和执行机关均由成员国代表组成。在欧盟的五大机关中，唯有欧盟理事会的构成严格遵行国家代表原则，欧盟委员会、欧洲议会、欧洲法院和审计院等四个主要机关都由非国家或政府的代表构成，其中每一个非国家或政府代表组成的主要机关在成员的资格上又各有自己的特点。欧盟组织结构的混合性主要体现在：主要机关的组成既有国家或政府代表，又有欧盟公民的代表，还有政治、经济、法律界的精英代表以及其他社会力量的代表。①

欧盟的治理结构在当今国际体制中可谓自成一类。为此，有的学者认为，欧盟既不同于一般国际组织的治理结构，也不同于现代议会民主国家的组织构架。欧盟之所以不同于前者，是因为其机构行使着成员国转让的主权权力；它之所以不同于后者，是因为其立法和执行职能之间不可能清晰地进行权力划分。其立法权显然是理事会和欧洲议会分享，而委员会和其他一些辅助机构（如地方委员会、经济与社会委员会等）也参与其中。就其执行权能而言，虽然绝大部分是由委员会掌管，但是通常是在理事会的授权下进行的，后者又通过设立专门委员会的方式进行控制。而且，在共同外交与安全政策领域和警察与刑事司法合作领域，欧盟层面的执行权主要由理事会拥有。更重要的是，欧盟机构执行权的有效行使在很大程度上有赖于它们与成员国之间的积极合作。所以，不可以将欧盟的立法权和执行权简单化。换言之，在欧盟的治理结构中，不存

---

① 也许，混合代表原则并不是欧盟的独创。例如，在国际劳工组织的大会机关中，每一个成员国的代表团由四人组成，其中政府代表限定为两名，另两名分别由劳资双方各派代表一名。不过，这似乎是国家代表原则的一种辅助，因为劳资双方的代表在国际劳工组织中并未形成独立的代表机构，而且其人选由成员国政府与有关行业组织和工会协商产生。又如，也有个别国际组织设有议会机关（如欧洲委员会）。但是，其他国际组织的议会机关由成员国国内议会机关的代表组成，而欧洲议会机关的议员自 1979 年以来一直是通过直接普选产生。参见曾令良：《欧洲共同体与现代国际法》，武汉大学出版社 1992 年版，第 25 ~ 26 页。

在单一的立法机关和单一的执行机关。①

论及欧盟治理结构的特点，欧洲法院的地位和作用不可或缺。如前所述，尽管设立司法机关并不是欧盟所独创，但是欧洲法院的管辖权和它实际发挥的作用是其他任何国际司法机构所不能匹配的。在管辖权方面，欧洲法院集多种司法职能于一身。它既行使普通法院的管辖权，又行使类似于一些国家的宪法法院和行政法院的管辖权；它既是特定领域的初审法院和终审法院，又是另一些领域或事项的上诉法院；它不仅处理成员国之间的争端，而且还对成员国与欧盟机构之间、欧盟机构彼此之间、个人与成员国之间、个人与欧盟机构之间以及个人相互之间的诉讼行使管辖权。从实际发挥的作用来看，诚如本书其他有关章节所提及的，欧洲法院利用其权威的法律解释权为推进欧盟政治、经济、社会、法律等领域的一体化扮演着不可替代的角色。

欧盟的治理结构源于欧共体的组织框架，而后者是根据《欧共体条约》第7条（原第4条）的规定而建立的。《马约》通过并入《欧共体条约》的方式将欧共体的组织结构延伸适用到欧盟的第二和第三支柱领域。因此，当我们谈论现行的欧盟治理结构时，仍然很难将它与欧共体的治理结构区别开来。②《欧洲宪法条约》将现行的欧盟三个支柱合并在单一的基本条约之中，从而统一了欧盟在三个支柱领域中的治理结构。更重要的是，宪法条约为适应欧盟东扩带来的挑战，对现行欧盟治理结构进行了适当的改革。

第二节 欧洲联盟理事会

欧洲联盟理事会（Council of European Union），简称为“理事会”（Council），是欧盟的决策与立法机关之一。该机关既是欧盟主要的和最终的决策与立法机构，又是每一成员国在欧盟中代表本

① See Jo Shaw, Law of the European Union, second edition, Macmillan, 1996, p. 107.

② Ibid., p. 107.

国利益的集中场所。在《马约》生效之前，理事会的全称是“欧洲共同体理事会”（Council of European Communities），通称为“部长理事会”（Council of Ministers）。现在的名称是考虑该机构根据《欧盟条约》在共同外交与安全政策和警察与刑事司法合作领域新增添的职权后而命名的。

一、欧洲联盟理事会的组成

根据《欧共体条约》第203条（原第146条）的规定，理事会应由每一成员国的部长级代表组成，每一位代表被授权代表各自的成员国政府作出承诺。无论是从理事会的人数上看，还是从其人员来考察，理事会的构成都不是一成不变的，其成员依成员国的数目和所审议的主题的变化而不同。就其数量而言，理事会的组成与成员国的总数是一致的，目前由25人组成。就其具体的人员而论，则依照每次理事会的会议议程由各成员国相应政府部门的首长或其代表构成。如果理事会所审议的事项是对外事务或一般性事务，其组成通常是各成员国的外交部长，这种理事会被称为“一般事务理事会”（General Affairs Council）。如果所审议的事项是某一部门或专门领域（如经济、贸易、金融、财政、工业、农业、渔业、环境、卫生、教育、移民、能源、劳工、司法、交通等），则由各成员国相应的部长出席，这种理事会被称为“专门性事务理事会”（Specialized Affairs Council）。目前，共有如下九种不同的理事会结构：（1）一般事务与对外关系；（2）经济与金融事务；（3）司法与内务；（4）就业、社会政策、健康与消费者事务；（5）竞争；（6）交通、电讯与能源；（7）农业与渔业；（8）环境；（9）教育、青年与文化。

理事会的总部设在布鲁塞尔，其多数会议在这里举行。但是，每年的四月、六月和十月的会议则在卢森堡召开。理事会会议由担任理事会主席的成员国代表主持。理事会的主席实行轮值制，即按照理事会安排的次序，由每一成员国轮流担任，为期6个月。轮值主席在理事会会议上既要作为主持者，又要代表本国工作。主席国的主要作用是推进有关事项的审议并寻求一致。在实践中，轮值主席在任期内通常不使其国家利益过于暴露。主席在6个月的任期中负责确立此间理事会应优先考虑的事项，并确立其希望达到的特定目标。各成员国在担任轮值主席期间都充分地体现其智慧和能力，极力推动欧盟的一体化，以便给欧盟内外留下印象：它在任期内对欧盟事务作出了应有的贡献。

理事会的具体工作由常设代表委员会（Committee of Permanent Representatives, COREPER）和一系列工作组（Working Groups）协助开展。各成员国在布鲁塞尔均设立有常驻代表团，其成员由国内各方面的官员和公务员组成。常设代表委员会（包括工作组）的主要职能是就有关的提案和政策进行谈判并力求达成协议，从而避免在部长一级的理事会会议上再作细致的讨论。常设代表委员会分两个层次：第一常设代表委员会由副团长组成，其职责是讨论专门性（或技术性）的议案，如财政、交通、环境等事务；第二常设代表委员会由团长组成，其职责是讨论和审议更为重要或一般性的政治性事项，如欧共体与第三国的关系、欧共体的组织建设，等等。工作组通常由成员国相关政府机构的公务员、常驻代表官员和欧盟官员组成，具体负责讨论和谈判特定议案的细节并向常设代表委员会报告。由于各成员国的部长们在布鲁塞尔停留的时间较短，工作组和常设代表委员会实际上是议案的主要谈判者，并尽可能在理事会会议举行之前达成协议。在实践中，工作组通常解决有关议案的具体技术问题，并指出未能达成协议的问题或需要进行指导的领域。这些尚有争议的问题交常设代表委员会解决。至于常设代表委员会不能解决的问题，则由理事会来处置。

理事会还设有自己的总秘书处（General Secretariat），负责协调和协助理事会、常设代表委员会和各工作组的工作。

二、欧洲联盟理事会的决策程序

理事会主席，根据其自身的动议或应某一成员国或欧盟委员会的请求，主持召开理事会会议。会议的时间表通常提前作出安排，有关审议的事项也事先准备相应的文件和材料。理事会的议事日程一般分为“A项”和“B项”两类。“A项”议程通常是在常设代表委员会和工作组一级已达成协议的事项。这类事项只需理事会通过，很少进行辩论。“B 项”议程则是先前尚未达成协议的事项，需要理事会进行充分的辩论和审议。

理事会的各项决定，依照《欧共体条约》对不同事项的规定，或以全体一致通过的方式进行，或以加权的特定多数的方式为之。只有少数事项的决定可用简单多数的方式来作出，这些事项主要是涉及内部程序和呼吁召开政府间会议的议题。

理事会的加权表决很有特色。① 各成员国的加权票基本上是根据其人口多少、版图大小和其他国力等综合因素而确定的，同时也适当兼顾小国。现在 25 个成员国的加权票数分别是：德国、法国、意大利、英国各 29 票；西班牙、波兰各 27 票；荷兰 13 票；比利时、捷克共和国、希腊、匈牙利、葡萄牙各 12 票；奥地利、瑞典各 10 票；丹麦、爱尔兰、立陶宛、斯洛伐克、芬兰各 7 票；塞浦路斯、爱沙尼亚、拉脱维亚、卢森堡、斯洛文尼亚各 4 票；马耳他 3 票。现在 25 个成员国的总票数为 321，当有关事项需要以特定多数投票方式决定时，最低同意票数为 232，占总票数的 72.3%。通常情况下，72.3% 的同意票意味着绝大多数成员国的赞成，有时还意味着需要三分之二多数成员国的赞同。此外，任何成员国可以请求确认所投的赞成票数是否至少代表着欧盟 62% 的人口；如果没有达到，有关的决定将不被通过。

---

① 通常援引的加权表决是国际货币基金和世界银行的做法，即每一个成员国的表决权大小取决于它对该组织的出资份额和其货币的稳定性。联合国安理会的表决是另一种特点的加权，即所有的理事国都拥有相同的票数，但是在特定事项上，少数常任理事国的表决权分量或质量高于或重于其他非常任理事国。一些国际商品（初级产品）协定组织的加权表决做法是：将表决权在出口（生产）成员国集团和进口（消费）成员进行平均分配；在每一个集团内部，各成员国的表决权由两部分组成：一部分为各成员国享有相等的基本票，另一部分根据各成员国在特定年份有关产品的出口（生产）或出口（消费）所占的比例进行分配。See Jan Klabbers, An Introduction to International Law, Cambridge University Press, 2002, p. 232. 又见曾令良：《欧洲共同体与现代国际法》，武汉大学出版社 1992 年版，第 269 ~ 270 页。

值得注意的是，即使理事会的决定以简单多数或特定多数通过，某一成员国仍有可能援引所谓的《卢森堡妥协》（Luxembourg Compromise）① 作为阻止议案通过的最后手段。尽管《卢森堡妥协》的法律地位一直存在疑问，甚至有的学者认为它已不复存在，而且在实践中已很少被引用，但是其被援引的可能性在理论上并不能排除。

虽然理事会是最终的立法机关，但是它的各种会议并不公开化，也不必报道，尽管委员会的成员经常应邀参与提案的讨论。这

---

① 亦称《卢森堡协议》或《卢森堡一致》（Luxembourg Accords），是原来的六个创始成员国于 1966 年 1 月 28～29 日在卢森堡举行的特别理事会会议上所达成的一项政治协议，其目的是解决欧共体历史上最长且最严重的一次危机。这次危机发生于 1965 年 6 月 30 日的理事会会议上。当时，法国拒绝一系列相互关联的委员会提案，这些提案涉及共同农业政策的融资、欧共体独立财源的开辟和欧洲议会预算权的扩大等问题。与上述事件相伴而行的是：1965 年底，理事会应按原计划将自动适用多数表决程序来取代一系列领域所适用的全体一致同意规则。对此，法国表示反对，其主要理由是：当有关事项涉及一成员国的根本利益时，该国的立场不应被其他成员国的意见所推翻。由于法国与其他成员国未能在这一问题上达成协议，它在理事会实行缺席政策达 7 个月之久。

《卢森堡妥协》主要涉及两个问题：一是关于欧共体委员会与理事会之间的关系，二是关于理事会的多数表决程序。关于第二个方面，该文件的主要内容是：当理事会的决议可以经多数票通过时，如果涉及一个或几个成员国的非常重要的利益，理事会将在合理的时间内努力达成所有成员国都能接受的解决办法。但是，法国坚持，在涉及非常重要利益的情况下，理事会的讨论应持续到达成一致协议为止。理事会各成员国注意到，在不能达成完全一致的情况下应如何行事的问题上，存在不同意见。尽管如此，理事会各成员国认为，这一不同意见的事实并不阻止欧共体按通常的程序工作。

由于该文件不是按照欧共体的立法程序而形成的文件，有关改变表决规则的内容从未被欧共体委员会所接受（未经其动议），在理论上一般认为它只是一种政治妥协文件，不具有法律约束力。但是，这一“妥协”也从未正式被取消或宣布无效，尽管 1987 年《单一欧洲文件》和 1993 年《欧洲联盟条约》以及后来的基本条约实际上已修改了理事会原来的表决规则。此外，这一“妥协”从来没有在欧洲法院被援引或被指控。See A. G. Toth, The Oxford Encyclopedia of European Community Law , vol. 1, Institutional Law, Oxford University Press, 1990, pp. 364-367.

种不透明的程序更加增添了外界对欧共体立法的诡秘感。1993 年 12 月，理事会修改了它的程序，允许电视转播其为期 6 个月工作计划的辩论，但对其他辩论的电视转播则依个案处理。此外，理事会还与委员会一起就公众获取理事会文件问题通过了一项《行为准则》。尽管理事会的决策与立法的透明度有了改观，但迄今为止，其会议的表决记录仍是秘密的。

三、欧洲联盟理事会的职权

根据《欧共体条约》第 202 条（原第 145 条）的规定，为实现该条约中确立的各项宗旨，理事会应主要行使如下三个方面的职权：(1) 决策与立法权；(2) 协调权；(3) 授予权。

（一）决策与立法权

理事会是欧共体的各种决策的最终制定者。当然，理事会的最终决策权必须"依照本条约的规定来行使"，而且必须在该条约规定的权限范围内进行。① 这就意味着，理事会的决策权本质上是列举的权力（numerated powers）。虽然理事会是欧共体的立法者，但其立法权并不具有一般性，只能依《欧共体条约》的明文规定行事，这就是为何《欧共体条约》第 253 条（原第 190 条）规定欧共体的法规中"应陈述"其"基于的理由"（参见本书第八章）。

理事会的职权原则上是明示的，但这并不排除理事会在有些情况下享有隐含的决策权。根据《欧共体条约》第 308 条（原第 235 条）的规定，如果欧共体的行动被证明为实现欧共体宗旨之一所必需，尽管该条约没有规定必要的权力，理事会也有权作出相关的决策。当然，理事会在行使这种隐含权时必须符合一定的条件。首先，它的措施应为实现欧共体的宗旨所必需，这也说明了理事会这一权力的补充性质。其次，在程序上理事会只能在委员会提案的基础上在与欧洲议会协商后才能行使这种权力，这可以保证理事会的决策充分反映欧共体及其公民的利益。再次，理事会在行使隐含权时必须以全体一致同意的方式作出最后的决定，这可以保证欧共体

---

① 参见《欧共体条约》第 7 条（原第 4 条）。

的权力不至于无限地扩展，各成员国的权力就不会轻易地被侵蚀。最后，理事会依这种权力作出的各种决定要从属于欧洲法院的司法审查，从而保证隐含权行使的合法性。

理事会的职权除了受明示权的限制外，还有来自欧共体机构之间权力制衡的限制。在绝大多数情况下，尤其是在欧共体事务方面，理事会只能在委员会的提案基础上作出有约束力的决定。虽然在某些情况下委员会必须按照《欧共体条约》向理事会作出提案①，又在另一些情况下理事会可以请求委员会递交适当的提案②，但就理事会而言，没有提案，它就不能作出决定。不仅如此，理事会的决策权还要受提案内容的制约。尽管理事会有权以全体一致同意的方式来修改委员会的提案，但它仍要受提案基本内容的约束③，因为只有委员会同意修改其原来的提案才能变动原提案的基本内容④。

作为欧共体的立法机关，理事会的决策权无疑涉及欧共体活动的所有领域。但是，在有些情况下，理事会的此等权力还须与欧洲议会分享。例如，根据《欧共体条约》第 272 条（原第 203 条）的规定，欧共体的财政预算权在很大程度上受欧洲议会的制约。又如，根据《欧共体条约》第 251 条（原第 189b 条），凡属“共同决定”（co-decision）的事项，理事会的决策权均受制于欧洲议会。

（二）经济及社会政策的协调权

除了享有《欧共体条约》规定的各种事项的决策权外，理事会的另一重要职能是“保证各成员国一般经济政策的协调”。

如前所述，欧共体的任务除了建立共同市场外，还要建立经济与货币联盟以及实施《欧共体条约》所规定的一系列共同政策⑤。

---

① 如果委员会在《欧共体条约》如此要求的事项上未能做成提案，它很有可能在欧洲法院受到不作为的指控。参见《欧共体条约》第 232 条（原第 175 条）。

② 参见《欧共体条约》第 208 条（原第 152 条）。

③ 参见《欧共体条约》第 250（1）条（原第 189a（1）条）。

④ 参见《欧共体条约》第 250（2）条（原第 189a（2）条）。

⑤ 参见《欧共体条约》第 3 条和 4 条（原第 3 条和 3a 条）。

《欧盟条约》生效之后，欧共体的共同政策领域进一步扩大，已涉及交通、竞争、金融、货币、商业、社会福利、教育、职业培训、青年、文化、公共卫生、消费者保护、跨欧洲网络、工业、经济与社会联结、研究与技术发展、环境保护和发展合作等方面。这些领域政策的协调已构成以"四大自由"为核心的共同市场的必要补充。

必须指出的是，上述广泛的共同政策领域，除了商业政策和竞争政策外，尚不能由欧共体单独来制定和实施（特别是实施方面）。因此，就绝大多数共同政策而言，欧共体只能按照从属性原则行事，即在非专属管辖领域，欧共体只有在证明其行动在规模和效果上比各成员国的单独行动更好的情况下才能采取措施①。既然上述绝大多数的政策领域还依赖于各成员国的国内行动和它们彼此之间的合作行动，理事会协调成员国的此等国内、国际行动的职能就显得特别重要。

那么，理事会又是如何履行这一协调职责呢？就建立共同市场而言，《欧共体条约》规定得比较具体。在表现形式上，该条约规定了理事会必须运用条例、指令、决定或协定；在实施方面，该条约一般规定有时间表（如过渡期）②。然而，回答理事会是如何在共同政策领域行使协调权的问题并非易事，因为欧共体在这一方面的措辞不太清楚。虽然条例、指令、决定等没有被排除适用于这些政策领域，但是《欧共体条约》中更多地是采用诸如"一般指导原则"（broad guidelines）③、"多边监督"（multilateral surveillance）④、"建议"（recommendations）⑤、"一般方针"（general orientations）⑥、"决议"（resolutions）、"宣言"（declarations）、"工作方案"（work programmes）、"多年度框架计划"（multiannual frame-

---

① 参见《欧共体条约》第5条（原第3b条）。

② 参见《欧共体条约》原第14条和15条。鉴于过渡期的规定早已失去实际意义，《欧共体条约》涉及关税同盟过渡期的条款已被废止。

③ 参见《欧共体条约》第99（2）条（原第103（2）条）。

④ 参见《欧共体条约》第99（3）条（原第103（3）条）。

⑤ 参见《欧共体条约》第97（2）条（原第102（2）条）。

⑥ 参见《欧共体条约》第111（2）条（原第109（2）条）。

work programmes)①、“一般行动计划”(general action programmes)②，等等。可见，《欧共体条约》对于理事会涉及经济及社会政策的协调方式之规定比较灵活，不像涉及共同市场的措施那样固定。虽然上述这些措施的大多数必须以委员会的动议为前提，而且也须与欧洲议会协商，但是很难断定这些名目繁多的措施是否构成具有约束力的规范性文件，从而隶属于欧洲法院的司法审查。尽管理事会在协调手段方面在法律上不具有确定性，实践却证明这种比较“模糊”或“松散”的措施形式运作良好。这似乎显示：要使成员国间的政策得到有效的协调，协调的方式必须灵活机动。而且，欧共体的一体化还给人留下这样的印象：越是重要的决定，其形式有时越是不正统。理事会关于建立欧洲货币体系（European Monetary System，EMS）的决定就是一个突出的例证，这一体系甚至在原来的《欧共体条约》中并未作出规定③。

（三）授予权

理事会可以在其通过的决定中授权委员会采取必要的措施来实施理事会制定的或理事会与欧洲议会共同制定的法规。例如，在竞争领域，委员会已制订了一系列条例和指令或作出决定来进一步完善或执行欧共体的竞争法。又如，在对外关系领域，理事会通常授权委员会与广大的非成员国或国际组织谈判和缔结国际协定。

除了上述三种职权外，理事会还享有其他方面的重要职权。例如，欧盟同第三国或国际组织之间协定的最终缔结由理事会来完成。又如，在欧盟的预算方面，理事会与欧洲议会共同行使批准权。最后，在欧盟成立以后，理事会在共同外交与安全政策领域，在欧洲理事会的指导下享有“开发”权；在警察与刑事司法合作领域，享有协调各成员国法院和警察部队之间合作的权力。理事会所享有的这些广泛的职权在本书其他有关章节中均有阐述。

---

① 参见《欧共体条约》第166（1）条（原第130i（1）条）。

② 参见《欧共体条约》第175（3）条（原第130s（3）条）。

③ P. S. R. F. Mathijsen, A Guide to European Union Law, sixth edition, Sweet & Maxwell, 1995, p. 62.

四、欧洲理事会

从20世纪60年代中期的“卢森堡危机”到70年代中期的十年间，理事会的很多决定不再以多数表决的方式作出，尽管《欧共体条约》的许多条款明文规定必须以此等方式为之。此外，随着欧共体一体化的纵横发展，理事会需要决定的事项越来越政治化，因为这些事项本身就关系到各成员国的主权或重要的国家利益。结果，理事会的决策效率越来越低，立法提案久议不决。因此，寻求一种新的决策方式以给欧共体注入新的活力，势在必行。

解决的途径集中到当时被称为“国家或政府首脑会议”（Conferences of Heads of State or of Government），或称为“高峰会议”（Conferences at Summit）上。“首脑会议”的原意是定期或不定期地将成员国的国家元首或政府首脑召集在一起商讨欧洲内外的重大问题。在1974年的首脑会议上，与会者“认识到需要对实现欧洲团结中所涉及的内部问题和欧洲面临的外部问题进行整体考虑”，并“认为有必要保证欧共体各种活动和政治合作的发展与整体的一致性”，“从而决定在外交部长们的参加下，每年三次或任何必要的时候在欧共体理事会和政治合作框架内举行会议”。① 自1975年以来，这种首脑会议冠以“欧洲理事会”（European Council）的名称，起初每年举行三次，后来每年两次，通常在理事会轮值主席国任期届满时举行。尽管如此，欧洲理事会有时也举行特别（非常）会议。例如，它在1993年10月底举行过一次非常的欧洲理事会会议，为《欧洲联盟条约》于当年11月1日的生效铺垫。欧洲理事会由成员国政府首脑或国家元首②和欧共体/欧盟委员会主席组成，各成员国外交部长和委员会的一名委员也以协助的身份出席。其秘书处由欧共体理事会和委员会的总干事提供。

---

① The Eighth General Report on the Activities of the European Communities, 1975, p. 297.

② 绝大多数成员国由政府首脑出席，有的成员国如法国则由国家元首出席，因为该国政府首脑的职能通常由国家元首来行使。

在20世纪80年代中期以前，欧洲理事会的定期会议只是一种惯例，直到1987年《单一欧洲文件》才正式从法律上确认其地位①。根据《欧盟条约》的规定，欧洲理事会的职能是"为欧洲联盟的发展提供必要的动力并……确定一般的政治指导原则"。总之，在《欧盟条约》之前，欧洲理事会是一种政治论坛，其功能是在最高的政治层面解决理事会不能达成协议的任何欧共体事项，并协商和寻求共同的对外政策。《欧盟条约》生效之后，欧洲理事会被赋予一种新的职责，即"保证欧洲联盟的发展"，尤其是在经济政策、共同外交与安全政策和警察与刑事司法合作领域为理事会提供指导。

值得注意的是，我们不可将欧洲理事会与上述欧盟理事会（即部长理事会，简称为理事会）相混淆。前者不是欧共体的立法机关，尽管从理论上讲既然它是最高一级的决策机构，它就可以作出有约束力的决定。后者是欧共体的立法机构，其作出的具有约束力的决定隶属于欧洲法院司法审查的范围。

第三节 欧洲联盟委员会

欧洲联盟委员会（Commission of the European Union），简称为委员会，是欧共体立法的动议与协调者和执行者。它还负责监督欧共体立法/政策的适用与实施以及各种欧共体基金项目的执行。委员会在某些领域，如竞争政策，还享有广泛的决策权。

一、欧洲联盟委员会的组成

根据《欧共体条约》第213条（原第157条）的规定，并随着欧盟新成员国的加入，委员会的人数已经变化了多次。现行的委员会由25名委员组成，即每一个成员国均拥有一位本国国籍的委员。在2004年最新加入的10个成员国之前，委员会由20人组成，其中，法国、德国、意大利、英国、西班牙五国各有2名，其余十

① 参见《单一欧洲文件》第2条。

国各有1名。

根据修订后的《欧共体条约》规定的新程序,① 从1995年1月1日起，委员会委员的任期为5年，可以连任，其任命不仅由各成员国政府指派，而且还须由欧洲议会批准。基本程序是：首先，各成员国政府以共同协议的方式，经与欧洲议会协商后，提出委员会主席的候选人，然后各成员国政府通过与主席候选人协商，提出委员的候选人；其次，所有上述候选人作为一个机构由欧洲议会以表决的方式予以批准；最后，经欧洲议会批准后，由各成员国正式任命委员。

毫无疑问，委员会主席的任命最为重要。在实践中，如果欧洲议会未批准主席候选人，应如何处理呢？对于这一可能发生的问题,《欧共体条约》并未规定进一步的程序。从法理上讲，既然欧洲议会在这一方面只享有"协商权"（其批准权针对的是整个委员会，并非是单个委员或主席），各成员国可以置欧洲议会的拒绝而不顾。但是，欧洲议会自身认为，在这种情况下，应另提新的主席候选人②。此外，根据《欧共体条约》第217条（原第161条），委员会可以在其委员中任命1名或2名副主席。

《欧共体条约》第213条（原第157条）还为委员会委员的任命规定了必要的条件。首先，在国籍方面，当选委员必须是成员国的国民。其次，在名额方面，每一成员国必须至少有1名本国国籍的委员，但不得超过两名。③ 再次，在个人的能力方面，委员必须具备"综合能力"（general competence）。最后，在个人的身份和地位方面，委员必须具有完全的独立性（independence）。可以肯定,"独立性"是委员必须具备的最重要的一个条件。这意味着：(1) 委员在行使职权时，不应寻求和吸收任何政府或其他机构的

---

① 参见《欧共体条约》第214条。

② Rules of Procedure of the European Parliament, Rule 29 (4).

③ 欧盟成员国扩大到25个后，每一个成员国只有一名本国国籍的委员。而且，欧盟已经达成协议，当保加利亚和罗马尼亚加入欧盟后，委员会的组成人数将固定，并且必须少于27人，以保证工作效率。到时委员会委员的国籍可能实行轮流制。

指示；(2) 各成员国负有义务不影响委员独立地行使职权；(3) 委员在任期内不得从事任何其他职业，不论是有薪金的，还是非报酬的。

第213条还要求，当委员开始履行其职务时，应作出庄严的承诺（通常在欧洲法院的特别会议上）：保证在任期内和任期届满后遵守各项有关义务，特别是离职后在接受其他任命或利益时保持诚实和谨慎的义务。如果委员违反了这些义务，经理事会或委员会的指控，欧洲法院可以裁决有关委员离职或剥夺其享受离休金或其他利益的权利。

正是委员的这种完全的独立性，使得该机关具有与理事会和欧洲议会不同的特征。委员会只代表欧盟利益，其主要任务是保证这种利益在任何情况下优先于其他利益；理事会代表各成员国政府的利益；欧洲议会代表欧洲民众和党派或团体的利益。当然，理事会和欧洲议会作为欧盟的主要机关，又通过基本条约赋予的职权，将各自所代表的利益努力转变为欧盟的整体利益。

二、欧洲联盟委员会的运作与活动程序

委员会下设23个总署（Directorates-General），每一个总署负责一个政策领域或一个方面的事务。此外，委员会还设有若干个事务处，如总秘书处、法律事务处、数据处理办公室、翻译与会议服务处、发言人办公室、消费者政策服务处等。每一个委员负责一个或几个政策领域和相应的总署。虽然委员会实行分工负责制，但是委员会以整体的方式作出决策，并集体负责其行为。欧共体还给每一个委员提供一个私人办公室，工作人员通常由相关委员本国国籍的人士组成。这种私人办公室是委员们的顾问，在委员与相应的总署之间起联结作用。每一个总署具体由一名总干事（Director-General）负责管理。现行的23个总署依次为：

第一总署：对外经济关系（External Economic Relations）；

第一A总署：对外政治关系（External Political Relations）；

第二总署：经济与财政事务（Economic and Financial Affairs）；

第三总署：内部市场与工业事务（Internal Market and Industrial

Affairs);

第四总署: 竞争 (Competition);

第五总署: 就业、工业关系及社会事务 (Employment, Industrial Relations, and Social Affairs);

第六总署: 农业 (Agriculture);

第七总署: 交通 (Transportation);

第八总署: 发展 (Development);

第九总署: 职员与行政事务 (Personnel and Administration);

第十总署: 视听、信息、通信与文化 (Audiovisual, Information, Communication, and Culture);

第十一总署: 环境、核安全与消费者保护 (Environment, Nuclear Safety, and Consumer Protection);

第十二总署: 科学、研究与发展 (Science, Research, and Development);

第十三总署: 电信、信息技术与工业 (Telecommunications, Information Technologies, and Industries);

第十四总署: 渔业 (Fisheries);

第十五总署: 金融组织与公司法 (Financial Institutions and Company Law);

第十六总署: 区域政策 (Regional Policies);

第十七总署: 能源 (Energy);

第十八总署: 信贷与投资 (Credit and Investments);

第十九总署: 预算 (Budgets);

第二十总署: 金融监控 (Financial Control);

第二十一总署: 关税与间接税收 (Customs and Indirect Taxation);

第二十二总署: 企业政策, 批发商、旅游与合作社 (Enterprise Policy, Distributive Trades, Tourism, and Co-operatives)。①

---

① Paul Craig and Grainne de Burca (ed.), EC Law: Text, Cases, and Materials, Clarendon Press, 1995, pp. 41-42.

虽然委员会以布鲁塞尔为总部，但有些总署和事务处设在卢森堡。根据《合并条约》第17条的规定，委员会以简单多数的方式进行决策。按照委员会的《议事规则》，其法定多数为13票。委员会的会议也只能在符合法定多数的委员参加的情况下才能进行。尽管委员会是集体负责，但这并不意味着各个委员完全不能单独行事。实际上，委员会在有些领域已授权专门负责的委员行使一定的决策权。委员会的《议事规则》第27条也规定，在遵守集体负责原则的前提下，委员会可以授权其委员以委员会的名义采取一定的管理与行政措施①。例如，在竞争法领域，有关的委员被授权以委员会的名义采取一定的程序性措施，如责成当事企业或公司提供信息、数据或递交问卷报告等。

三、欧洲联盟委员会的职权

根据《合并条约》第9条的规定，委员会应行使各个共同体条约(《煤钢共同体条约》、《经济共同体条约》和《原子能共同体条约》)赋予给煤钢共同体高级机构和经济共同体与原子能共同体委员会的各项职权。可见，委员会的职权根据不同的共同体条约可能有所不同。而且，按照《欧盟条约》，委员会的职权在三个不同的支柱领域也不尽一致。尽管如此，我们可以通过委员会在欧共体中的主要作用领会其职权的一般特征。从总体上讲，委员会的职权是"保证共同市场的适当运作与发展"②。归纳起来，委员会的职责主要包括：(1)保证欧共体法的执行；(2)发表建议和意见；(3)行使其自身的决策权；(4)参与欧共体立法程序；(5)行使理事会授予的权力；(6)代表欧共体和谈判国际协定；(7)执行预算；(8)发布欧共体活动的年度报告。下面将对这些方面逐一进行阐述，至于委员会在欧盟第二、第三支柱领域中的职能与作用，将在相关章节中讨论。

---

① D. Lasok and J. W. Bridge, Law and Institutions of the European Communities, fourth edition, 1987, p. 186.

② 参见《欧共体条约》第211条(原第155条)。

（一）保证欧共体法的执行

作为欧共体的主要执行机关，委员会的中心职责是保证欧共体的各项规定和欧共体机构依照这些规定而采取的各项措施得到遵守和实施。具体来说，就是确保各成员国、公司、企事业单位和个人遵守欧共体的各级法律。

就各成员国而言，如果委员会认为某一成员国未履行依照欧共体法所承担的义务，它应该或可以采取如下措施和行动：① 首先，它应提醒当事成员国政府要承担的义务，并提请后者采取必要的措施或递交有关报告，此等措施或报告必须在委员会规定的期限内（通常为两个月）进行；其次，如果当事成员国没有在规定的期限内采取行动或提交的报告不符合要求，委员会应就有关事项发表“说明理由的意见”（reasoned opinions），并确定当事成员国必须作出答复的时限；再次，如果当事成员国仍不遵守委员会的意见，委员会可以将这一事项提交到欧洲法院；最后，如果欧洲法院裁定当事成员国的确未履行其义务，当事成员国就被责令采取必要的步骤来遵守该法院的判决。关键的问题在于：如果当事成员国仍不遵守欧洲法院的判决，应如何处理？在《欧盟条约》生效之前，欧共体机构除了再次请求该法院确认当事国未遵守判决的事实外，并无强制执行权。新修订的《欧共体条约》规定，如果委员会认为当事国没有采取相应的措施遵守欧洲法院的判决，它在给予当事国提交其报告的机会后，应发布“说明理由的意见”，其中应具体指出当事国未遵守判决的要点并规定必须遵守的期限；如果当事国仍不遵守，委员会可以将这一事项提请欧洲法院审理并可以确定应支付的罚金数额。② 如果法院认为当事国确实没有执行其判决，它可以进一步作出支付罚金的判决。

由此可见，在保证成员国遵守欧共体法方面，现行的《欧共体条约》一方面规定了一项新的强制执行措施，另一方面进一步加强了委员会在执行欧共体法方面的酌处权。不过，实践也表明：

---

① 参见《欧共体条约》第 226 ~ 228 条（原第 169 ~ 171 条）。

② 参见《欧共体条约》第 228（2）条（原第 171（2）条）。

在大多数情况下，关于执行欧共体法的争端是在欧洲法院之外解决的。① 关于因成员国违反欧共体法而产生争端的解决问题，本书第九章将集中予以阐述。

至于欧共体机构，由于《欧共体条约》没有规定委员会可以起诉欧洲议会，委员会只能在欧洲法院起诉理事会，如果它认为理事会的行为（无论是作为，还是不作为）违反了《欧共体条约》。② 有关这一方面的诉讼将结合本书有关欧洲法院的司法审查管辖问题作系统的阐述（详见第十章）。

在涉及企业（不论是公共的，还是私有的）和自然人方面，《欧共体条约》赋予委员会重要的执行权。这些权力主要是在竞争和交通运输领域。在这些领域里，委员会对于个人违反欧共体法的行为可以实施惩罚和罚金或责令有关企业收回其兼并和收购行为。

（二）作出建议和发表意见

《欧共体条约》第 211 条（原第 155 条）规定，如果该条约明文规定或委员会认为有必要，它应就该条约所涉及的各种事项作出建议或发表意见。在实践中，委员会发布的“通告”（Notices）和“通知”（Communications）就属于这类的建议和意见。根据《欧共体条约》第 249 条（原第 189 条），这些建议和意见不具有约束力。因此，委员会在行使这方面的职权时，其文件纯属提供建设性意见的性质。

（三）行使特定的决定权

如前所述，欧共体的决策机关主要是理事会。但是，这并不排除委员会也可以行使一定的决策权。既然理事会和委员会都有决策权，这似乎意味着欧共体的决策权由两个机关分享。虽然两个机关均可以发布具有约束力的文件，但是必须将欧共体的立法权与行政或执行权区别开来。前者是理事会的特权，后者是委员会的专属权。立法机关与执行机关都可以制订条例、发布指令和作出决定。

---

① P. S. R. F. Mathijsen, A Guide to European Union Law, sixth edition, 1995, p. 72.

② 参见《欧共体条约》第 230 条和第 232 条（原第 173 条和第 175 条）。

而且，二者的权力从性质上讲都是被授予的（明示的），即只有在《欧共体条约》明文规定的情况下行使这些权力。然而，理事会和委员会的决策权并不完全在同一水平上，尽管《欧共体条约》并未作出明确的区分。《欧共体条约》直接赋予委员会的决策权涉及的是"共同市场的运作与发展"。具体地说，其决策权是关于关税同盟的管理、保障条款的适用、各种共同政策的实施和欧共体预算的执行。此外，在一定程度上，委员会在欧共体的对外关系方面也行使决定权。

必须补充的是，委员会在行使决策权时，它在有些情况下可以选择措施的形式，在另一些情况下则没有固定的形式，而在一定的场合下其措施又必须是特定的形式。

（四）行使理事会授予的权力

欧共体条约第211条（原第155条）还规定，理事会可以授予委员会必要的权力来实施其制定的有关规则。其实，委员会的多数决定是以理事会授予的权力为基础的。如前所述，理事会每月只能举行几天的会议，既无机会也无手段为其制定的法律作出详细的实施细则。因此，在通常的情况下，理事会授予委员会行使这一职权是因为后者是常驻的执行机构。然而，理事会在授予委员会这种权力的同时，往往又规定一些条件或程序要求。一般说来，这种要求主要是委员会应在作出决定之前与成员国代表组成的某种机构进行协商。有关的协商原则和规则通常由理事会在其决定中加以规定。从实践来看，委员会在作出实施性决定之前有必要与下列三类委员会协商：

1. 协商委员会（Consultative Committee）

该委员会的意见不具有法律上的约束力，尽管欧盟委员会应予以考虑并应在其备忘录中提及。

2. 管理委员会（Management Committee）

这种机构被广泛地运用于共同农业政策的实施方面。当这一委员会以多数表决的方式对欧盟委员会的决定提出否定意见时，有关事项应提交给理事会决定。在这种情况下，欧盟委员会只有两种选择：第一，它可以将其决定的适用推迟1个月，在此期间理事会可以多数表决的方式修改或废除欧盟委员会的决定；第二，它必须将其决定推迟最长至3个月，在此期间，理事会仍可以修改或废除欧盟委员会的决定。如果在上述特定的期限内理事会没有作出决定，欧盟委员会原来的决定就可以直接适用。

3. 规章委员会（Regulatory Committee）

如果这种机构表示反对意见或不发表意见，欧盟委员会必须将其决定做成提案递交给理事会，后者可以多数表决方式作出决定。如果理事会要修改提案，就必须以全体一致通过的方式进行。如果理事会在3个月内没有作出决定，有两种可能性：首先，欧盟委员会可以正式作出其拟定的决定；或其次，虽然理事会未能以特定多数否决欧盟委员会的提案，但反对的票数已达简单多数，在这种情况下欧盟委员会不得正式通过其拟定的决定，这实际上废除了理事会原来授予委员会的权力。

上述程序颇为复杂，以至于一些欧共体法学者认为是毫无根据的。① 然而，上述程序却充分表明：虽然理事会经常授予委员会在特定领域行使决定权，尤其是在农业和竞争领域，但是由成员国代表组成的专门机构实际上构成对这种授权的束缚。

（五）参与立法程序

委员会在欧盟立法中的职权是其执行权之外的另一重要的基本职能。尽管欧盟的立法权最终掌握在理事会手中（在有些情况下与欧洲议会分享），但后者的立法权在绝大多数情况下只能以委员会的提案为前提。尤其是在欧盟的第一支柱领域，委员会是排他的立法动议机关，尽管理事会和欧洲议会可以（事实上经常）请求委员会做成提案。

在委员会内部，一项立法提案的形成大致要经过如下的过程。首先，委员会指定有关的总署负责起草提案。该总署在起草过程中通常要与各种利益集团或机构进行协商，如经济与社会委员会、成员国政府机构、工会组织、职业联合会、专家、委员会的法律事务处，等等。通过广泛的协商，委员会可以判断各成员国和有关的利

---

① See Mathijsen, A Guide to European Union Law, sixth edition, 1995, p. 76.

益集团对立法草案的反映，以便及时调整有关内容，从而为能最终在理事会获得通过铺平道路。一旦主管的总署形成提案文本，它就该文本分发到各个总署征求意见和修改。最后，主管总署将提案草案提交到委员会，后者以简单多数方式予以批准。至此，委员会就形成了自己的正式立法提案并递交给理事会，同时在《欧盟官方公报》“C”版上予以公布。

委员会经常因其工作文件的不公开而受到抨击。近些年来，它更多地使用所谓的“白皮书”（white paper）和“绿皮书”（green paper），以便在形成正式提案之前取得更广泛的协商意见，并且保证所有的委员会文件用各种欧共体语言公开。

在欧共体的立法程序中，委员会的提案至关重要。首先，委员会的提案形成理事会与欧洲议会协商的基础（当欧洲议会参与立法程序的职权为协商权时）。没有委员会的提案，就无从谈理事会在立法方面与欧洲议会进行协商。在实践中，委员会密切配合欧洲议会的工作，通常派代表出席议会专门委员会的会议，一方面解释其立法意图，另一方面及时了解议会对有关提案的立场。在此期间，委员会也派代表出席理事会的会议讨论，主要是常设代表委员会或有关工作组的讨论会议。其次，委员会的提案是理事会最终决定的基础。在欧共体事务中，理事会不可能抛开委员会的提案而自行制定一项有法律约束力的文件。如果理事会要通过一项对原提案构成修正案的文件，就必须以全体一致通过的方式为之。尽管理事会对委员会的提案有修订权，但这种权力并非是无限制的。正如欧洲法院在一项裁决中所指出的，除非委员会接受，理事会的修正案不得更改原提案的实质内容。①

（六）从事对外关系权②

在欧共体对外关系方面，委员会拥有较广泛的职权。概括地

---

① Case C-65/90 Parliament v. Council [1992] ECR I-4593.

② 详见曾令良：《欧洲共同体与现代国际法》，武汉大学出版社 1992 年版；或其繁体中文修订版《欧洲联盟与现代国际法》，台湾志一出版社 1994 年版。

讲，主要表现在如下几个方面：

首先，委员会享有国际协定的建议与谈判权。凡是在《欧共体条约》规定缔结协定的地方，特别是共同商业政策领域，都必须由委员会向理事会做成建议，然后理事会授权委员会与缔约他方（非成员国或国际组织）举行必要的谈判。有时，理事会的授权还以正式指令的方式为之。在更多的场合下，理事会指定特别委员会来协助委员会谈判国际协定。

其次，根据《欧共体条约》第300（6）条（原第228（6）条）的规定，如果委员会认为理事会指示其谈判的协定不符合《欧共体条约》的有关条款，它可以将这一事项提请欧洲法院发表咨询意见。例如，1991年，当欧共体与欧洲自由贸易联盟国家谈判建立"欧洲经济区"（European Economic Area）协定时，委员会曾就这一协定是否符合《欧共体条约》的问题请求欧洲法院发表咨询意见。①

最后，委员会代表欧共体与第三国或国际组织建立、维持和发展对外关系。虽然《欧共体条约》并未规定欧共体可以在第三国设立常驻代表机构，但是委员会已在世界上100多个国家的首都建立了常驻代表团。委员会主席还与理事会轮值主席一起接受非成员国派驻欧盟使节的国书或委任状。在与国际组织的关系方面，《欧共体条约》特别强调委员会应建立和保持与联合国及其专门机构和关贸总协定/世界贸易组织的关系，而且还专门规定：与欧洲委员会和经合组织建立密切的合作关系是委员会的具体职责。②

（七）执行和管理欧盟的预算

欧盟的预算程序颇为复杂。理事会、委员会、欧洲议会和欧洲审计院等主要机关均在其中发挥各自应有的作用。委员会的职责主要是起草其自身的预算并在"初步预算草案"（提交给理事会）中将其他机构的预算合并在一起。此外，委员会与经济政策委员会协

---

① Opinion 1/91 on the Compatibility of the Treaty Establishing a European Economic Area [1991] ECR I-6079.

② 参见《欧共体条约》第302～304条（原第229～231条）。

商后，必须决定“强制性预算”的最大增幅。一旦预算获得通过，委员会依照理事会制定的条例负责执行预算。

在执行预算方面，委员会每年必须就前一财政年度的执行情况向理事会和欧洲议会提交报告。理事会和欧洲议会在对委员会执行预算方面行使监督时还得到欧洲审计院的协助，后者在每一财政年度结束时也向理事会和欧洲议会递交其审计报告。

此外，作为欧盟预算的组成部分，委员会还管理一系列欧共体基金，如欧洲农业指导与保证金（European Agricultural Guidance and Guarantee Fund）、欧洲社会基金（European Social Fund）、欧洲区域发展基金（European Regional Development Fund）和联结基金（Cohesion Fund）等。委员会还负责管理为非洲、加勒比和太平洋国家专门设立的欧洲发展基金（European Development Fund for the African, Caribbean and Pacific States），该基金由各成员国直接捐助。它还负责煤钢共同体的金融活动。此外，委员会还被授权：为资助欧共体原子能项目以及基础与工业项目的建设，它可以在世界金融市场上进行借贷工作。虽然委员会负责借贷，但是资金的具体管理则由欧洲投资银行（European Investment Bank）负责。

（八）发布《欧共体活动年度报告》

根据《欧共体条约》第 212 条（原第 156 条）的规定，在每年欧洲议会的全会举行前一个月，委员会必须发布《欧共体活动年度总报告》（General Report on the Activities of the Community）。该《总报告》的内容涉及欧共体所有机构的活动，是了解欧共体情况的权威信息来源。随着欧共体活动的日趋复杂和涉及的领域不断扩大，委员会还就一些特定领域，如竞争、区域发展、社会发展、农业政策等，分别发布单独的报告，以作为《总报告》的补充。

第四节 欧洲议会

欧洲议会（European Parliament）是欧盟机构中唯一由直接选举产生的机关。在原来的三个共同体基本条约中，这一机关的名称是"大会"（Assembly）。曾经有一个时期，理事会和部分成员国强烈反对采用"议会"这一名称。1962年，当时的"大会"通过决议将自己称为"欧洲议会"。[①] 从此以后，除了理事会曾迟疑了一段时间外，其他欧共体机构都仿效这一称谓，直到1986年的《单一欧洲文件》才正式在欧盟基本条约中使用"欧洲议会"的名称。

虽然欧洲议会的名称在法律上已得到确认，但是它并不是通常国内法意义上的"议会"。首先，欧洲议会不具有民主议会的基本职能——立法权，尽管后来修订的欧盟基本条约在一定程度上进一步扩大了它的权力，尤其是加强了它在欧共体立法方面的作用。其次，欧洲议会并不像人们所联想的那样能在欧共体中行使类似于国内议会的民主监督权。正因为如此，仍有许多学者认为现行的欧洲议会是有其名而无其实。

一、欧洲议会的组成

《欧共体条约》第189条（原第137条）规定，欧洲议会"应由本共同体中联结在一起的各国人民的代表组成"。然而，在1979年第一次直接选举之前，欧洲议会的议员一直是由各成员国议会在其议员中指派代表构成。虽然《煤钢共同体条约》第21（3）条早有直接普选的规定，但是直到1976年9月20日各成员国代表才在理事会中通过有关的直接选举的法律。

根据《欧共体条约》第190（3）条（原第138（3）条）的规定，欧洲议会应按照在所有成员国的统一程序来起草直接选举的提案，然后由理事会以全体一致同意的方式制定适当的规则并建议各成员国依据各自宪法的要求予以通过。由于这种"统一程序"对各成员国纯属"建议"性质，不具有法律约束力，迄今为止的历次欧洲议会选举均按各成员国确定的投票方式进行。《欧盟条约》注入了"联盟公民权"概念。根据这一新概念，凡是居住在其他成员国的某一成员国国民在居住成员国同样享有欧洲议会的选举权

---

① Resolution of 30 March 1962, J. O. 1962, 1045.

和被选举权。欧洲议会选举每五年举行一次。

欧洲议会席位的分配基本上以成员国人口多寡为原则。当然，在这一基本原则下，还要考虑大小国家之间的适当比例。如果完全按人口比例确定一国的议员名额，就会在大小成员国之间产生实际上的不平等。例如，法国有5千多万人口，卢森堡只有35万人口，如果卢森堡分配到5个议席，那么法国的议席按人口比例就会达到700个。所以，欧洲议会议员的名额分配既要反映成员国之间相应的人口比例关系，又要顾及到最小的成员国能有合理的代表数目。

欧洲议会议员的席位随着欧盟成员国的增多而相应增加。现行的欧洲议会共有732个席位。具体分配是：比利时24；捷克24；立陶宛13；卢森堡6；丹麦14；德国99；爱沙尼亚6；希腊24；西班牙54；法国78；爱尔兰13；意大利78；塞浦路斯6；拉脱维亚9；匈牙利24；马耳他5；荷兰27；奥地利18；波兰54；葡萄牙24；斯洛文尼亚7；斯洛伐克14；芬兰14；瑞典19；英国78。

当选的欧洲议会议员享有一定的特权与豁免。其主要内容有：(1)享有自由往返于欧洲议会的权利；(2)在行使职务期间，其发表的意见和投票不受司法程序的约束；(3)在欧洲议会会议期间，在其本国享有与本国国会议员一样的特权与豁免，在其他成员国享有司法和扣押的豁免权。

二、欧洲议会的结构与活动程序

虽然欧洲议会的议员来自各成员国，但是他们并不依照国籍来开展活动，而是以多国党派或政治团体的方式参与欧洲议会的各种程序。《欧洲议会议事规则》专门规定了确认政治党派或团体的程序。其中特别规定组成一个政治团体所需的最小议员数目：如果来自两个成员国，至少15名；如果来自3个或更多成员国，至少10名。① 可见，欧洲议会中的党派或政治团体是由不同国籍的个人以共同的信仰为纽带而组成的，上述关于组建政治团体的最低数目标准也反映出欧洲议会的议事规则是鼓励建立跨国的政治团体。目

① Rules of Procedures of the European Parliament, Rule 26.

前，欧洲议会的主要政党及其席位数量分别是：（1）欧洲人民党（European People's Party）、基督教民主党（Christian Democrats）和欧洲民主党（European Democrats）：267席；（2）社会主义集团（Social Group）：201席；（3）自由联盟与民主欧洲（Alliance of Liberals and Democrats for Europe）：89席；（4）绿党/欧洲自由联盟（Greens /European Free Alliance）：42席；（5）欧洲联合左翼-北欧绿色左翼（European United Left-Nordic Green Left）：41席；（6）独立/民主党（Indepencence/Democracy）：6席；（7）欧洲国家联盟（Union for Europe of the Nations）：27席；（8）无党派：29席。

欧洲议会的议事规则还规定，欧洲议会可以设立若干常设或临时委员会，这些委员会也可以设立相应的分委员会。① 除了一些处理具体问题（如毒品、种族、人权）的临时委员会外，目前欧洲议会有20个常设委员会，分别是：第一委员会：外交事务、安全和防务政策（C1：Foreign Affairs，Security and Defense Policy）；第二委员会：农业与地区发展（C2：Agriculture and Rural Development）；第三委员会：预算（Budgets）；第四委员会：经济及货币事务与工业政策（C4：Economic and Monetary Affairs and Industrial Policy）；第五委员会：研究、技术发展与能源（C5：Research，Technological Development and Energy）；第六委员会：对外经济关系（C6：External Economic Relations）；第七委员会：法律事务与公民权利（C7：Legal Affairs and Citizens' Rights）；第八委员会：社会事务处理与就业（C8：Social Affairs and Employment）；第九委员会：区域政策（C9：Regional Policy）；第十委员会：交通与旅游（C10：Transport and Tourism）；第十一委员会：环境、公共健康与消费者保护（C11：Environment，Public Health and Consumer Protection）；第十二委员会：文化、青年、教育与媒体（C12：Culture，Youth，Education and the Media）；第十三委员会：发展与合作（C13：Development and Cooperation）；第十四委员会：民事自由与

① Rules of Procedures of the European Parliament，Rule 36.

内务（C14：Civil Liberties and Internal Affairs）；第十五委员会：预算控制（C15：Budgetary Control）；第十六委员会：组织事务（C16：Institutional Affairs）；第十七委员会：渔业（C17：Fisheries）；第十八委员会：程序规则、资格审查与豁免（C18：Rules of Procedure，the Verification of Credentials and Immunities）；第十九委员会：妇女权利（C19：Women's Rights）；第二十委员会：请愿（C20：Petitions）。

欧洲议会的绝大部分工作是由上述常设委员会来进行的。欧洲议会发表的意见通常以"决议"的形式表现出来，而这些决议往往是由有关的委员会负责起草，然后由议会举行全会予以通过。当部长理事会就欧盟委员会的立法提案与欧洲议会协商时，有关的提案同时交给欧洲议会有关的委员会来审查，并从有关的委员会中指定一个报告人（Rapporteur）具体负责就有关提案起草报告和决议，以便递交到欧洲议会的全会上进行辩论。一般说来，除非提案特别敏感，欧洲议会只是通过报告人起草的决议，很少进行实质性的辩论。

欧洲议会选举1名主席和12名副主席，组成议会的执行机构——主席团（Bureau）。欧洲议会的这一核心机关负责起草议会大会的议事日程，决定有关的职权事项，并起草议会预算的初步方案。此外，欧洲议会的议事规则还规定设立一个"主席会议"（Conference of Chairmen），由主席团成员和各政治团体或党派的主席组成。"主席会议"又称为"扩大主席团"（Enlarged Bureau），是欧洲议会一切事务的决策中心。欧洲议会还设有由秘书长领导的秘书处。

自欧共体成立时起，欧洲议会的总部应设在何处，一直是成员国之间争议的问题。1992年12月的"爱丁堡欧洲理事会"（Edinburgh European Council）终于解决了这一历史性的难题。这次会议决定："欧洲议会应设在斯特拉斯堡，并应在此举行12个阶段的每月全会，包括预算大会。其余的全部会议应在布鲁塞尔举行。欧洲议会的各委员会应在布鲁塞尔举行会议。欧洲议会的秘书处及其各部门仍应设在卢森堡。"① 虽然这一决议解决了成员国之间在欧洲议会总部问题上的争议，但是从议会的工作效率与费用的角度来看，这又无疑是一个“极为不幸”的决定。②

根据《欧共体条约》第139条的规定，欧洲议会应举行年度大会。它应自动地在3月的第二个星期二举行。按照惯例，年度大会又分成“阶段性全会”（part-sessions）。这种阶段性全会每月举行一次，每次约一周。此外，经多数议员请求或应理事会或委员会的请求，欧洲议会也可以举行非常大会。委员会通常派代表出席欧洲议会的所有会议，而理事会则只派代表出席议会的所有大会。欧洲议会的会议纪要在《欧洲联盟官方公报》上公布。除了弹劾、预算和其他需要按合作或共同决定程序处理的事项外，欧洲议会以出席会议并参加投票的议员之多数同意通过决议。

三、欧洲议会的职权

原来的《欧洲经济共同体条约》并没有赋予这一直接选举的机关任何立法的权力，而是将其职权限定为协商和政治监督。如前所述，欧共体的立法权被授予非选举产生的理事会和委员会。这一状况使人们对欧共体结构的民主合法性产生疑问，受到来自议会内外多方面的抨击。几十年来，欧洲议会一直致力于加强其监督、立法和预算等方面的权力。尽管欧洲议会的职权不可与国内议会机关同日而语，但它的权力的确在不断地扩大，尤其在如下几个方面表现得最为突出：首先，通过1970年和1975年的《预算条约》，欧洲议会在欧共体预算中享有实质性的权力；其次，通过1987年生效的《单一欧洲文件》和1993年生效的《欧洲联盟条约》，议会在欧共体立法和对外关系方面的地位得到明显提高；最后，通过欧洲法院的判例，议会在法院的诉讼地位得到认可。以下拟从欧盟立法、对外关系、民主监督和预算等四个方面阐述欧洲议会的主要

① Bulletin of the European Communities, 12-1992, p. 24.

② P. S. R. F. Mathijsen, A Guide to European Union Law, sixth edition, 1995, pp. 47-48.

职权。

(一) 立法参与权力

正是在欧盟的立法方面,《单一欧洲文件》和《欧洲联盟条约》给欧洲议会的权力带来了最为重要的变化。前一条约不仅增加了理事会必须与欧洲议会协商的场合,而且还新设置了一种所谓的"合作程序"(co-operation procedure)。后一条约则进一步规定了一种"共同决定程序"(co-decision procedure)。经过多年的变革,欧洲议会在欧盟立法过程中享有四种不同的职权,即协商权、合作立法权、否决权和共同决定权。有关欧洲议会在欧盟立法中的这些职权,本书将在第八章"欧洲联盟法的制定"中进行系统分析,在此不拟赘述。

(二) 财政预算权力

在《欧盟条约》之前,欧洲议会职权最重要的扩大是在欧共体的预算方面。在最初的《罗马条约》中,理事会是唯一拥有决定预算和批准委员会执行预算的权力机关。欧洲议会仅有权就理事会递交给它的预算草案提出不具约束力的修改意见。煤钢共同体的预算权主要掌握在委员会手中,委员会与欧洲议会的协商也只是以自愿为基础。《巴黎条约》和《罗马条约》之所以在预算权方面作出不同的安排,主要是因为:经济共同体和原子能共同体的财政收入是由各成员国缴纳的,而煤钢共同体则一开始就有自己的独立财源(通过征收煤钢生产税)。

在1969年12月举行的海牙首脑会议上,与会者决定逐渐用欧共体的独立财源取代各成员国的缴纳,并认识到需要增强欧洲议会的预算权。① 一旦欧共体的财政收入不再由各成员国支出,各成员国的国内议会就不可能在这一方面行使民主监督权。因此,在欧共体一级,确立欧洲议会对欧共体财政预算的民主监督权的确很有必要。1970年4月,当理事会正式作出决定开辟欧共体的独立财政收入之后,成员国随即签署了第一个《预算条约》。尽管这一条约适当增加了欧洲议会的预算权,但欧洲议会并不感到满意。在委员

① Third General Report of the European Communities, 1969, p. 486.

会的动议下，第二个《预算条约》于1975年获得签署，其中除了规定正式成立审计院外，进一步加强了欧洲议会在预算方面的职权。其结果是：欧洲议会与理事会在预算程序中享有共同决定权。

现行的欧共体预算程序极其复杂。概括地讲，大致分为如下三个步骤：首先，委员会提出初步预算草案，提交到理事会；然后，理事会制定出正式的预算草案并递交给欧洲议会；最后，对于理事会的预算草案，欧洲议会可以作出如下处置：（1）直接批准预算草案，不提出任何修正案；（2）拒绝预算草案并要求向它递交新的预算草案；（3）对预算草案中有关"强制性支出"（compulsory expenditure）（即根据《欧共体条约》或欧共体立法所规定的必要支出），向理事会提出修改的建议，但此等修改建议对理事会没有约束力，后者对"强制性支出"部分的预算拥有最终的决定权；（4）修改预算草案中涉及"非强制性支出"（non-compulsory expenditure）的部分，正是在这一方面，欧洲议会享有真正的决定权：它可以通过否决理事会的决定来确定非强制性预算；（5）通过议会主席宣布非强制性预算获得最终通过；（6）根据理事会的建议，批准委员会执行预算。

（三）对其他机构行使监督权

欧洲议会对其他机构，特别是委员会行使民主监督权，具体表现可概括为：

第一，根据《欧共体条约》第201条（原第144条）的规定，欧洲议会的一个政治团体或十分之一的议员可以提出弹劾委员会的议案。如果这一议案经出席议会议员三分之二多数获得通过，委员会必须集体辞职。在现代国际组织中，议会机关的这一权力是独一无二的。但是，从实际出发，欧洲议会的这一权力似乎只具有象征意义，因为：迄今为止，欧洲议会从未实际行使这一职权。究其根源，委员会是唯一完全代表欧盟的机关，如果解散委员会，很可能导致欧盟的政治危机。因此，从实际意义上讲，欧洲议会的弹劾权的重要性是其存在的本身，而不是其行使与否。

第二，根据《欧共体条约》第200条（原第143条）的规定，欧洲议会必须在其开幕大会上讨论欧共体活动的《总报告》。依照

《合并条约》第 18 条，委员会应每年出版《总报告》，并至少在欧洲议会举行开幕大会（3 月份的第二个星期二）的前一个月发布。《总报告》的各个部分通常由议会相应的常设委员会分别予以审议，而《总报告》作为整体则在开幕大会上进行讨论。从 1975 年起，经欧洲议会请求，委员会在《总报告》之外还出版一系列专门领域或事项的年度报告，如欧共体的农业形势报告、欧共体社会形势发展报告和欧共体竞争政策报告等。所有这些报告为欧共体内外提供欧共体各项活动的信息资源，提出欧共体所面临的问题及其解决的方法和建议。近年来，每年的欧洲议会的开幕大会不再讨论《总报告》，而是讨论欧共体委员会主席向议会所作的年度立法计划。

第三，行使书面或口头质询权。欧洲议会对其他机构行使监督权的一个重要途径是向委员会、理事会和欧洲理事会提出质询并要求答复。这一权力已得到广泛的运用。随着欧共体一体化的发展，欧洲议会的这一权力也不断得到延伸。最初的《欧洲经济共同体条约》只是明文规定委员会应书面或口头回答欧洲议会或其议员提出的各种问题。① 然而，欧洲议会的议事规则自行规定，它有权从理事会获得有关问题的答复。② 值得注意的是，议会的这一单方面的主张竟在实践中得到理事会的接受。《欧盟条约》又将这一权力延伸到共同外交与安全政策领域。③ 此外，从 1962 年起，欧洲议会在口头质询之后还举行一般性辩论，这一做法也得到委员会和理事会的响应，尽管《欧共体条约》并未作出如此规定。还值得一提的是，欧洲议会在 1973 年还专门确定了“质询时间”（Question Time）。在此期间，理事会和委员会均要参加会议，不过只能对委员会的答复进行一般性辩论。

第四，在欧盟委员会主席和委员的任命方面，欧洲议会享有一定的干预权。如前所述，委员会主席和委员的人选由成员国政府之

① 《欧共体条约》原第 140（4）条。

② 参见《欧洲议会议事规则》第 44 条、45 条和 46 条。

③ 参见《欧洲联盟条约》第 17 条（原第 J.7 条）。

间共同协商来确定。欧洲议会只在委员会主席的人选方面享有协商权。但是，欧洲议会则进一步要求主席候选人在议会作口头陈述并就此进行辩论，以便它能够拒绝某一候选人并请求成员国政府更换候选人。① 当然，上述主张规定在议会新修订的议事规则之中，这一文件的法律效力只及于议会自身，不具有普遍的约束力，更何况这一规定与《欧共体条约》的有关条文不一致，其合法性尚存在疑问。委员会的其他成员的人选无须与欧洲议会协商，但在正式任命之前有关的候选人必须经议会批准。②

第五，欧洲议会行使接受请愿和指定欧洲调查官的权力。尽管原来的《欧共体条约》对此没有作出规定，欧洲议会的议事规则第 8 条却规定，每一个欧共体公民，无论是单个的还是集体的，均享有向欧洲议会递交书面请求或请愿的权力。《欧共体条约》不仅确认这一权力和将其赋予给每一个联盟公民，而且还赋予给“在一个成员国居住或有注册的办事处之任何自然人或法人”。③ 请愿的事项必须属于欧共体活动的范围。欧洲议会收到请愿书后，由其设立的请愿委员会（Committee on Petitions）负责审理。这一专门机构可以组织听证会、派遣调查组和收集一切必要的材料。该委员会可以动议议会作出相应的决议并建议理事会或委员会采取适当的措施。欧洲议会每年都会收到大量的请愿，大多涉及因违反欧共体法而受到的不公正待遇。

《欧共体条约》第 198 条（原第 138e 条）还授权欧洲议会指定欧洲调查官来接受有关欧共体机构活动中弊政行为的指控。如果调查官认为确有其事，他应将该事项提请有关机构审查，有关机构则应在 3 个月内将其审查结论通知调查官。然后，调查官向欧洲议会和有关机构递交正式报告。

欧洲议会可以参与欧洲法院的司法程序。原来的欧盟基本条约并没有明文规定欧洲议会在这方面的权力。它是通过欧洲法院的判

---

① 参见《欧洲议会议事规则》第 29（4）条。

② 参见《欧共体条约》第 214（2）条（原第 158（2）条）。

③ 参见《欧共体条约》第 194 条（原第 138d 条）。

例逐步确立起来的。首先，该法院确认，欧洲议会享有与其他机构一样的参与诉讼程序的权力，而且这种权力不以其在有关案件中是否拥有具体利益为前提。① 其次，该法院还认可，欧洲议会有权指控理事会的任何非法的不作为，这也同时隐含着它也有权对委员会的不作为在欧洲法院发起诉讼程序。在这一方面，法院明确指出，欧洲议会的主要职责是对各机构的活动行使政治审查，但这并不能导致对其诉讼权力作出限制性解释。② 最重要的是，经过一段时期后，该法院终于接受欧洲议会可以对理事会和委员会的作为提出废除诉讼，如果此等诉讼旨在维护欧洲议会的特权。③ 该法院认为，尽管欧洲议会依照《经济共同体条约》第 173 条（现《欧共体条约》第 230 条）和《原子能共同体条约》第 146 条没有诉讼权力，但它依照其特权的一般法律原则有权对理事会和委员会的作为提出废除诉讼。经过欧洲议会自身的不懈抗争和欧洲法院的司法确认，欧洲议会对于理事会和委员会的作为和不作为的诉讼权力已在新修订的《欧共体条约》中得到明文认可。④

（四）对外关系权

欧共体的对外关系主要表现在缔结国际协定方面。在《欧盟条约》之前，原来的《欧共体条约》对于欧洲议会在缔结协定过程中的作用规定得十分有限，即：依照该条约原第 238 条（现第 310 条），理事会在缔结联系协定（association agreements）之前应与欧洲议会协商。《欧洲联盟条约》在很大程度上改变了欧洲议会在缔结国际协定中的地位和作用。根据新修订的《欧共体条约》第 300 条（原第 228 条）的规定，欧洲议会在缔结协定过程中的职权主要体现在如下两个方面：

首先，除了有关共同商业政策的国际协定之外，“理事会应与欧洲议会协商后缔结协定”。协商程序是欧洲议会介入国际协定缔

---

① Case 138/79 Requette v. Council [1980] ECR, pp. 3357-3358.

② Case 13/83 Parliament v. Council [1985] ECR , p. 1588.

③ Case C-70/88 Parliament v. Council [1992] 1 CMLR 91.

④ 参见《欧共体条约》第 230 条和第 232 条。

结的基本途径。在《欧盟条约》之前，《欧共体条约》没有规定欧洲议会对共同商业政策下的协定享有协商权。新修订的《欧共体条约》第300（3）条继续保留了这一“免除规定”。对于大多数需要与欧洲议会协商的国际协定，该条还进一步规定：“欧洲议会应在理事会依有关事项的紧急程度而规定的时限内发表其意见。”

其次，《欧共体条约》第300（3）条规定了必须经过欧洲议会同意后才能缔结的国际协定。这一新规定具体列举了需经欧洲议会同意的如下协定：

（1）“第310条中所述的协定”，即联系协定。在《欧盟条约》之前，这是唯一需经欧洲议会同意的一种协定；

（2）“通过组织合作程序建立专门组织机构的其他协定”。这一措辞的含义不是很清楚，它可以涉及相当广泛的范围，并可以包括那些为欧共体提供国际组织成员资格的协定。更大的可能性是：它包括那些虽然不是通常意义上或名义上的联系协定，但其内容却是建立欧共体与成员国之间和它们与第三国（方）之间涉及组织机构的密切合作关系的协定。①

（3）“对欧共体预算有重大影响的协定”。如同上述第二类协定一样，我们不可能就这一类协定的范围作出界定。无论如何，它所指的协定不仅涉及大量金额，而且可能因其金额巨大或因作出金额承诺的条件或其他原因而需要欧共体的额外预算。②

（4）“对依照第251条程序通过的法案构成修改的协定。”欧共体缔结的国际协定不仅构成欧共体法的组成部分，而且有可能修订或优先于现行的内部立法。因此，这一规定似乎主要是防止理事会通过缔结国际协定的手段撇开欧洲议会来修订本来按“共同决定程序”行事的立法。③

除了参与国际协定的缔结外，欧洲议会还参加一系列联系协定

---

① I. Macleod, I. D. Hendry & S. Hyett, The External Relations of the European Communities, Clarendon Press, 1996, p. 102.

② Ibid., pp. 102-103.

③ Ibid., p. 103.

中议会机构的工作。欧共体与土耳其的联系协定、欧洲经济区协定以及欧共体曾经与波兰、匈牙利、捷克、斯洛伐克和罗马尼亚签署的“欧洲协定”中均规定设立“联合议会委员会”（Joint Parliamentary Committees）。这些联合议会委员会由欧洲议会的议员和联系国的国会议员组成。此外，《洛美协定》中也设立有类似的机构——联合大会（Joint Assembly）。需要指出的是，这些委员会并不是有关协定的决策机构，而是一种论坛。除此之外，欧洲理事会还应就共同外交与安全政策中的事项及时通知欧洲议会，以便后者发表意见。最后，欧洲议会还可以就欧共体的涉外问题和重大国际问题自行讨论并通过相应的决议。

第五节 欧洲法院

欧洲法院（European Court of Justice，ECJ）是欧洲共同体法院（The Court of Justice of European Communities）① 的通称。我们切不可将它与欧洲人权法院（European Court of Human Rights，ECHR）相混淆，后者是依据1950年的《欧洲人权公约》而建立的一个司法机关，位于法国的斯特拉斯堡。欧洲法院一直设在卢森堡。

欧共体之所以要设立一个拥有广泛管辖权的独立司法机关，其根本目的是由它来保证：在解释和适用《欧共体条约》的过程中，法律得到遵守。② 正如欧洲法院的一项判决所指出的，欧共体“是以法律规则为基础的，无论是其成员国，还是其机构，均不可回避对它通过的措施是否符合基本组织宪章——《欧共体条约》的审查。《欧共体条约》设立本法院作为司法机关，负责保证各成员国

---

① 这里“共同体”一词的英文用复数形式，表示该法院是欧洲煤钢共同体、经济共同体和原子能共同体所共有的司法机关。虽然自《马约》签署以来，人们通常用“欧洲联盟”或“欧盟”的称呼取代“欧洲共同体”或“欧共体”，但是由于该司法机关的管辖权仍主要限于欧共体事项，并未相应地扩大到欧盟的共同外交与安全政策和司法与内务合作这两个新的支柱领域，似乎不可将欧洲法院称之为“欧洲联盟法院”或“欧盟法院”。

② 参见《欧共体条约》第220条（原第164条）。

和各欧共体机构遵守法律”。① 这也同样适用于欧共体法中的自然人和法人。欧洲法院的这一判决至少包括三层重要的含义：

首先，它强调了欧共体这一实体的基础是“法律规则”。尽管欧共体的形成与发展除法律之外，还有其他各种因素，但法律是首要的因素。既然如此，就有必要设立一个专门的司法机关来确保欧共体法得到遵守。在欧共体结构中，一个主要机关是代表成员国的（理事会）；一个主要机关是代表欧共体，但承担着大量的行政工作（委员会）；另一主要机关又缺乏行使民主监督所需的必要权力（欧洲议会）。在这种情况下，就更需要欧洲法院的司法监督和保障。

其次，欧洲法院把《欧共体条约》表述为欧共体的“基本宪章”（basic constitutional charter）。这表明：《欧共体条约》是整个欧共体的最高法律文件，是欧共体其他立法和各种活动的唯一依据。

最后，欧洲法院专门指出所有欧共体行为的合法性问题均由欧洲法院来断定。换言之，在欧共体的框架内，不论欧共体机构作出什么决定，也不论自然人和法人从事何种行为，它们最终都要隶属于欧洲法院的司法控制。②

欧洲法院的职务十分繁重，从其设立时起，一直在欧共体的一体化进程中发挥着特殊的作用。究其原因，欧共体法的内容主要涉及经济和社会领域，而这两大领域的法律需要不断变革，而这种变革又必须与《欧共体条约》的宗旨和一般原则相一致，这无疑给欧洲法院在行使职权时带来困难。此外，《欧共体条约》条文虽多，但绝大多数条款只规定一般规则和实施程序，这就需要欧洲法院在审理案件时不仅要解释和确定现行的法律规则，而且还经常通过目的解释法“造就”新的规则。正如著名的英国国际法学者施瓦曾伯格（Schwarzenberger）所断言的，“哪里有法院，法律就在

---

① Case 294/83 Les Verts v. Parliament [1986] ECR 1365.

② P. S. R. F. Mathijsen, A Guide to European Union Law, sixth edition, 1995, pp. 83-84.

法官手中发展”。① 就欧共体法与欧共体法院的关系而言，这一论点显得特别地贴切。

一、欧洲法院的组成与结构

（一）法官

欧洲法院现由25名法官组成。在实践中，每一个成员国拥有1名本国国籍的法官。根据《欧共体条约》第223条（原第167条）的规定，欧洲法院的法官和总顾问或护法顾问（advocates general）由各成员国政府以共同协商的方式任命，任期为6年，每3年有部分法官或总顾问离任，但离任的法官和总顾问仍然有资格再次获得任命。

由各成员国共同来选派欧洲法院法官且每一个成员国不论大小均至少拥有一个名额，这种做法并非没有招致批评。早在1982年，欧洲议会在一项决议中就曾表示，它应参与欧洲法院成员的任命，方式之一是：由各成员国提出候选人，然后由欧洲议会来批准。这种方式类似于美国的做法，美国最高法院院长的任命须经参议院批准。方式之二是：像欧洲人权法院一样，其法官由欧洲委员会的大会（Parliamentary Assembly）从各成员国政府提交的名单中选派。方式之三是：欧洲法院的半数法官由欧洲议会选任，另一半由理事会任命。② 然而，迄今的《欧共体条约》并未对欧洲法院法官的组成方式作任何修改，尽管欧洲议会在其他方面的职权有了明显的增强。

《欧共体条约》第223条（原第167条）规定，欧洲法院的法官和总顾问“应从其独立性不存在疑问并在其相应的国家中具有从事最高司法职位所需的品质之人士或从具有公认之能力的法律人士中挑选”。这些条件与要求基本上仿效了国际法院和欧洲人权法

---

① Schwarzenberger, International Law, p. 24; P. S. R. F. Mathijsen, A Guide to European Union Law, sixth edition, 1995, pp. 83-84, footnote 17.

② L. Neville Brown, The Court of Justice of the European Communities, third edition, Sweet & Maxwell, 1989, pp. 35-36.

院法官的任命标准。上述规定表明，法官候选人的独立性是首要的条件。这一职业道德标准要求：尽管法官由各成员国任命，但他并不代表其任命的国家或政府。从职业和业务要件来看，欧洲法院法官基本上由两类人员组成：一是已在其本国从事最高司法工作或胜任这一工作的人士（通常为法官），二是享有声誉的法律界和法学界人士，如律师、教授、专家、顾问等。

欧洲法院法官被任命后，应举行宣誓。宣誓词的内容是："我发誓，我将公正地和认真地履行我的职责；我发誓，我将保守法院合议的秘密。"此外，根据《欧洲法院规约议定书》第 4 条的规定，欧洲法院法官不得在任期内担任任何政治或行政职务，也不得从事其他职业（除非经理事会例外批准）。① 欧洲法院法官享有一定的特权与豁免，如免除诉讼或司法程序、免交关税和国内税，等等。

除了正常的任期届满而离任外，经其他法官或总顾问一致同意，可以解雇法官或总顾问，如果他被认定为不再符合必要的条件或严重违反了其应履行的义务。当然，法官或总顾问也可以在任期内自行辞职。迄今为止，自行辞职者多次发生，但被强行解雇者则从未出现。

（二）总顾问

法官的名称与职能较为容易理解。相比之下，欧洲法院的总顾问或护法顾问对于没有相应职位的国家之人士而言，则难免有些费解，甚至"总顾问"这一中文翻译本身的准确性易使人产生怀疑。的确，由于总顾问在欧洲法院中的地位与作用十分的独特，就是欧洲学者也未能就其职位作出一致的解释。有人认为，虽然总顾问不是法官，但是他是欧洲法院的成员。② 另有学者主张，总顾问和法

① 事实上，有几名欧洲法院的法官被批准在一些大学或研究机构从事教学科研工作。See Neville Brown, The Court of Justice of the European Communities, third edition, Sweet & Maxwell, 1989, p. 41.

② Mathijsen, A Guide to European Union Law, sixth edition, 1995, p. 85.

官一样，都是欧洲法院的成员。①

根据《欧共体条约》第222条（原第166条）的规定，“欧洲法院应由……总顾问协助”。为此，该条进一步规定，总顾问的职责是：应以完全公正和独立的身份，在欧洲法院的公开审理过程中就有关案件发表分析意见。可见，设立总顾问是欧洲法院成立的一个要素。从这个意义上讲，总顾问是欧洲法院的成员。但是，他又是独立行事的，不参加法院法官的合议和判决。② 在实践中，总顾问的意见通常在有关案件后期的听证会上作出。在其意见中，总顾问首先审查案件的事实，然后分析各当事人和其他参与司法程序者所提交的陈述，接着检讨有关法律规定，最后得出自己对案件的结论性意见。此等意见只对法官具有咨询性质，不具有约束力。总顾问的意见与法院的判决一起在《欧洲法院报告》（European Court Report，ECR）中全文登载。

与法官相比，总顾问享有更大的独立性和自主性。他可以自由地公开表达自己的意见，不受法院判决的整体性约束。他可以审查与案件有关的任何问题，即使当事人并未提出这些问题。他可以就案件产生的背景作较广泛的阐述。正是由于总顾问的这种更大的独立性和自由度，其意见通常比法院的判决更为详细，从而为欧共体法的教学与研究提供了更为丰富的信息和资料。

欧洲法院的总顾问现有8人。总顾问的任命方式、任期和资格均与法官一样，其名誉和地位亦与法官相等。有些总顾问后来成为欧洲法院的法官，而有些法官又曾以总顾问的身份在欧洲法院供职。

（三）注册官与注册处

欧洲法院的注册官（Registrar）不是该司法机关的成员，其任

---

① K. P. E. Lasok, The European Court of Justice, second edition, Butterworths, 1994, p. 13.

② 值得注意的是，总顾问与法官一起参与所有的程序问题和有关法院行政事项的讨论，并与法官一样享有表决权。从这个意义上讲，总顾问无疑是欧洲法院的成员。

命由法院自行决定，任期为6年。根据《欧洲法院程序规则》，注册官由法官通过秘密投票从申请人中选拔。注册官上任时，如同法官一样，必须宣誓。其特权与豁免大致与法官和总顾问相似。与法官和总顾问不同的是，注册官必须居住在欧洲法院的所在地——卢森堡。

注册官的职能可以概括为如下三个方面：（1）在法院院长的领导下，具体负责法院的行政工作、财务和账目管理；（2）直接负责注册处的工作，即在院长的领导下，负责、传送和制作有关的档案材料；（3）除了案件的合议和涉及法院成员解雇的会议外，出席法院或法庭的各种审理和行政会议，但无表决权。

注册处是注册官直接管理的部门。其中心工作为：（1）登记所有提交给欧洲法院审理的案件；（2）为法院和案件的当事人提供文件和档案材料的服务；（3）协助法院起草指令、整理笔录等具体工作；（4）整理和出版《欧洲法院报告》。①

除了注册处外，欧洲法院还设有图书与文献中心、信息处、翻译（分笔译和口译）处等专门的服务机构。

（四）全体法官与分庭审理

根据《欧共体条约》第221条（原第165条）的规定，欧洲法院在组织法官审理案件时，既可以全体法官出席的形式（sit in plenary session）进行，也可以由部分法官组成分庭（form chambers）的方式处理。分庭分别由3名、5名或7名法官组成，每一分庭指派1名法官做该庭的庭长。除非重要的案件，一般很少采用由全体法官受理的方式。目前，欧洲法院主要采用“大法庭”（grand chamber）和分庭（chambers）的审理方式，前者由13名法官组成，后者由5名或3名法官组成。

欧洲法院采用分庭方式受理案件的做法经历了一个演变过程。

---

① 《欧洲法院报告》是一种官方的案件汇集，同时用欧共体的各种官方语言出版。《共同市场法报告》（Common Market Law Reports，CMLR）是用英语整理出版的一种非官方案件汇集。与官方的《欧洲法院报告》相比，后者的优点是出版速度更快，而且通常就案件的事实、法律问题和判决概括出要点。

起初，只有一个由 3 名法官组成的分庭专门受理欧共体的公务员案件。这类案件曾经在欧洲法院的审判工作中占有重要的比例。后来这类案件已转交给新设立的第一审法院受理，欧洲法院只有在上诉时就这类案件中的纯法律问题作出解释。第一次扩大分庭受理权发生于 1974 年。欧洲法院通过修订其程序规则将部分初步裁决案件交由分庭审理。这部分案件主要是技术性的或对所涉事项已有较丰富的案例。在此基础上，为了减轻欧洲法院日趋增多的案件负荷，1979 年新的欧洲法院程序规则又将分庭受理的范围进一步扩大。欧洲法院可以将任何初步裁决案件和成员国或欧共体机构之外任何人（自然人或法人）的直接诉讼案件指派给分庭审理。修订后的《欧共体条约》第 221 条又专门规定："欧洲法院应全体出庭审理，当为诉讼程序当事人的成员国或欧共体机构如此请求时。"这就意味着：即使是成员国或欧共体机构为诉讼一方的案件，欧洲法院也可以指定分庭受理，除非成员国或欧共体机构当事方提出异议。

二、第一审法院

为了减轻欧洲法院的审理负担，缩短诉讼程序，促进个人权益有效、及时地得到司法保护，同时使欧洲法院能集中精力行使其最基本的职责——保证欧共体法的统一解释和统一实施，欧共体于 1989 年设立了一个新的司法机关——第一审法院，或称之为初审法院（The Court of First Instance）。

建立初审法院的设想早在 20 世纪 70 年代初期就提出来了。在德国的建议下，1974 年 11 月，理事会原则上同意设立这一新的司法机关来受理欧共体与其公务员之间的诉讼，并责成委员会作出正式提案。1978 年，委员会正式动议建立一个欧洲共同体行政法庭（Administrative Tribunal of the European Communities）。但是，这一立法提案在理事会被搁置起来，尽管它只需要修改原来的公务员条例即可。直到 80 年代中期，在欧洲法院的再次请求下，《单一欧洲文件》才正式授权理事会设立第一审法院。① 1988 年 10 月 24 日，

① 参见《单一欧洲文件》第 4、11 和 26 条。

理事会作出决定成立第一审法院。该法院于1989年10月31日正式开始工作。第一审法院附属于欧洲法院。

（一）组成

第一审法院现由25名法官组成，每一个成员国均有一名本国国籍的法官。法官必须从"其独立毫无疑问和具备任命担任司法职位所需之能力者"中挑选。如同欧洲法院法官一样，第一审法院法官由各成员国以共同协商一致的方式产生，任期6年，可连选连任。与欧洲法院不同的是，第一审法院不专门设立总顾问职位，但是，第一审法院法官在特定案件中可以被临时选作总顾问。至于哪些案件可以临时指定总顾问，则由第一审法院的程序规则具体确定。第一审法院通常以分庭的方式受理案件，但重大案件必须与全体法官一起来审理。

（二）管辖权

在1994年3月7日以前，根据理事会1988年10月24日的决定，第一审法院的管辖权只涉及特定类型的案件。所有这些管辖权均由原欧洲法院转交而来，不涉及新的领域。这些特定的案件是：（1）欧共体与其公务员之间的争端，依《欧共体条约》第236条（原第179条）提交的公务员案件；（2）企业或企业联合会依《煤钢共同体条约》起诉委员会的案件，即有关煤钢领域的税款、生产、价格和竞争的争端；（3）自然人或法人依《欧共体条约》第230条和第232条（原第173条和第175条）就有关执行竞争规则的争端而起诉欧共体机构的案件。

此外，如果上述诉讼涉及补偿，第一审法院亦有权决定是否给予补偿以及补偿的具体数额。但是，与上述诉讼无直接关系的补偿案件仍由欧洲法院受理。对于下列案件，第一审法院无管辖权：（1）自然人或法人依照《原子能共同体条约》提出的诉讼；（2）成员国或欧共体机构提交的诉讼；（3）任何初步裁决的请求。

可见，在《欧盟条约》之前，第一审法院的管辖权很有限，即只能受理个人在竞争政策领域、煤钢领域和公务员领域及其相关的补偿案件。新修订的《欧共体条约》规定，经欧洲法院请求，理事会与委员会和欧洲议会协商后，应以全体一致通过的方式重新分配第一审法院的管辖权。[①] 结果，从1994年3月7日起，该法院可以受理个人在欧共体的所有领域提出的诉讼，如反倾销和反补贴诉讼。而且，依照《原子能共同体条约》而提出的诉讼也转交第一审法院管辖。“尽管如此，第一审法院的初步裁决管辖权是很有限的。《尼斯条约》生效后，《欧共体条约》第225（3）条虽然规定：第一审法院在《欧洲法院规约》规定的特定领域可以受理依照《欧共体条约》第234条（原第177条）而提出的初步裁决案件，但与此同时，又规定在影响欧共体法的统一性或一致性时，欧洲法院仍然是最终的裁决者。”

最近，又新成立了欧洲公务员法庭（European Civil Service Tribunal）。该法庭由7名法官组成，附属于初审法院，专门审理和裁决欧盟与其公务员之间的争端。

（三）上诉

根据《欧共体条约》第225（1）条，对于第一审法院的判决，当事人可以向欧洲法院提出上诉。但是，上诉的范围仅限于案件的法律问题。根据新修订的《欧洲法院规约》规定，上诉应在第一审法院判决通知发出后的两个月内提出。上诉的权利不局限于作为当事人的个人，非当事人的成员国和欧共体机构也享有这种上诉权利。上诉的理由应基于下列之一：（1）第一审法院缺乏权能；（2）违反程序，从而对申诉者的权益产生有害影响；（3）第一审法院违反欧共体法。

如果欧洲法院确认上诉的理由成立，它可以撤销第一审法院的判决，然后就有关事项作出最终的裁决。欧洲法院也可以决定将上诉的案件发还第一审法院重新审理，这种案件通常是由于事实极为复杂而需要认真核实。对于欧洲法院的判决或决定，第一审法院和上诉方均应遵守。

三、欧洲法院的管辖权

关于欧洲法院的职务，《欧共体条约》第220条（原第164

---

① 参见《欧共体条约》第225（2）条（原第168a（2）条）。

条）的规定很简短，即："欧洲法院应保证法律在本条约的解释与适用中得到遵守。"在英文本中，"法律"一词之前有一个定冠词，因此应被推定为特指欧共体的法律。除了这一高度概括性的条文外，其他条款分别具体规定了欧洲法院的管辖权。根据有关统计，《欧共体条约》共有14个条款明文规定欧洲法院的管辖权。①

欧洲法院的管辖权的广泛性是其他国际司法机关无与伦比的。在1989年以前，它是欧共体的唯一司法机关。1989年以后，尽管欧共体另设了第一审法院从而使欧洲法院失去了部分管辖权，但欧洲法院仍不失为兼备多种专门法院职能的一个综合性司法机关。

它如同一个行政法院对欧共体机构行使司法审查权。在一定的条件下，个人可以在欧洲法院对欧共体的行为提出索赔和废除诉讼。在1989年以前，它还负责裁决公务员案件。尽管这一类诉讼已交由第一审法院受理（现由专门的欧洲公务员法庭受理），它仍对这一类案件的法律问题享有最终的裁决权。它不仅对欧共体机构的行政行为享有司法审查权，而且这种审查权还涉及欧共体的立法（条例、指令、决定）。因此，欧洲法院的管辖权又类似于一些国家（如美国、法国）的宪法法院。

它通过审理对成员国行为提起的诉讼案件行使类似于国际法院的诉讼管辖权。虽然这一类案件可以在成员国相互之间形成，但通常是作为欧共体监护者的委员会为原告。不过，欧洲法院的这一管辖权与国际法院的管辖权有着明显的区别，即：成员国所违反的义务是欧共体法义务，而不是一般国际法义务。因此，欧洲法院在这一方面的任务是维护和加强欧共体法律秩序，而国际法院则是运用一般国际法来解决国际争端。此外，从诉讼的主体来看，尽管在欧洲法院一成员国可以起诉另一成员国，但实践中的诉讼主体则主要是欧共体的机构——委员会。这一特征是国际法院所不具备的。

在欧共体的管辖权中，初步裁决权最富有个性。这一职权的内容是：应成员国法院或裁决机关的请求，欧洲法院对欧共体法的解

① See Mathijsen, A Guide to European Union Law, sixth edition, 1995, pp. 86-87.

释和欧共体法的有效性问题作出初步裁定，然后由相关的成员国法院根据这一裁定对具体案件的实质争端作出判决。尤其值得注意的是，欧洲法院的其他管辖权均直接由成员国政府、欧共体机构或个人作为诉讼主体，唯有这一初步裁决的请求只能由成员国的司法机关提出。实践证明：欧洲法院正是通过行使初步裁决权在欧共体法的发展中发挥着重要的作用。

欧洲法院还行使上诉法院的职权。自 1989 年以来，一方面第一审法院的诞生使欧洲法院对一些特定事项不再享有管辖权，另一方面又使它开始行使着一种新的职能——上诉法院的职能。根据理事会关于建立第一审法院的决定和新的欧洲法院规约，如果案件的当事人、受判决影响的第三方、成员国政府和欧共体机构对第一审法院的判决不服，可以在判决通知下达后的两个月内向欧洲法院提出上诉，但上诉的内容仅限于法律问题。欧洲法院的判决为最终判决。

此外，欧洲法院还可以根据有关的合同中的仲裁条款对涉及该合同的争端作出裁决。而且，对于非合同的侵权与赔偿案件也享有管辖权。

需要更为详细阐述的是，除了前述各项直接的诉讼管辖权和间接的初步裁决权外，欧洲法院还在欧共体的对外关系领域享有咨询管辖权。根据《欧共体条约》第 300（6）条（原第 228（6）条）的规定，理事会、委员会或成员国可以就拟谈中的国际协定是否符合《欧共体条约》的问题提请欧洲法院发表意见。尽管欧洲法院在这一方面的管辖权是咨询性的，但一旦它认为有关协定不符合《欧共体条约》，其咨询意见就会产生下述特殊的法律效果：要么修订《欧共体条约》的有关条款，以使有关协定得到缔结；要么与有关第三国（方）重新谈判修改原协定（或协定草案）中不符合《欧共体条约》的有关部分，从而使协定最终得到缔结；如果既不修订《欧共体条约》，又不与缔约对方重新谈判修改有关的协定草案，拟订的协定势必就此流产。

由于修订《欧共体条约》的程序极为复杂而费时，而且需要得到所有成员国按各自宪法规定履行批准手续后才能生效，更何况欧共体也不大可能因一项国际协定而修改其基本条约（除非不得已），上述第一种结果一般不会发生。又由于欧共体不可能因欧洲法院的否定意见而放弃与第三国或国际组织缔结一项已谈判多时的国际协定，上述第三种结果亦极其罕见。所以，通常的情况是上述第二种结果。例如，经过两年多的紧张而又复杂的谈判，欧共体与欧洲自由贸易联盟（EFTA）国家于1991年10月达成了关于建立欧洲经济区（EEA）的协定草案。当这一协定草案提交到欧洲法院发表咨询意见时，该法院于1991年12月14日宣称：该协定拟设立的司法监督体制（即设立欧洲经济区法院）不符合《欧共体条约》。① 欧共体谈判代表不得不推迟签署该协定，并与欧洲自由贸易联盟国家就修订原协定中的司法监督事项举行进一步的谈判。经修订后的欧洲经济区协定于1992年4月10日再次由欧洲法院发表咨询意见予以认可，② 最终于同年5月2日得到各方正式签署。③

值得重视的是，在实践中欧洲法院的咨询管辖权不仅用来断定国际协定与《欧共体条约》是否相抵触的问题，而且经常被用来裁判欧共体的条约缔结权这一重大问题。例如，欧洲法院在其首次咨询意见中不仅认为欧共体有权缔结有关的协定，而且进一步确立欧共体的缔约权是排他的。④ 乌拉圭回合结束之后，欧共体委员会请求欧洲法院就欧共体是否享有排他权力缔结世界贸易组织诸项多边协定的问题发表咨询意见。法院的结论是：欧共体对于各项多边货物贸易协定享有排他缔结权；对于《服务贸易总协定》(GATS)、《与贸易有关的投资措施协定》（TRIMs）和《与贸易有关的知识产权协定》（TRIPS），欧共体应与成员国一起作为联合缔

---

① Opinion 1/91 Draft Agreement on a European Ecomimic Aren (EEA) [1991] ECR I-6079.

② Opinion 1/92 EEA Agreement [1992] ECR I-2825.

③ Sergei A. Voitovich, International Economic Organizations in the International Legal Process, Martinus Nijhoff Publishers, 1995, pp. 49-50.

④ Opinion 1/75 Understanding on a Local Cost Standard [1975] ECR 1355.

约方来缔结。①

从实践来看，请求欧洲法院发表咨询意见者通常是委员会。大致的程序是：委员会将“请求”递交到欧洲法院，同时也送到理事会和各成员国；然后由欧洲法院院长确定一个期限，在此期限内各成员国和理事会均可递交其书面陈述。与诉讼管辖不同的是，咨询管辖的事项不举行公开程序。但是，法院在审理过程中，所有的总顾问都出席，有时成员国也派代表参加。法院经合议后发表正式的结论性意见。

在上述欧洲法院诸多的管辖权中，案件最多、判例法最为完善、对欧盟一体化产生影响最大的当属初步裁决管辖权、成员国违反欧共体法义务之诉讼管辖权、欧盟机构行为（作为和不作为）的司法审查管辖权和非契约性侵权责任与赔偿管辖权。为此，本书将分别开辟专章展开系统阐述。

四、欧洲法院的程序

欧洲法院的程序规则规定于两项法律文件之中：一个是《法院规约议定书》（Protocol on the Statute of the Court），另一个是《法院程序规则》（Rule of Procedure of the Court）。前者是《欧共体条约》的一个附件，后者是欧洲法院自行制订但经理事会全体一致通过的法律文件。考察这两个程序性文件并结合欧洲法院的实践，我们可以将其诉讼程序概括为如下四个阶段：（1）书面程序；（2）调查和初步审讯；（3）口头程序；（4）判决。

（一）书面程序

欧洲法院的诉讼程序从原告或申诉者向该法院注册官递交申诉书开始。欧洲法院没有规定统一的申诉书格式，但必须至少含有下列基本材料：（1）争端的主题；（2）申诉所基于的理由；（3）要求欧洲法院裁定的内容；（4）申诉所依赖的证据的性质。申诉书被确认为合格后，注册官将申诉书送达到被告，后者有一个月的时间来提交其辩护状。如果理由充分，法院院长可以推迟被告递交辩

---

① Opinion 1/94 Re The Uruguay Round Treaties [1975] 1 CMLR 205.

护状的日期。

欧洲法院通常将诉讼分为两大部分，即：诉讼的准入问题和诉讼的实质事项。诉讼的准入是一切关于申诉者的资格和欧洲法院的管辖权问题，如申诉者有无资格起诉欧共体机构的某一法律措施；诉讼是否超过了规定的时限；对于申诉者请求的事项欧洲法院是否能给予（初步）裁决，等等。相应地，被告通常在其辩护状中也分两个部分：准入事项和实质事项。被告有可能首先就诉讼的准入问题提交反对的陈述，并请求欧洲法院先就诉讼的准入问题进行审议。即使被告不提出这一先决问题，欧洲法院也可以自行考虑诉讼的准入问题。毫无疑问，如果法院认为申诉者无诉讼资格或它自身对诉讼无管辖权，诉讼程序就不再继续。

在欧洲法院的诉讼程序中，成员国和欧共体机构由指定的代理人参与案件的司法程序，如有必要，可聘用顾问或律师予以协助。其他当事人（自然人和法人）则必须由持有在成员国的执业证件的律师代理。必须注意的是，成员国和欧共体机构即使不是诉讼的当事人，也随时都可以介入欧洲法院的诉讼程序。个人则不同，他们只能在有关案件的结果对其权益有影响的情况下才能享有这种介入权利。

起草申诉书所使用的语言一般被当作案件的语言。如果原告是成员国或个人，被告是欧共体机构，原告可以在欧盟的官方语言中任选一种。但是，如果被告是成员国（偶尔成员国的个人），语言的选择权属于被告。然而，无论当事人做何种选择，欧洲法院总是以法文作为其工作语言，其各种文件至少总是要译成法文供内部使用。

（二）调查或初步询查

有关的申诉状注册后，法院院长将案件分配给某一分庭具体受理，并从该分庭中指派一名法官做为案件的报告人（rapporteur）。与此同时，有关案件的所有材料分别发送到法院的所有法官，但只有指定的法官报告人和总顾问及其秘书们才真正对案件进行缜密的调查和研究。

接下来的程序性决定以法官报告人的初步报告为基础。在这一报告和总顾问的意见的指导下，法院决定是否需要进一步弄清事实问题，是否需要进一步取证，是否需要传唤证人，等等。这一系列程序性决定在法院合议庭的行政会议上进行。在这一阶段，法院也可以决定有关的案件是继续由原分庭受理，还是由法官全体审理。

调查主要包括下列事项：（1）请当事人亲自到场；（2）请当事人进一步提供文件与材料；（3）传唤证人到场并作证；（4）请专家作出有关的验证报告；（5）安排现场参观和考察。上述措施由法院指派分庭进行，或由法官报告人单独采取。这里的证人作证是调查的组成部分，而不是口头程序的环节。

欧洲法院很少运用正式的调查与初步调查程序。通常的作法是：法院在其行政会议上决定由报告人责成当事人或委员会书面或在口头听证会上回答法院事先提出的有关问题，或责成它们提供补充文件和材料。

（三）口头程序

当申诉状和辩护状交换和调查程序结束之后，法院院长就确定一个最早的方便日期举行公开的听证会。当事人及其代理人或律师应至少提前三周得到出庭的通知。在听证会之前，法官报告人将其报告分发给出席听证会的各方人员。报告的内容主要是概括案件的事实和各当事人的主张与辩护。

在听证会上，主要由诉讼当事人的律师和代理人或顾问分别作出陈述和辩护。如有必要，还听取专家的报告和证人的证词。双方当事人的发言有严格的时间限制：通常允许每一方 30 分钟；如果是由三名法官组成的分庭，每一方则只有 15 分钟。当事人双方发言后，法官和总顾问可以向当事人提出问题。在听证会结束时，总顾问通常宣布他将发表其咨询意见的日期。一旦总顾问宣读完咨询意见，口头程序即告结束。

（四）法院的判决

欧洲法院采用大陆法系国家的司法原则——秘密合议（principle of secrecy of deliberations）。因此，只有法官才能进入合议庭，有关案件的总顾问和注册官均不得出席。这一原则也适用于翻译。所以，在合议之前，法官首先要解决采用的语言问题（采用每一个法官都能运用的语言)。在绝大多数情况下，欧洲法院的合议以法文来进行。秘密合议原则还产生另一个结果：法官的不同意见不能在法院的判决书中出现。因此，对于案件的最终判决，外界无法知道有关判决是全体法官一致同意的，还是只有多数法官赞成。

欧洲法院的判决采用投票方式形成。根据法院的程序规则。法院的投票按照法官资历和年龄的倒序原则(principle of reverse order)进行，即：先由年龄最小和资历最浅的法官投票，再依倒序排列，最后由年龄最大、资历最深的法官投票。正如谢尔摩斯(Schermers)所指出的，“这种倒序的投票是欧洲大陆法院的一个古老的司法习惯，其用意是防止年长和富有经验的法官的投票影响其较年轻的同事”。①

根据《欧洲法院规约议定书》的规定，欧洲法院的判决书应陈述其基于的理由并附上参与合议的法官的姓名。判决书由所有参与合议的法官签名，并由法院院长和注册官监证。判决书在公开的听证会上由法院院长或分庭庭长或法官报告人当场宣读。判决书还在《欧洲法院报告》上正式公布。自第一审法院成立之后，《欧洲法院报告》的格式有所改变：欧洲法院的判决书在案件的编号之前有一个字母“C”，在该《报告》的第一部分发表；而第一审法院的判决则在案件编号之前有一个字母“T”，在《报告》的第二部分发表。

第六节 欧洲联盟的其他机构

除了上述理事会、委员会、欧洲议会和欧洲法院等主要机关外，《欧共体条约》还规定设立审计院、经济与社会委员会、欧洲货币研究院、欧洲中央银行体系、欧洲中央银行、欧洲投资银行等重要机构。

---

① H. Schermers, Judicial Protection in the European Communities, fourth edition, 1987, p. 449.

一、审计院

欧共体的审计院（The Court of Auditors）是由 1977 年关于修订《欧共体条约》和《合并条约》中涉及金融财政条文的条约而设立的。① 经《马约》修订的《欧共体条约》正式将它列为欧共体的一个机关。为此，有的学者将审计院视为欧共体的第五大机关。② 审计院位于卢森堡。

审计院现由 25 名成员组成，每一个成员国均拥有一名本国国籍的成员。各位成员由理事会与欧洲议会协商后任命，任期 6 年。如同欧盟委员会委员和欧洲法院法官一样，审计院成员的个人独立性应不存在任何疑问。他们应完全独立地行使审计职能，在任期内不寻求任何官方的指示，不从事其他职业。如同法官一样，审计员就职时应举行宣誓。

审计院的职能是审计共同体的收入与开支以及欧共体所建立的所有机构的预算（后者除非明文规定排除其审计）。审计院必须向理事会和欧洲议会呈递欧共体账目的可靠性和附属事项的合法性与规范性的保证报告。审计院必须审查欧共体所有收入和支出的合法性与规范性以及财务管理是否健全。在执行其职务的过程中，审计院有权检查各种记录和现场察看欧共体的所有办公场所。欧共体的机构和各成员国负有责任向审计院提供必要的文件和材料。审计院必须起草年度审计报告并在《欧共体官方公报》上发布。应欧共体某一机构的请求，审计院可以就一些具体问题递交特别报告。总之，正如《欧共体条约》第 248 条（原第 188c 条）所概括的，审计院的作用是“协助理事会和欧洲议会对预算的实施行使控制权”。

---

① 该条约于 1975 年 7 月 22 日签署，但直到 1977 年 6 月才生效。

② P. S. R. F. Mathijsen, A Guide to European Union Law, sixth edition, 1995, p. 114.

二、经济与社会委员会

经济与社会委员会（The Economic and Social Committee），简称为“经社委员会”（EcoSoc），现通称为“欧洲经济与社会委员会”（European Economic and Social Committee，EESC），是欧共体的协商机构，现由317名委员构成，各成员国的委员名额大体上是依据其人口多少来分配。① 各位委员按其个人能力由理事会与欧洲议会协商后任命，任期4年，可连任。经社委员会必须完全独立地为欧共体的最佳利益而行事。

经社委员会分成三个利益集团，即：（1）雇主集团，由雇主组织和商会的代表组成；（2）工人集团，由工会代表组成；（3）其他中小利益集团，由各种小商业者、消费者协会、农场主、职业组织和环境组织的代表组成。

经社理事会的作用是在欧共体的决策与立法过程中行使协商的职务。根据《欧共体条约》第262条（原第198条），在一些情况下，欧盟委员会和理事会负有义务与经社委员会协商，如关于内部市场以及社会、区域和环境等方面的政策与立法。在另一些情况下，协商是任意性的，尽管它可以自行发表意见。

根据《欧共体条约》第261条（原第197条）的规定，经社委员会应在该条约涉及的主要领域（如农业、交通）组成分支机构。为此，经社委员会现分成9个组，每一个组专门负责《欧共体条约》所规定的一个主要领域的协商事项，如对外关系问题、经济与货币问题、环境问题等。经社委员会的意见通常先由各专门小组负责起草，然后由经社委员会全体会议以多数表决的方式通过。虽然经社委员会无权修改立法草案，其意见也不具有约束力，但是

---

① 各成员国在经社委员会的名额分别是：德国、法国、意大利和英国各为24人；西班牙和波兰各为21人；比利时、捷克、希腊、匈牙利、荷兰、奥地利、葡萄牙和瑞典各为12人；丹麦、爱尔兰、立陶宛、斯洛伐克和芬兰各为9人；爱沙尼亚、拉脱维亚和斯洛文尼亚各为7人；塞浦路斯和卢森堡各为6人；马耳他为5人。

它是影响欧共体决策与立法的一支重要力量，因为它代表的是社会各界的利益。

三、区域委员会

区域委员会或地方委员会（The Committee of the Regions，CoR）是《欧共体条约》新设立的一个咨询机构，由区域和地方机构的代表组成。① 其目的是使成员国的区域和地方当局在欧共体的立法过程中享有更大的发言权。区域委员会在欧共体立法中的作用与上述经社委员会相同，所不同的是：欧盟理事会和委员会必须与区域委员会协商的领域比与经社委员会协商的领域要少。从《欧共体条约》的规定来看，与区域委员会协商的事项主要是经济与社会联结领域。例如，如果理事会打算在结构基金（structure fund）之外采取特定的行动，它只有与区域委员会协商之后才能进行。② 同样地，理事会在确定结构基金的任务、优先目标和组织时，也应与该委员会协商。③ 此外，理事会在作出涉及实施欧洲区域发展基金（European Regional Development Fund）的决定时，必须与区域委员会协商。④

区域委员会的成员总数和名额分配与上述经社委员会相同，任期5年。区域委员会本来应该在《马约》生效时（1993年11月1日）就开始工作，由于某些成员国未能按时递交其代表名单，直到1994年1月底，理事会才作出正式任命。作为一个新型的咨询机构，区域委员会的存在为时不长，但它在欧共体的立法与决策中的作用和影响正在日益扩大。

四、欧洲中央银行和欧洲投资银行

（一）欧洲中央银行

欧洲中央银行（European Central Bank，ECB）成立于1998年，

---

① 参见《欧共体条约》第263条（原第198a条）。

② 参见《欧共体条约》第159条（原第130b条）。

③ 参见《欧共体条约》第161条（原第130d条）。

④ 参见《欧共体条约》第162条（原第130e条）。

总部设在德国法兰克福。其核心职能就是管理欧盟的单一货币——欧元，并负责欧盟经济与货币政策的形成与实施。其主要任务是，维持欧元区的价格稳定，从而保证欧元的购买力不受通货膨胀的侵蚀。其目标是确保年度消费价格增长少于2%。为此，欧洲中央银行主要采用两种途径：一是控制货币供应；二是监控价格趋势。

为履行其职责，欧洲中央银行与欧洲中央银行体系（European System of Central Banks，ESCB）一道工作，后者由25个欧盟成员国的中央银行组成。但是，目前欧盟成员国中只有12个国家采用欧元，即“欧元区”（euro area）。这12个成员国的中央银行与欧洲中央银行一起组成所谓的“欧元体系”（Eurosystem）。

欧洲中央银行具有独立的法律人格。其运作由如下三层决策与管理机构组成：（1）总理事会（General Council）；（2）管理理事会（Governing Council）；（3）执行董事会（Executive Board）。根据《欧共体条约》第109a条的规定，其中总理事会由欧洲中央银行行长、副行长和25个欧盟成员国中央银行行长组成，其职能是为欧洲中央银行提供咨询和协调工作，并帮助筹备欧元区的未来扩大。管理理事会是欧洲中央银行最高的决策机构，由6位执行董事会成员和欧元区12个中央银行行长组成，由欧洲央行行长作为主席，其主要使命是决定欧元区的货币政策，尤其是负责确定商业银行从中央银行获取货币的利率。执行董事会由欧洲央行行长、副行长和四名其他成员组成。行长、副行长和其他四名成员均由欧洲理事会以共同协议的方式任命，任期为8年，① 不得连任。执行董事会具体负责管理理事会确定的货币政策的实施，并对各成员国央行作出指示。此外，它还负责管理理事会会议的筹备以及欧洲央行的

① 在1998年5月初举行的欧洲理事会会议上，成员国首脑们就首任欧洲中央银行行长的人选问题展开了激烈的争论。其中法国坚持应由法国现任中央银行行长担任，而以德国为首的其他成员国则倾向于前荷兰中央银行行长、现任欧洲货币机构主席担任。最后，经过反复磋商，达成的妥协是：欧洲中央银行的首任行长由前荷兰中央银行行长德伊森贝赫担任，但其任期只是8年任期的一半，另一半任期将由法国中央银行行长让-克洛德·特里谢夫担任。参见新华通讯社：《参考消息》，1998年5月6日，第2版。

日常管理工作。

（二）欧洲投资银行

欧洲投资银行（European Investment Bank，EIB）成立于1958年，是根据《欧共体条约》第266条和第267条（原第198d条和第198e条）而设立的一个重要的金融机构。其主要任务是为共同市场的平稳发展提供金融协助。其主要途径是通过资本市场的融资和利用其本身的财源向欧共体的各种公共或私有经济的工程或项目提供贷款，如向跨欧交通与电信网络工程贷款、向环保项目贷款等。虽然欧洲投资银行已成为世界上主要的金融机构之一（其安全级别为AAA），但是它不是一个赢利组织。

欧洲投资银行尤其向下列三大类经济与社会工程或项目提供贷款和担保：（1）欠发达地区的开发工程；（2）一定条件下（如不能完全由单个成员国提供资金）的企业现代化和改造工程；（3）不能由单个成员国资助，而且对若干成员国具有共同利益的工程。1994年5月，各成员国批准了《欧洲投资银行规约》的修订，允许它设立"欧洲投资基金"（European Investment Fund，EIF）。该基金将为主要的欧洲基础建设投资提供长期资助的担保，并协助中小型企业完成有关工程项目。

欧洲投资银行设有理事会（Board of Governors）、董事会（Board of Directors）和管理委员会（Management Committee）三级决策与管理机构。其中理事会由所有成员国的部长（通常为财政部长）组成，其职能是确立欧洲投资银行的一般借贷政策、批准收支报表和年度报告、授权欧洲投资银行向欧盟以外项目的融资和决定资本增加。董事会由26名董事构成，其中每一成员国和欧盟委员会各指派1名，其职责是批准借贷的具体运作和保证欧洲投资银行的适当管理。管理委员会是欧洲投资银行的全职执行机构，由9位委员组成，负责处理欧洲投资银行的日常业务。

欧洲投资银行的贷款对象主要是欧盟成员国及其领土上的私有或公有企业。贷款请求可以直接向银行提出，也可以通过欧盟委员会或有关的成员国转交。贷款或担保申请的决定由银行董事会在管理委员会的建议下作出。银行在作出融资决定之前，必须征求有关的成员国和欧盟委员会的意见。如果有关的成员国或欧盟委员会提出反对意见，银行董事会不得给予贷款或担保，除非其决定为全体一致同意。

欧洲投资银行具有独立的法律人格。其规约以议定书的形式附在《欧共体条约》之后。欧洲投资银行的总部设在卢森堡。

五、欧洲调查官

欧洲调查官,或欧洲弊政调查官(European Ombudsman)是根据《欧盟条约》(1992 年《马约》)而创建的一个职位,也可说是欧盟的一个机构。欧洲弊政调查官是欧盟官方机构与公民之间的一个中介机构,被授权受理和调查欧盟公民、企业和组织以及在欧盟任何成员国居住或拥有注册办事处之任何人提出的投诉。其主要作用是帮助欧盟各机构修复其“不当行政”或“弊政”(maladministration),改善行政管理。这里所谓的“不当行政”,是指欧盟机构行政作为的质量差或水平低或者本应根据欧盟法作为的不作为,即违反欧盟法或违反良政或违反人权的作为和不作为,如,不公平、歧视、滥用权力、缺乏或拒绝信息、不必要延误和不当程序,等等。

通常的运作程序是，投诉者首先与有关的欧盟机构联系，指出其不当行政事例，要求其改正。如果此法不奏效，投诉者在获知不当行政之日起的两年内可以向欧洲调查官提出指控。指控中必须说明投诉者的姓名、投诉的对象机构、投诉的问题等事项，可以请求对投诉保密。然后，欧洲调查官进行独立、公正调查，其间既不请求也不接受任何政府或组织的指示。最后，欧洲调查官根据调查的情况告知投诉者有关的处理结果、意见或方法。为解决有关问题，他可能只需要将有关的投诉通知到有关的机构即可；可能告知有关的投诉已经进入欧洲法院的诉讼程序；可能解释有关的投诉属于误会。如果有关欧盟机构对于欧洲调查官的调查或意见置之不理，他可以向欧洲议会提交特别报告，由后者采取必要的政治行动。

欧洲调查官由欧洲议会选举产生，任期 5 年，与欧洲议会议员的任期相同。欧洲调查官每年要向欧洲议会提交工作报告。

六、欧洲数据保护督导官

欧洲数据保护督导官（European Data Protection Supervisor）是2001年创立的一个新职位和新机构。其职责是保证所有欧盟机关和机构在编制或处理个人数据时保护人民的隐私权。这里所指的"编制"或"处理"（processing），包括收集信息、记录和储存信息、收回供协商的信息、向他人发送或提供信息等活动，也包括封锁、清除或销毁数据等活动。对于这些个人数据的处理活动，欧盟制定和实施严格的隐私保护规则。根据这些规则，欧盟机构在编制个人数据时不得暴露个人种族或族群起源、政治观点、宗教或哲学信仰或工会会员等内容。欧盟机构也不得就个人的健康或性生活编制数据，除非有关数据为医疗目的所必需，即便如此，这种数据必须由健康职业者或发誓保守职业秘密的其他人员来编制。

每一欧盟机关或机构都设有数据保护官员岗位，以保证数据隐私规则的适用。欧洲数据保护督导官与这些数据保护官员一道工作。当某个人确信自己的隐私权被某一欧盟机构滥用个人数据而受到侵害时，他可以向欧洲数据保护督导官提出指控。督导官将就此展开调查，并尽快地向他告知有关情况或处理意见，以使指控者接受或感到满意。督导官可以命令有关机构封锁、清除或销毁被非法编制的任何个人数据。如果指控者不同意或不接受督导官的处理决定，指控者可以将该事项提交欧洲法院。

第七节 《欧洲宪法条约》与欧盟治理结构的改革

从总体上讲，《欧洲宪法条约》有关欧盟治理结构的设计承袭了现行欧盟基本条约的规定及其实践。但是，在保持现有组织框架、职权分配和运作程序的基础上，宪法条约中作出了诸多完善和改革现行组织结构的规定。这些完善和改革的条款旨在提高欧盟的民主性、增进欧盟的运作效率和强化欧盟的一体化程度。其主要表现在：

首先，作为提高欧盟民主的一个标志，宪法条约进一步巩固和提升欧洲议会在欧盟治理结构中的地位与作用。在确立欧洲议会的职权时，明确地规定“应与理事会一起共同行使立法和预算职能”，并且将欧洲议会的其他职能，如“政治控制”、“协商”和“选举欧盟委员会主席”等，置于其“立法和预算”职能之后。① 这意味着，宪法条约下的欧洲议会是一个与理事会并驾齐驱的立法机关，这与它过去纯属协商机关和只是部分地行使立法权的现状形成鲜明的对照。

第二，宪法条约明确地将欧洲理事会列为欧盟组织结构的组成机构（第 I-19 条）。虽然欧洲理事会作为欧盟的最高决策机构早已是一种事实，但是过去和现行的欧盟的基本条约并没有将它列为欧共体/欧盟组织框架内的一个主要机关，甚至并没有将它视为一种正式的机构。例如，《欧盟条约》第 4 条（原第 D 条）对于欧洲理事会的组成是这样表述的：“欧洲理事会应将成员国国家元首或政府首脑和委员会主席召集在一起（bring together），他们应得到成员国外交部长和委员会的一位委员的协助……”从上述措辞可以看出，《欧盟条约》并没有直接使用“组成”（consist of）一词，这实际上是将欧洲理事会继续视为一种定期的首脑会议。而且，外交部长和委员会委员所要协助的是“他们”（即首脑们），而不是作为机构的欧洲理事会。宪法条约的相应规定则有显著的区别：“欧洲理事会应由成员国国家元首或政府首脑组成（consist of），连同其主席和欧盟委员会主席。本联盟外交部长应参与其工作”（第 I-12（2）条）。在这里，尽管欧洲理事会的成员基本上还是成员国的首脑（也略有变化，如其主席单列为成员；新设置的欧盟外交部长取代成员国外长参加等），但是他们是以欧盟的一个机关组成人员的身份行使职权，而不再是以首脑会议的被召集者身份参与欧洲理事会的活动。

第三，宪法条约变革欧洲理事会主席的产生方式，增强了欧盟的独立身份。根据现行的《欧盟条约》及其实践，欧洲理事会并没有自己独立的主席，而是由各成员国首脑每半年轮流担任，当值

---

① Treaty Establishing a Constitution for Europe, Article I-20（1）.

的成员国是欧洲理事会的轮值主席国。这是一种典型的国家间或政府间治理体制，其最大的好处是淋漓尽致地体现了国家主权平等，而与之相随的最大弊端是不利于一种国际体制的有效运作。宪法条约第 I-22 条规定："欧洲理事会应以特定多数方式选举其主席，任期为两年半，可连任一次。在发生妨碍或严重渎职的情况下，欧洲理事会可能依照同样的程序终止他或她的任期"。而且，宪法条约还规定，"欧洲理事会主席不应担任国内职务"（第 I-22（3）条）。宪法条约的上述规定对于欧盟的组织建设具有深远的意义：欧洲理事会主席，如同欧洲议会议长、欧盟委员会主席和欧洲法院院长一样，也必须经过选举产生、有特定的任期和必须是专任。遗憾的是，《宪法条约》并没有对欧洲理事会主席候选人的个人资格与条件做出明确而又具体的规定。

第四，宪法条约新设置了欧盟外长职位，增添了欧盟的"超国家"因素。这一职位的人选、产生方式和职责都具有新的特点。根据宪法条约第 I-28 条的规定，欧盟外长必须是欧盟委员会的一名副主席，由欧洲理事会与欧盟委员会主席达成协议后，以特定多数方式做出决定。外长的主要职责是具体负责欧盟共同外交与安全政策以及防务政策的实施。为了有效地履行其职责并保证相关的欧盟机关积极协调与配合，部长理事会的外交事务理事会将由欧盟外长主持，取代现行的理事会组成人员的轮流制；而且，作为欧盟委员会的副主席，他在委员会中负责对外关系，以保证欧盟所有的对外政策与行动的协调。可见，欧盟外长在欧洲理事会、欧盟理事会和欧盟委员会三个主要决策、立法与执行机关中均具有重要的地位和作用。

第五，宪法条约对于现行的欧盟司法体制进行了适当的改革。它在欧盟的基本文件中首次采用了"欧洲联盟法院"（The Court of Justice of the European Union）名称。但是，这里的"欧洲联盟法院"本身并不是对一个司法机关的具体冠名，而是对宪法条约中设计的欧盟司法机关体系的总称。欧洲联盟法院由欧洲法院（The Court of Justice）、一般法院（General Court）和专门性法院（specialised courts）组成。① 从宪法条约有关欧盟法院的组成、职权和程序等事项的规定来看（第 III-353 ~ 381 条），其设计的欧洲法院与现行的欧洲法院基本相同，一般法院则类似于现行的初审法院，至于专门性法院，只有现行的欧洲公务员法庭可归属于其中。值得指出的是，宪法条约中的“专门性法院”的英文采用的是复数形式，这说明它并不是一个特定法院的具体名称，而是指欧盟根据实际需要建立两个或几个专门法院。实际上，宪法条约第 III-359 条的规定已经证明了这一推断。该条规定：“欧洲法律可以建立依附于一般法院的专门性法院（specialised courts，复数形式，笔者强调），初级审理和裁决特定领域中提起的特定类型的诉讼……”需要进一步认识的是，宪法条约不仅仅规定三种类型司法机关的不同管辖权，而且还明确地规定了它们彼此之间的梯级结构（即一般法院为专门性法院的上诉法院，而欧洲法院又是一般法院的上诉法院和整个欧盟法院的终审法院），从而旨在构建明晰的欧盟内部的司法体系。

① See Treaty Establishing a Constitution for Europe, Article I-29（1）.

第八章

欧洲联盟法的制定

第一节 概 说

如前所述，欧盟法律根据其效力和制定特征，可以分为首级或第一级法律渊源和次级或第二级法律渊源。由于第一级法律渊源是通过成员国之间谈判与缔结条约的形式而完成的，与一般国际条约的缔结过程并无区别，故不作讨论。在第二级法律渊源中，欧盟与第三国或国际组织缔结的国际协定遵行的也是一般国际法和国际条约的制定规则与程序，故也不拟在此探讨。至于一般法律原则，它们本身已经存在于欧盟法、成员国法和国际法之中，而且是通过欧洲法院判例逐步确认的，不涉及制定与程序问题，故无需作进一步阐释。因此，本章集中阐述欧盟机构的立法及其程序。

欧盟机构的立法主要体现在欧共体领域。从这个意义上讲，欧盟的立法就是指欧共体的立法。所以，以下所分析的，集中于欧盟机构在第一支柱领域的立法问题。但是，欧盟在共同外交与安全政策和警察与刑事司法合作领域所采取的措施，无论在形式上，还是在程序上，均不同于欧共体领域，故也将作适当说明。

第二节　欧洲联盟的立法机关及其立法权力

要认识欧盟机构的立法，首先必须了解欧盟第二级法律制定的主体——欧盟的立法机关。长期以来，一般认为部长理事会是欧盟的立法机关，欧盟委员会是行政执行机关，而欧洲议会是咨询（协商）机关。如果说在20世纪80年代中期《单一欧洲文件》之前欧盟法律的制定大致如此的话，此后20年来的情况，尤其是自《马约》以来的发展，却发生了很大的变化。而且，这种变化在新近缔结的《欧洲宪法条约》中得到了进一步的加强。因此，在现行和未来的欧盟治理结构中，如果将它的立法机关仍限定为部长理事会，无疑是不符合实际的。从以下各种立法程序的阐述中，我们将不难发现，欧盟的立法机关由部长理事会、欧盟委员会和欧洲议会共同组成，它们各自在不同领域的立法过程中扮演着欧盟基本条约规定的不同角色。

首先，欧盟立法的动议几乎排他地来自欧盟委员会，没有委员会的立法动议案，就不可能有理事会与欧洲议会协商、合作或共同决定的后续立法程序。

其次，欧盟委员会根据《欧盟条约》的有关规定也享有单独的立法权，尽管这种情况不是很多。欧盟的这种立法权已经得到欧洲法院有关判例的确认。在“法国、意大利和英国诉委员会的第188-190号联合案”中，三个成员国均要求欧洲法院宣布委员会颁布的关于成员国和公共事业单位财政关系透明度的第80/273号指令无效。三个成员国认为，《欧共体条约》原第90（3）条（现第86（3）条）是颁布该指令的法律依据，而该条款并没有授权委员会进行立法，也没有为成员国创设该条约规定之外的新义务。依三个成员国看来，只有理事会才有立法权。欧洲法院驳回了三国的主张，认为：《欧共体条约》并没有规定所有的原始立法权都属于理事会。① 在另一个判例中，欧洲法院认定，当《欧共体条约》为委员会规定一项具体任务时，它同时也默示地赋予委员会以完成该项任务所需的权力（其中包括立法权力）。②

再次，《单一欧洲文件》之后，欧洲议会在欧盟的立法权得到确认和增强。20世纪80年代中期以前，欧洲议会的最大权力限于欧共体预算的决定权力，对于欧共体的立法，其作用主要是程序性的协商权力。当然，尽管欧洲议会的协商权是立法程序规则的要求，如果有关立法违反了这一程序规则，有关法案则被认定为无效。1987年生效的《单一欧洲文件》增加了合作立法程序，赋予了欧洲议会在立法过程中的二读权力。在合作立法程序中，如果欧洲议会反对有关的立法议案，理事会只能在全体一致同意的决策方式下才可以通过该法案。《马斯特里赫特条约》又注入了共同决定程序，即在共同市场建设方面，绝大多数的立法必须由理事会和欧洲议会共同制定。

最后，由于欧洲议会立法权的增强与扩大，理事会的立法权也就随之相对减弱和缩小。过去，理事会对于欧盟的第二级法律的制定享有排他的最终决定权。如今，理事会的最终决定权一方面受到合作立法程序的制约，另一方面在共同决定立法领域不得不与欧洲议会分享。

通过上述欧盟立法机关及其立法权的剖析，我们可以认识到欧盟立法权的重心已经发生了明显的变化。如果说过去欧盟立法权的绝对重心在理事会，那么现在这个“重心”已经动摇了，欧洲议会越来越成为这个“重心”的组成部分。欧盟立法权重心的变化还意味着：欧盟的立法由过去的成员国政府的“合意”取向正在越来越朝着政府意志与民众意志共同取向发展。欧盟的这一立法趋

① 参见《欧洲法院报告》（1982），第2545页。转引自弗兰西斯·斯奈德著，宋英编译：《欧洲联盟法概论》，北京大学出版社1996年版，第29～30页。

② 参见“德国、法国、荷兰、丹麦和英国诉委员会的第281、283-285和287-285号联合案”，《欧洲法院报告》（1987年），第3203页。转引自弗兰西斯·斯奈德著，宋英编译：《欧洲联盟法概论》，北京大学出版社1996年版，第29页。

势无疑是当今国际组织和国际体制决策的最先进的代表，同时也表明欧盟的立法程序越来越接近国内社会的立法特点。

第三节　欧盟机构立法的基本要件

在欧共体领域，欧盟机构制定法律必须满足一定的前提条件，且隶属于欧洲法院的司法审查。这些前提条件是检验欧盟机构立法是否合法和有效的标准，其中有的是欧盟基本条约明确规定的，有的则是通过欧洲法院的判例确认的。

第一个基本要件是欧盟及其立法机关必须具有相关领域或事项的立法权能（competence or the legal power to act）。这一要件源于欧盟的基本条约对欧盟整体（参见《欧共体条约》第5条）和具体机构（参见《欧共体条约》第7条）所规定的"有限权力"原则（principle of limited powers）或"授权原则"（principle of conferral）（参见《欧洲宪法条约》第I-11（1）条和本书第三章第二节）。立法权能的要件就是指立法机关在制定有关法律时必须具有有效的法律依据，这种法律依据应在特定立法文件中陈述（通常是在序言中）。立法的法律依据还不仅仅表明欧盟和特定机构的权能，而且在欧盟的基本条约体系中还涉及法律依据的选择（choice of legal basis）问题，因为欧盟各机构根据欧盟基本条约的不同规定在相关领域的权能的广度与深度也不完全相同。所以，法律依据的选择是欧盟立法过程中一个重要的因素。根据欧洲法院的确认，法律依据及其选择是一个法律问题，即"一项措施的法律依据之选择不可仅仅取决于一个机构对其追求目标的确信，还必须基于经得起司法审查的客观因素"。①

虽然欧盟机构在立法中明确援引欧盟基本条约的条款并不是绝对的要求，但是立法文件中不援引法律依据会导致有关立法措施被指控——如果有关当事人和欧洲法院对特定事实中确切的法律依据

---

① See Case 45/86 Commission v. Council (Generalised Tariff Preferences) [1987] ECR 1493, p. 1520.

不确定。不仅如此，错误的援引，甚至一般性的（笼统的）援引，还不足以满足“援引法律依据”的要求，会导致有关立法机关在欧洲法院被起诉直至败诉。

第二个基本要件是每项立法必须充分陈述有关的理由。立法机关陈述立法理由的义务是透明度原则（principle of transparency）的一种要求。依据《欧共体条约》第230条（原第173条）的措辞，这又是一种“必要程序要求”（essential procedural requirement）。根据《欧共体条约》第253条（原第190条）的规定，理事会、委员会和理事会与欧洲议会联合通过的条例、指令和决定应提及《欧共体条约》中所要求的任何建议和意见并应含有理由陈述。立法理由陈述为司法审查提供了方便，有利于任何利益方和欧洲法院了解有关机构立法的具体情势。立法机关陈述立法理由的义务因立法类型的不同而不完全一样。一般说来，越是一般性的立法文件，其陈述理由的义务就越宽松；越是具体的立法文件，其陈述具体理由的义务就越严格。

第三个基本要件是欧盟立法应遵循《欧共体条约》第5条规定的从属性原则（principle of subsidiarity）和相称性原则（principle of proportionality）（详见本书第三章第二节）。从属性原则作为欧盟立法之合法性和有效性的条件应如何运用，在欧共体时期并不十分明晰，而是从《马约》之后才开始逐步形成的。与之形成鲜明对照的是，虽然相称性原则所谓的“宪法化”时间也不长，但是欧洲法院早已将其确认为欧盟法律的一般原则，并运用到一系列的领域来审查欧盟或成员国有关措施的合法性和有效性。

最后，值得注意的是，即使欧盟机构的有关立法符合上述三个基本要件，仍然有可能被有关利益方指控甚至被欧洲法院裁定为非法而无效，因为根据《欧共体条约》第230条（原第173条）的规定，约束欧盟立法者还有“任何其他法律规则”（any other rule of law）。

第四节 欧洲联盟的立法程序

欧盟立法的一个重要特点是，其现行的立法程序不是单一的，这既不同于其他国际组织的立法与决策，又区别于国内立法机关的立法程序。据欧盟委员会的一份报告披露，从欧盟的基本条约的规定中可以辨识出22种不同的立法程序。① 由此可见，欧盟的立法程序十分的复杂。尽管如此，单一程序（single reading procedure）、合作程序（cooperation procedure）、同意程序（consent procedure）和共同决定程序（co-decision procedure）是欧盟立法的四种基本模式。以下就这四种主要的立法程序分别予以阐释。

一、欧盟立法的单一程序

在四种基本立法模式中，单一立法程序，也称之为一读立法程序，是最简易的一种立法模式。由于一读程序是欧盟在《单一欧洲文件》之前唯一采用的一种基本立法程序，故有“旧立法程序”（old legislative procedure）之称。又由于欧洲议会在这一立法程序中的主要作用是咨询性质，故又称之为“协商立法程序”（consultative legislative procedure）。

在协商程序下，欧盟的立法措施遵循的基本步骤是：（1）欧盟委员会提出立法提案并递交到部长理事会；（2）理事会收到提案后与欧洲议会和/或经社委员会和/或区域委员会协商（或在有关情况下甚至与欧洲中央银行协商）；（3）理事会以简单多数或特定多数或全体一致同意的方式通过有关立法。

尽管《单一欧洲文件》和《欧洲联盟条约》先后对欧盟立法程序进行了重大改革，但是在欧洲议会不得不介入的立法领域中，须经协商程序的仍然占多数。据有关统计，现行的《欧共体条约》

① See Jo Shaw, Law of the European Union, second edition, Macmillan Law Masters, 1996, p. 143.

中有33处明文规定了协商程序。① 一般说来，凡是欧共体的重要事项都规定了协商程序，如所有的共同政策领域和国际协定的缔结。实践还表明，即使在《欧共体条约》没有明文规定的领域，理事会在通过有关立法之前多年来一直坚持与欧洲议会进行协商。

虽然在协商程序中欧洲议会或其他有关机构（如经济与社会委员会、区域委员会和欧洲中央银行）的意见不具有约束力，但是，凡是《欧共体条约》有明文规定的地方，欧洲议会和其他机构的协商权构成欧盟立法“必不可少的程序要求”。正如欧洲法院在一项判决中所指出的，协商“是使欧洲议会在本共同体立法过程中起实际作用的手段。此等权力表示了《欧共体条约》所设想的机构平衡的一种必不可少的要素。虽然有限（指欧洲议会的作用，笔者注），但是它在欧共体一级反映了这样的一项基本原则：人民应通过一个代表性大会的中介参与行使权力。因此，在《欧共体条约》所规定的情况下，与欧洲议会的适当协商构成一种不可避免的程序，不顾这一程序意味着有关的措施无效”。② 总之，违反这一协商程序，有关立法最终有可能成为欧洲法院受理的废除诉讼的对象。

---

① 《欧共体条约》明文规定有协商程序的条款分别是：第19条（公民权）；第22条（公民权的发展）；第37条（农业）；第46条（经营自由）；第47条（自我雇佣者）；第71条（交通运输）；第83条（竞争规则的执行）；第89条（国家援助）；第93条（税收）；第94条（政策与法律的协调）；原第100c条（第三国国民）；第104条（超常的政府赤字）；第107条（欧洲中央银行体系规约）；第111条（欧洲货币单位兑换率）；第112条（欧洲中央银行执行董事会）；第117（1）条（欧洲货币机构主席）；第117（6）条（理事会与欧洲货币机构协商）；第117（7）条（欧洲货币机构）；第121（2）和（4）条（欧洲货币联盟第三阶段的开始）；第122（2）条（欧洲货币联盟第三阶段的例外）；第157条（工业）；第159条（经济与社会政策的联结）；第166条（具体研究方案）；第172条（联合研究与发展承诺）；第175条（环境）；第269条（自身财源）；第279条（财政条例）；第300（3）条（国际协定）。此外，《欧盟条约》第17（7）条（共同外交与安全政策）和第34（6）条（司法与内务合作）也明文规定了协商程序。

② Case 138/79 Roquette v. Council [1980] ECR 3360.

理事会与欧洲议会的协商，不仅要求理事会征求欧洲议会的意见，而且还意味着理事会必须在实际收到欧洲议会的意见之后（或在适当期间结束之后）才能通过有关的法案，尽管理事会没有义务采纳欧洲议会的意见。在通常情况下，需要给欧洲议会留有充裕的时间，以便形成其意见，因为欧洲议会意见的形成必须经过一个由有关的专门委员会的意见草案到议会大会通过正式意见的过程。当然，在实践中，有可能遇到需要紧急立法的问题。在这种情况下，理事会是否必须总是要等待欧洲议会做成意见之后才能通过立法议案呢？对此，欧洲法院曾经在一个相关的案件中做出了否定的裁决。① 该案涉及一项将 1992 年的普遍优惠关税制度延伸到 1993 年的法案。理事会于 1992 年 10 月 22 日请求欧洲议会发表协商意见，并同时请求作为紧急事项。欧洲议会随即接受了这一请求，并决定于 1992 年 12 月 18 日举行全会进行辩论和通过决议。然而，全会在没有就该事项进行讨论之前就休会了。由于在当年年底前不可能重新召开议会全会，理事会自己于 1992 年 12 月 21 日通过了有关的条例，以免逾越年底立法的截止日期。随后，欧洲议会以理事会违反与之协商的必要程序为由，请求欧洲法院废除有关的条例。欧洲法院认为，虽然本事项缺乏正式形式的协商，但是欧洲议会自身没有遵守机构之间必不可少的“真诚合作”（sincere cooperation）义务。因此，欧洲议会无权指控理事会在其通过有关条例之前没有等待前者的意见。本案表明：有效的协商总是取决于有关当事方的“善意”（good will）。

二、欧盟立法的合作程序

“合作程序”（cooperation procedure）这一概念首次规定于《单一欧洲文件》第 6 条和第 7 条，现规定于《欧洲联盟条约》第 252 条（原第 189C 条）。这一程序的目的是增强欧洲议会在欧共体立法过程中的影响，但并不给予它真正的共同立法权。因此，合作程

① Case C-65/93 Parliament v. Council (Generalised Tariff Preferences) [1995] ECR I-643.

序实际上是一种更为缜密的协商程序，即：欧洲议会对于有关的法案在原有的协商程序的基础上享有二读的权力。关于合作立法程序的具体运作如下：

1. 一读程序

(1) 委员会向理事会递交提案；

(2) 理事会进行审议，其间与欧洲议会协商并获取后者的意见，如需要，获取经济与社会委员会和/或区域委员会以及/或欧洲中央银行的意见；

(3) 理事会以特定多数方式通过其“共同立场”(common position)；

(4) 理事会将其“共同立场”通知欧洲议会，其间，如有必要，委员会可以将其意见补充到“共同立场”之中。

2. 二读程序

欧洲议会收到“共同立场”后，在三个月内可采取如下四种方式的举措：

(1) 以简单多数方式批准“共同立场”，随后，理事会可以在“共同立场”的基础上通过有关的法案；或

(2) 不采取任何行动。在这种情况下，理事会同样可以在“共同立场”的基础上通过法案；或

(3) 以绝对多数方式就“共同立场”作出修正案；然后在一个月内，委员会重新审查提案并就其不通过欧洲议会修正案发表意见；接下来的三个月内，理事会可以特定多数的方式通过重新审查后的提案，或以全体一致同意方式通过委员会尚未通过的欧洲议会修正案或其自身的修正案，并在此基础上通过法案；或不采取任何行动，致使有关提案夭折；或

(4) 以绝对多数方式拒绝“共同立场”，在这种情势下，理事会在三个月内可以全体一致同意方式在“共同立场”基础上通过法案，或不采取行动，使有关法案终止。

《单一欧洲文件》之后，合作程序主要适用于有关内部市场完成的措施（原《欧洲经济共同体条约》第100A条）和实现工人流动自由、服务提供自由和建立公司自由的措施（原《欧洲经济共

同体条约》第49条、54（2）条、56（2）条、57条），以及有关工人健康与安全的措施（原《欧洲经济共同体条约》第118A条）。《马约》之后，除了工人健康与安全的措施之外，上述其他事项的立法已经"上升"到理事会和欧洲议会共同决定的范畴。目前，《欧共体条约》第252条的合作程序主要适用于如下一些条款和领域的立法：

合作程序立法的条款与事项对照表①

《欧共体条约》条款	领域或事项
第12条	消除基于国籍的歧视
第71条	共同运输政策
第80条	共同运输政策
第99条	保证经济政策更加紧密协调的多边监督
第102、103条	平等进入金融机构
第106（2）条	货币的发放
第138条	工人健康与安全
第148条	欧洲社会基金运作实施性决定
第150条	职业培训政策
第152条	共同健康领域激励措施
第156条	跨欧洲网络
第162条	有关欧洲区域发展基金实施性决定
第175（10）条	环境：实现欧共体条约第174条目标的行动
第179条	发展合作：实现《欧共体条约》第177条目标的行动

三、欧盟立法的同意程序

"同意程序"（assent procedure）是通过《单一欧洲文件》确

① See Jo Shaw, Law of the European Union, second edition, Macmillan, 1996, p. 150.

立的一个新程序。当时，这一程序仅适用于两个方面的决定：一是接纳新的欧共体成员国，二是欧共体与第三国缔结联系协定。通过《马约》修订的《欧共体条约》又将这一程序的适用扩展到其他一系列事项，如第 18 条中的联盟公民权的行使方式；第 105（6）条关于欧洲中央银行具体职务的确定；第 105（5）条关于欧洲中央银行体系议定书的修订；第 161（1）条关于结构基金的任务、优先目标和结构；第 161（2）条关于设立联结基金；第 190（3）条关于欧洲议会直接选举的程序；第 300（3）条关于特定领域国际协定的缔结，等等。①

“同意程序”意味着：凡是属于这一程序的事项，没有欧洲议会的同意，就不可能形成有约束力的立法文件。因此，这一程序实际上构成欧洲议会的否决权。它与下述“共同决定程序”的区别是：在“同意程序”下，理事会只能在取得议会的同意后才能作出正式的决定；在“共同决定程序”中，理事会与欧洲议会一起来决定有关事项。换言之，根据“共同决定程序”，欧洲议会与理事会进行讨论或协调；依照“同意程序”，欧洲议会要么同意，要么拒绝同意，没有与理事会讨论和协调的余地。

四、欧盟立法的共同决定程序

“共同决定程序”是《欧共体条约》对原有的立法程序进行修订的一个重要举措，它使欧洲议会在特定事项上真正与理事会共同行使立法与决策权。这一新程序的实质意义在于：它使理事会与欧洲议会之间在一些领域的立法方面形成一种相互影响和相互作用的关系，这种关系似乎可与某些国家议会中两院之间的关系相比拟。

根据有关统计，《欧共体条约》共有 14 处条款规定适用“共同决定程序”，分别是：第 40 条关于工人自由流动的措施；第 44（2）条关于实施经营权利的一般计划的指令；第 46（2）条工人流动自由之例外的协调；第 47（1）条关于相互承认文凭的指令；第

---

① Jo Shaw, Law of the European Union, second edition, Macmillan Law Masters, 1996, pp. 154-155.

47（2）条关于自我雇佣者的法律协调；第55条关于提供服务自由；第95条关于完成内部市场建设的协调；原第100b条关于同等国内措施（未经协调）的承认；第149（4）条关于教育、职业培训和青年的鼓励措施；第151（5）条关于文化的激励措施；第152（4）条关于公共健康的激励措施；第153（2）条关于消费者保护的具体行动；第166（1）条关于研究与发展的多年度框架；第175（3）条关于环境的一般行动计划。①

上述所列表明，“共同决定程序”的事项甚为广泛。然而，正如一位前任欧共体总干事所指出的②，这一程序所适用的许多事项是关于内部市场领域，而统一大市场已于1992年底建成，有关这方面的立法已基本完成。这一程序适用的另一些事项是欧共体的权力颇为有限的领域（如教育、文化、公共健康等），而且欧共体的措施仅仅是提供“激励措施”（incentive measures）。可见，“共同决定程序”的实际价值是有限的。不过，《欧共体条约》第251（8）条为1996年以后扩大这一立法程序的适用范围提供了可能性。

根据第251条的规定，“共同决定程序”的大致过程可从下列三个阶段进行概括：

第一阶段：首先，委员会向理事会和欧洲议会分别递交立法提案；接着，议会审议并发表其意见；与此同时，理事会审议和通过“共同立场”并将该“共同立场”传送到议会。

第二阶段：欧洲议会针对理事会的“共同立场”可在三个月内作出如下选择：

（1）批准理事会的“共同立场”，然后由理事会以正式的法律文件予以通过；或

（2）弃权（不作任何反映），然后理事会依照“共同立场”通

① Jo Shaw, Law of the European Union, second edition, Macmillan Law Masters, 1996, p. 153.

② See P. S. R. F. Mathijsen, A Guide to European Union Law, sixth edition, Sweet& Maxwell, 1995, p. 35.

过相关法律；或

(3) 以绝对多数表决方式作出决定，表示打算拒绝“共同立场”。随后，理事会可以召开调解委员会（Conciliation Committee)① 会议；此后，如果议会仍坚持其拒绝的立场，理事会的法案就被认定为没有获得通过；或

(4) 对“共同立场”提出修正案，然后继续进入第三阶段。

第三阶段

(1) 理事会可以在3个月内以特定多数的方式（如果委员会在此期间对修正案发表否定意见，则理事会应以全体一致的方式），批准修正案，并相应地修改其原来的“共同立场”和通过法律；如果理事会不批准议会的修正案，则应举行调解委员会会议，调解委员会应尽力达成一个共同文本；

(2) 然后，理事会和议会有6周的时间来通过共同文本；如果二者之一未通过共同文本，有关的法案应被认定为未获通过；

(3) 如果调解委员会没有达成一个共同文本，理事会可以确认其原来的“共同立场”，也可以将欧洲议会的修正案吸收进去；除非欧洲议会以多数表决方式拒绝这一文本，有关的立法应被认定为获得最后通过。

综上所述，足见这一新的“共同决定程序”十分的复杂。尽管如此，我们从中不难看出欧洲议会有三次机会来阻止理事会通过法律，即：(1) 拒绝理事会的“共同立场”；(2) 不通过调解委员会的共同文本；(3) 拒绝理事会的最后文本。具有特别重要意义的是，从《欧盟条约》生效时起，凡是依照“共同决定程序”通

---

① 根据《欧共体条约》第251（4）条（原第189b（4）条），调解委员会应由理事会成员或其代表和欧洲议会的议员或其代表组成，双方成员的数目应相等。其职务是：以理事会成员或其代表的特定多数和欧洲议会或其代表的多数方式就联合立法文本达成协议。欧共体委员会也应参与调解委员会，其任务是：采取一切必要的措施来协调议会和理事会的立场。在1993年10月25日的机构间会议上，理事会、委员会和欧洲议会三个主要机关专门就该调解委员会的工作缔结了一个协定。See Commission: Twenty-seventh General Report of the European Community, 1993, p. 355.

过的立法文件（如条例、指令、决定）将不再仅仅是理事会名下的文件，而是理事会和欧洲议会共同制定的法律文件。

五、共同外交与安全和警察与刑事司法合作领域的法律制定

严格地说来，欧盟在其第二支柱和第三支柱领域不存在类似于第一支柱领域那样真正的“立法”程序。第二和第三支柱领域的决策主要是（虽然不全是）政府间性质的，基本上是由各成员国元首、首脑和主管部长组成的机关（即欧洲理事会和部长理事会）来制定，作为欧盟公民直接代表的欧洲议会一般不参与实质性的程序，通常只是拥有知情权，至多在特定事项上起一定的协商作用。此外，欧盟在第二和第三支柱领域中形成的决议，一般说来，虽然对各成员国和欧盟机构具有法律约束力（对个人不具有直接的法律效力），但是不隶属于欧洲法院的司法管辖（但第三支柱中特定措施的有效性和解释可以提请欧洲法院初步裁决或司法审查）。

欧盟在共同外交与安全政策领域的决策过程基本上是一个成员国之间互通信息和彼此协商的过程，并在一定的情况下导致国际行动的协调和共同立场或联合行动的采取。在原来的《欧盟条约》中，理事会为实施欧洲理事会的决议（一般准则、共同战略）而制定的联合行动，可以特定多数的方式进行；在其他情况下，理事会以全体一致同意方式进行决策。然而，《阿约》删掉了有关表决方式的规定。① 总之，在第二支柱领域，欧洲理事会和轮值主席国的作用至关重要：前者为共同外交与安全政策确定一般指导原则，后者在轮值期间代表欧洲理事会并肩负与欧洲议会协商的任务。欧洲议会在这一领域扮演的角色较轻，它可以向理事会提出问题并做出建议，以及就实施共同外交与安全政策的进展举行年度辩论。与欧洲议会相比，欧盟委员会的作用要实在得多：它有权在共同外交与安全政策领域所开展的工作保持“充分的联系”（fully associated），并可向理事会提及有关这一领域的问题和建议，而且委员会的主席直接参与欧洲理事会。

① 参见《欧盟条约》第 14 条（原第 J.4 条）。

在决策制定方面，虽然《欧盟条约》有关警察与刑事司法合作的规定在性质上大致与上述涉及共同外交与安全政策的条款相类似，但是各欧盟主要机构的作用有很大的不同。在第三支柱中，欧洲理事会并不直接介入，起核心作用的是欧盟理事会。首先，各成员国之间在这一领域进行的协商、协调和合作都是在理事会中进行。其次，理事会自身可以在任何成员国或委员会的动议下，以全体一致同意方式制定共同立场、框架决定、决定和公约。① 欧盟委员会在特定的范围内可以通过动议权进行一些直接介入并与该支柱中开展的工作保持“充分的联系”，并可以就有关事项是否应该过渡到第一支柱领域发动辩论。欧洲议会在第三支柱领域的作用限于协商权。具体而言，理事会在制定框架决定、决定和公约之前必须与欧洲会议进行协商。此外，欧洲议会可以提出有关问题并就这一领域的进展举行年度辩论。②

需要特别指出的是，欧洲法院对于第三支柱领域制定的特定文件享有管辖权。③ 具体地说来，它对于这一领域如下特定措施的事项享有初步裁决权：（1）框架决定（framework decision）和决定（decision）的有效性和解释；（2）公约（convention）的解释；（3）这些法律文件（框架决定、决定和公约）的实施性措施之有效性和解释。对于上述欧洲法院的初步裁决管辖权，各成员国应在《阿约》签署之后或其后的任何时间发表接受宣言。此外，欧洲法院对于成员国或委员会提起的有关框架决定和决定的合法性诉讼享有司法审查管辖权。最后，欧洲法院对于成员国之间有关共同立场、框架决定、决定和公约的解释或适用的争端享有裁决权（如果理事会在6个月内不能解决），并对于成员国与欧盟委员会之间有关公约的解释或适用之争端享有裁决权。

欧盟各主要机构之所以在第三支柱的法律制定中介入的深度和广度都要强于或大于第二支柱，这是因为：与共同外交安全政策相

---

① 参见《欧盟条约》第34条（原K.6条）。

② 参见《欧盟条约》第39条（原K.11条）。

③ 参见《欧盟条约》第35条（原K.7条）。

比，警察与刑事司法合作与第一支柱（欧共体）的联系更为密切，彼此具有更多的交叉或互动的因素。而且，第三支柱中的一些领域或事项正处在向第一支柱领域过渡的阶段。

第九章
欧洲联盟法的实施与执行

第一节　概　　说

与其他国际法律秩序相比，欧盟法律秩序的特点不仅体现在法律主体、法律客体、法律渊源、法律制定、法律效力和组织结构等方面，而且还表现在其法律的实施与执行机制方面。在任何一种法律体系中，法律的实施与执行总是至关重要的，因为任何社会的法律无论是多么的完善，立法水平无论有多高，如果得不到有效的实施和执行，法律的价值就无法体现，法律的作用就得不到发挥。尽管欧盟的一体化程度很高，具有诸多所谓的“超国家”因素，但它毕竟还不是一个主权的实体。与普遍性国际法和其他政府间体制制定的规范一样，欧盟总体上缺乏像国家那样的手段和资源来实施其法律，来保证其法律在整个欧盟空间的执行。例如，欧盟没有自己的警察、税务、海关和其他相关的机关或部门来执行诸如征收关税，实施共同农业政策、渔业政策、工业政策、竞争政策、运输政策、社会政策、能源政策、科技政策、外交与安全政策等领域的具体措施。因此，欧盟法律的实施与执行主要还是依靠各成员国的各级国家机关和政府部门。

那么，欧盟是如何利用和保证各成员国的机关或机构来有效实施和执行其法律呢？首先，依靠各成员国忠诚于欧盟的一般义务，主要法律依据是《欧盟条约》第10条（原第5条）。其次，欧盟机构的单个立法文件（如条例、指令、决定）为成员国的实施和执行规定了详细的程序和要求。通过上述途径来实施欧盟法被一些欧盟法学者称之为“间接实施”（indirect implementation）或“间接执行”（indirect administration）。① 近年来，欧盟委员会开始注重激励欧盟法律实施与执行方面的纵向合作（欧盟与成员国之间）和横向合作（成员国彼此之间），强调欧盟与成员国之间和成员国彼此之间应交流有关实施欧盟法的信息。例如，欧盟委员会曾就内部市场领域欧盟立法的实施与执行的行政合作发布了一个“委员会通报（Commission Communication）。在此基础上，部长理事会还专门就协调成员国行政当局之间信息交换和发展彼此间的行政合作事项通过了一项条例。②

最后，在保证成员国有效实施和执行欧盟法律方面，欧盟委员会的监督和成员国之间的相互监督作用不容忽视。为此，《欧共体条约》第226条（原第169条）规定了委员会监督成员国实施和执行欧盟法的程序，而第227条（原第170条）为成员国之间的相互监督规定了类似的程序。根据《欧共体条约》这两条的规定，委员会或/和任何成员国可以将不执行或没有合法、有效、适当执行欧盟法的有关成员国作为被告向欧洲法院提起诉讼。通过欧盟司法程序保证欧盟法实施的这两种方式被称之为“直接实施或执行”（direct implementation or enforcement），以区别于通过成员国国内法院诉讼的“间接方式”（即通过个人在成员国法院提起的诉讼，详见本书第十一章）。

---

① Daintith, European Community Law and the Redistribution of Regulatory Power in the United Kingdom, 1 ELJ 134, 1995.

② See OJ 1994 C181/1; OJ 1994 C179/1.

以下本章将结合欧洲法院的一些判例，首先阐述《欧共体条约》第10条在欧盟法律的实施与执行方面的地位与作用，然后重点分析《欧共体条约》第226～268条规定的欧盟法实施的监督程序及其在实践中产生的相关法律问题，最后揭示欧盟机构在保证欧盟法的有效实施与执行方面所面临的一些挑战。

第二节 《欧共体条约》第10条的地位与作用

《欧共体条约》第10条（原第5条）规定：

> 成员国应采取一切适当措施，不论是一般的或是特殊的，保证履行由本条约或本共同体机构所采取的行动而产生的义务。它们应促进本共同体各项任务的实现。
>
> 它们应避免采取妨碍本共同体各项目标之实现的任何措施。

从第10条的措辞不难看出，《欧共体条约》为成员国实施和执行欧共体法规定了两项基本的义务，即积极的作为义务（positive obligation of action）和消极的不作为义务（negative obligation of non-action）。所谓“积极的作为义务”，是指各成员国应通过其国内的措施来实施有关的欧盟法律；所谓“消极的不作为义务”，是指各成员国不得采取任何违反欧盟法律的国内措施。可见，《欧共体条约》第10条在各成员国实施欧盟法律方面，或者说在欧盟法与成员国法的关系方面具有普遍性的指导意义，从肯定和否定的双重角度为各成员国履行欧盟法的各项具体义务创设了一般性的义务。

在相当长的时期内，研究欧共体法的学者较普遍地认为，《欧共体条约》第10条只有在与《欧共体条约》规定的宗旨和其他确立欧共体政策的法律规定结合起来理解的情况下才能产生效力。从20世纪90年代开始，欧洲法院的司法实践表明，它越来越倾向于将第10条作为各成员国在欧盟条约体系中的一项单独的义务予以援用。① 至于第10条的重要地位与作用，欧洲法院曾在另一起案件中裁定："根据本共同体组织体系赖以建立和支配本共同体与各成员国之间关系的一般原则，是由各成员国依照本条约第5条（现第10条，笔者注）来保证本共同体条例，尤其是那些涉及共同农业政策的条例在其领土内的实施。"② 为此，各成员国负有义务使其国内规定和实践符合欧盟法律的要求。

欧洲法院的判例还表明，各成员国依据《欧共体条约》第10条和其他欧盟法而承担的义务适用于各成员国各级的立法机关、执法机关和司法机关。③ 欧洲法院强调，成员国所有的权威机构都必须在其权能范围内保证欧盟法律规则的遵守，但是欧盟委员会无权断定成员国国内权能的划分，只能查实国内的监督和检查程序是否有效地保证欧共体法的实施。不过，在保证欧盟法的实施方面，各级成员国法院的义务与权能是明确的，即：保证将欧盟法律有效地适用于个人。

欧洲法院的判例还进一步表明，《欧共体条约》第10条在实施欧盟法方面还隐含着一种合作义务（a duty of cooperation）。欧洲法院认为，各成员国负有义务促进欧盟委员会根据《欧共体条约》第211条（原第155条）规定的各项任务的实现，其中包括提供有关实施方面的信息，如果有必要且得到请求。从欧盟委员会的角度来看，它享有向有关成员国获取其实施欧盟法的信息的一般权利，尽管欧盟的立法中对成员国规定了具体的报告要求。④ 如果成员国拒绝提供信息，甚至对欧洲法院的请求也同样拒绝，就会"构成严重妨碍司法"（serious impediment to the administration of justice）。⑤ 欧洲法院的实践还进一步说明，《欧共体条约》第10条隐

---

① See Case C-374/89 Commission v. Belgium [1991] ECR I-367.

② See Case 205-215/82 Deutsche Michkontor GmbH v. Germany [1983] ECR 2633, p. 2665. Also See Jo Shaw, Law of the European Union, Macmillan Law Masters, second edition, 1996, p. 209.

③ See Case C-8/88 Germany v. Commission [1990] ECR I-2321.

④ See Case C-33/90 Commission v. Italy [1991] ECR I-5987.

⑤ See Case 272/86 Commission v. Greece [1988] ECR 4875, p. 4903.

含的合作义务同样适用于欧盟的机构，即欧盟机构尤其是欧盟委员会，如果有关成员国政府机构提出请求，应提供有关信息和协助。①

第三节 《欧共体条约》第226～228条的实施机制

一、第226条的程序与作用

根据《欧共体条约》第211条（原第155条）的规定，确保欧共体法的适当实施是欧盟委员会的一项重要职责。该条开宗明义地指出：

> 为保证共同市场的适当运作与发展，委员会应：
>
> ——保证本条约的规定和各机构依此而采取的措施得以适用。

可见，在欧盟委员会的各项职能中，保证欧盟法律的实施是其首要的职责。为此，《欧共体条约》第226条赋予了欧盟委员会在保证和监督成员国实施欧盟法律方面的具体权利。该条规定：

> 如果委员会认为某一成员国没有履行本条约的义务，它在给予该国递交其看法（observations）的机会后，应就此事项发表说明理由的意见（a reasoned opinion）。
>
> 如果该国不在委员会规定的期间内遵守此等意见，后者可以将该事项提交欧洲法院。

上述程序表明，如果某一成员国明显地违反了欧共体法律，欧盟委员会首先应通过它与该国之间的政治协商途径来寻求解决或补救，而不是立即诉诸欧盟的司法程序。只有在有关成员国拒不履行

① See Case C-2/88 Imm Zwartveld [1990] ECR I-3365.

欧盟法律义务和第226条规定的协商规定的情况下，委员会才到欧洲法院申请立案。其用意在于：尽量避免欧盟委员会与有关成员国之间发生或过早地发生对抗。

欧盟委员会要启动第226条程序，首先必须掌握某一成员国在实施欧盟法律方面有违反其义务的事实。在证据获取方面，除了通过自身的机构及其公务员的直接途径外，欧盟委员会还依靠其他成员国、个人（自然人和法人）、欧盟机构（如欧洲议会、经济与社会委员会、区域委员会等）、新闻媒体等间接途径提供的证据或线索。欧盟委员会曾经明确地说明公民提供的指控是发现成员国违反欧盟法律义务的主要源泉，而且通过第226条程序，公民在保证欧盟法的实施与执行方面发挥了重要作用，尽管这种作用是间接的。委员会在其1992年和1993年的年度报告中曾写道："大量的指控主要是通过普通人民对本委员会之重要性认识的日益提高而获得的，在一些情况下，是通过国内的补救或所有的国内补救用尽之后向本共同体上诉的情势——这些有限的途径而获得的。本委员会的指控程序易于进入，因为它不涉及各种手续和费用。本委员会一直努力鼓励这一程序的适用，以改进欧共体法的适用，同时促进一个真正的人民的欧洲。这一运动的成功超出了预料，尤其在环境领域"。①

经过长期的实践，第226条的运作基本上形成了四个阶段：(1) 非正式协商阶段，即：委员会将有关违反欧盟法的实施事项告知有关当事成员国，给后者提供解释其立场的机会，并希望该成员国能与委员会就此达成一致；(2) 正式协商阶段，即：如果有关事项不能通过非正式磋商解决，委员会将以正式函件的方式通知当事成员国，后者通常有两个月的答复期（紧急情况除外），委员会通常在一年内决定是终止该事项还是进入后续程序；(3) 发表说明理由之意见阶段，即：如果正式协商程序不能解决问题，委员会就发表说明理由的意见，如果当事成员国想避免诉讼程序，就必

---

① See 10th Annual Report (1992) [1993] OJ C233/7; 11th Annual Report (1993) [1994] OJ C154/6.

须在此等意见发表后的两个月内纠正其违反欧盟法的行为；（4）进入司法阶段，即：如果当事成员国没有在规定的期间内遵守有关的欧盟法，委员会最终向欧洲法院对该国提起诉讼。

根据欧盟委员会对有关年份的统计与分析，第 226 条规定的各种程序在运用上的趋势是：委员会发出正式公函的数量增加，而发表说明理由之意见和最终向欧洲法院提出诉讼的数量下降。例如，1989 年的正式公函是 664 件，到 1990 年增加到 960 件；说明理由之意见由 1989 年的 94 件下降至 1990 年的 77 件；尽管从 1990 年到 1991 年说明理由之意见的数量上升了，但进入欧洲法院的诉讼由 78 件下降到 65 件；1992 年欧洲法院受理此类诉讼 54 件，到 1993 年下降至 44 件。①

由此可见，无论是从《欧共体条约》第 226 的立法旨意来看，还是从欧盟委员会的实践来看，处理欧盟与成员国在实施欧盟法方面的争端主要还是依靠政治补救方法，只有在政治补救方法失败之后，才采用司法方法。从这个意义上讲，欧盟法与一般国际法在解决法律实施纠纷方面似乎并没有多大的区别。但是，《欧共体条约》第 226 条对各种政治方法和程序之间以及政治程序与司法程序之间的衔接规定如此地缜密，这是其他国际条约和国际法律体系中所不多见的（也许，迄今只有世界贸易组织的争端解决机制可与之比较），至于规定由一个国际组织的机构作为国际司法机关的诉讼主体来直接起诉成员国，则更是一般国际法和其他国际组织的法律所不及的。

二、第 228 条程序及其加强作用

《欧共体条约》第 228 条（原第 171 条）是上述第 226 条程序和下述第 227 条程序的继续——欧盟法律在成员国适当实施和执行的司法保证程序。然而，在《马约》之前，欧洲法院的保证作用是有限的，因为它的管辖权只是“裁决”（finding）欧共体法律是

---

① See Paul Graig and Grainne de Burca, EC Law: Text, Cases, and Materials, Clarendon Press, 1996, pp. 363-364.

否被违反，而且只是要求违反者“采取必要措施遵守欧洲法院的裁决”。从长期的实践来看，尽管成员国不遵守欧洲法院判决的情况大大少于它们违反欧盟法律义务的情形，但毕竟司法保证的软弱性是显而易见的。为此，《马约》对第228条进行了修改，从一定程度上加强了欧洲法院的司法强制作用。现行的第228条规定：

> 1. 如果欧洲法院认为某一成员国未能履行依照本条约的某项义务，该成员国应采取必要措施遵守欧洲法院的判决。
>
> 2. 如果委员会认为该成员国未采取此等措施，委员会在给予该成员国发表其看法之机会后，应提出说明理由之意见。此等意见应详细说明该成员国没有遵守欧洲法院判决的具体方面。
>
> 如果该成员国在委员会所规定的期限内未采取必要措施以遵守欧洲法院的判决，委员会可向欧洲法院提起诉讼。委员会在提起诉讼时，应指明该成员国应支付的、委员会认为是符合实际情况的、一次性总付罚金的数额或逾期罚款的数额。
>
> 如果欧洲法院认为该成员国未执行其判决，它可以对该成员国作出处以一次性总付罚金或逾期罚款的判决。
>
> 此项程序不应妨碍第227条的规定。

根据修改后的第228条，欧洲法院对不遵守其先前有关判决的成员国拥有处以罚金的管辖权。尤其引人注目的是，第228条并没有规定这种罚金或罚款数额的上限。① 从条文的措辞来看，罚金或罚款的数额由欧洲联盟委员会提出指导性意见，但欧洲法院不受该意见的约束。尽管如此，有的欧盟法学者②仍然怀疑欧洲法院这一

---

① 《欧共体条约》第229条（原第172条）规定，欧洲法院也可以根据理事会和欧洲法院通过的条例作出罚款的判决，而且欧洲法院依据条例拥有的这一管辖权也没有限制。

② See Pau Graig and Grainne de Burca, EC Law: Text, Cases, and Materials, Clarendon, 1996, p. 365.

新的司法权的效力和效率，因为欧盟并没有建立真正的罚金和罚款收取机制（mechanism for collection）；而且，如果有关成员国拒绝执行罚金或罚款判决，欧洲法院似乎无能为力了，因为没有规定表明欧洲法院拥有发布强制令的权力（injunctive powers）。①

三、第227条程序及其作用

在保证成员国适当实施和执行欧盟法律方面，《欧共体条约》还规定了成员国之间相互监督的程序，即：第227条（原第170条）程序。该条规定：

> 如果某一成员国认为另一成员国未能履行本条约的某项义务，它可以将此事项提交到欧洲法院。
>
> 一成员国对另一成员国违反本条约义务提出诉讼之前，应先将此事项提交到委员会。
>
> 委员会应在给予各有关成员国以书面和口头陈述其理由和就对方的理由发表意见的机会之后，发表一项说明理由的意见。
>
> 如果委员会自此事项提交到它时起的3个月内未发表此等意见，此等意见的未发表不应妨碍将此事项提交到欧洲法院。

从上述规定可以看出，与第226条规定的程序不同，依据第227条提起诉讼的成员国在进入诉讼之前不需要与被告成员国进行联系或协商，而是必须首先将有关事项提交到欧盟委员会。此后的程序与上述第226条规定的程序基本相似，所不同的是：在第227条的程序中，无论是原告成员国，还是被告成员国，在委员会发表说明理由的意见之前，必须有机会发表书面和口头意见以及被要求提供证词。但是，既然第227条是为成员国而不是为委员会提供诉

---

① 虽然欧洲法院有权依据《欧共体条约》第243条在临时性程序中采取发布强制令的措施，但是它依据第228条对第226条规定的事项作出判决时没有此等权力。

讼的权利，即使委员会作出被指控成员国没有违反欧盟法义务的决定，这似乎不应影响原告成员国继续在欧洲法院提起诉讼。

从实践来看，与第226条程序相比，第227条程序很少被成员国所适用。“法国诉英国”一案①是成员国极少援用第227条程序的一个成功案例。1978年，一条法国拖网渔船被英国有关当局扣留，其船长被指控违反1977年英国渔网法令。法国政府则指控英国这一法令违反理事会有关渔业政策领域的一项共同结构政策条例，而且还违反了当时的《欧洲经济共同体条约》第5条规定的合作义务。欧盟委员会在其说明理由的意见中支持法国政府的立场。但是，英国在规定的期限内没有满足委员会和法国的请求，结果，法国将此事项提交到欧洲法院，后者判决英国的违反事实成立。成员国之所以很少运用第227条，显然是尽量避免成员国之间在有关欧共体事项上的直接政治和司法对抗。因此，成员国愿意将欧共体法的实施与执行的角色主要留给欧盟委员会来扮演，而成员国更多地是愿意充当两种角色：一是为欧盟委员会执行第226条程序提供事实、证据和信息，二是在欧盟委员会起诉某一成员国的司法程序中以第三方的身份介入，支持或反对委员会的立场。

四、第226～228条程序在实践中的一些问题

尽管欧盟的基本条约对于欧盟法的实施与执行机制作出了比较系统的规定，而且还通过修改有关规定来增强欧洲法院在其中的司法监督与保证作用，但是，这些规定在实践中难免会出现一些不易预见的问题。

（一）关于欧盟委员会对被告成员国采取具有约束力的措施的问题

在第226条和第228条程序中，欧盟委员会自始至终不能采取具有约束力的措施来促使有关成员国遵守欧盟法的规定。在这一方面，欧盟委员会的执行权不同于它根据《欧共体条约》第81条和第82条（原第85条和第86条）在竞争法领域的执行权。在执行

① See Case 141/78 France v. United Kingdom [1979] ECR 2923.

竞争规则方面，委员会根据有关条例可以发布具有约束力的决定，而这种决定对有关个人具有强制执行性质。此外，根据《欧共体条约》第86（3）条（原第90（3）条）规定，委员会具有类似的权力，即：它可以对成员国作出决定或发布指令，以使有关竞争规则适用于公共企业或成员国赋予特别和专属权利之企业（public undertakings to which Member States grant special and exclusive rights）。

（二）欧盟委员会"说明理由的意见"能否隶属于欧洲法院的司法审查的问题

欧洲委员会的"说明理由的意见"在第226条和第227条程序中的行政阶段具有举足轻重的地位。在"说明理由的意见"中，委员会正式通知当事成员国有关指控的实施内容，并确定有关违反欧共体法之行为的补救期限。它的发布意味着先前的非正式协商程序结束，当事国如果不采取适当的国内补救措施将面临在欧洲法院被起诉的命运。因此，"说明理由的意见"实际上是为当事成员国在非正式协商程序和司法程序之间提供一种保护其"脸面"的缓冲期；就委员会而言，则是一种尽量避免直接司法对抗的缓冲期。

委员会发表"说明理由的意见"也是欧盟法对欧盟机构行为的基本要求的一项具体体现。《欧共体条约》第254条（原第191条）明确规定，欧盟机构通过的条例、指令和决定必须说明其所基于的"理由"。可以认为，说明有关措施的"理由"构成欧盟的"必要程序要求"（essential procedural requirement），违反这一"必要程序要求"可能成为《欧共体条约》第230条（原第173条）规定的废除诉讼的诉由。然而，虽然《欧共体条约》第226条和第227条将这一要求延伸到欧盟委员会在对成员国的执行程序中所发表的意见，但是委员会依照这两条所发表的"说明理由的意见"不隶属于欧洲法院根据第230条规定的司法审查，因为"说明理由的意见"不具有法律约束力。

尽管如此，作为"说明理由的意见"的发布对象，有关成员国可以请求欧洲法院对这种意见本身缺乏充分理由的问题进行审查——如果有关的执行程序进入司法阶段。有的学者辩解，如果欧盟委员会没有将有关事项提交到欧洲法院或没有及时提交，作为"说明理由的意见"的对象成员国可以在欧洲法院提出指控。① 这一观点的理由是，"说明理由的意见"会影响有关成员国的法律地位并造成一种法律不确定的情势，因为：即使该成员国相信此等"说明理由的意见"法律上是错误的，如果不允许该成员国到欧洲法院提出指控的话，欧洲法院也没有机会进行审查。

（三）在被控成员国于合理期限结束后纠正了其违反行为的情况下，欧盟委员会能否继续诉诸司法程序的问题

如前所述，第226条程序和第227条程序均将保证欧盟法执行的程序分为行政和司法两个阶段。解决有关成员国实施欧盟法的争端的机会贯穿于整个行政阶段。但是，一旦欧盟委员会在"说明理由的意见"规定的期限结束后将有关事项提交到欧洲法院，即使在诉讼期间有关成员国终止或纠正了其被指控的违反行为，委员会仍然可以继续其在欧洲法院的司法程序，以获取后者对有关法律问题的澄清。② 欧洲法院认为，在这种情况下，这种宣告性的判决（a declaratory judgment）仍然是有用的，因为它具有两种好处：一是可以澄清有关成员国在其国内可能存在的违反欧盟法的责任，二是可以使国内法院以后遇有类似问题时没有必要根据《欧共体条约》第234条（原第177条）请求欧洲法院的初步裁决。

（四）关于构成成员国责任之国家行为的范围问题

正如第226～228条所明确规定的，这两种程序中的被告是国家，而不是政府，尽管通常是由政府代表国家行事。因此，如同一般国际法一样，欧盟法中各成员国承担国家责任的是"国家行为"。从欧洲法院的实践来看，这种"国家行为"的范围相当广泛，包括以下若干方面：

首先是成员国立法机关的行为。立法机关的行为，无论是作为，还是不作为，都可能使成员国在欧盟法律秩序中承担国家责

① See H. Schermers and D. Waelbroeck, Judicial Protection in the European Community, fifth edition, 1992, pp. 296-297.

② See Case 240/86 Commission v. Greece [1988] ECR 1835.

任。而且，如果立法机关继续维持某项违反欧盟法的法律，即使这种法律并没有予以适用，同样可能成为第226~228条程序的诉由。①

其次是成员国政府机关的行为。与立法机关一样，政府机关的作为和不作为，包括维持某项违反欧盟法的行政措施（尽管没有付诸实施），都可能构成该成员国背离欧盟法义务的行为。成员国政府的行为，不仅是指中央或联邦政府的行为，而且还包括该国宪法规定的独立公共机构，如地方或区域当局的行为。② 更有甚者，成员国政府的一个偶尔具体事件也可以构成依据第226条程序的诉由。欧洲法院曾在一起案件中认为，依据第226条的程序，不一定非要针对有关指令没有得到整体实施的情况，也可以针对没有将一项尚未得到整体实施的指令适用于一个特定情形的那种情况。③

最后是成员国的司法机关的判决。一般说来，立法机关和政府机构的行为构成某一成员国违反欧盟法的行为，比较容易理解和接受，而成员国司法机关的判决，如果与欧盟法律不相符，是否构成该成员国违反欧盟法律义务的行为，则存在颇多的争议。迄今为止，还没有一个涉及第226条的案例直接是因为一成员国的法院不遵守欧盟法而导致该成员国被起诉。欧洲法院曾明确指出，成员国对该国宪法上独立的机关的作为和不作为都负有责任。这似乎意味着国内法院的司法行为可以成为第226条程序的诉由。而且，各成员国国内法院在国内实施和执行欧盟法方面起着关键性的作用，如果它们不遵守欧盟法律，将对欧盟法在所有成员国的统一实施带来严重的危害后果。虽然欧洲法院还没有直接裁决这个棘手的问题，但是欧洲法院的一位总顾问曾经对此表示了如下鲜明的观点：

“毫无疑问，宪法上独立的机构是有关成员国的议会，其作为，或甚至不作为，在每一种情况下是该成员国违约的根源，但

① See Case 167/73 Commission v. France [1974] ECR 359.

② See Case 1/86 Commission v. Belgium [1987] ECR 2797.

③ See Case C-431-92 Commission v. Germany (Environmental Impact Assessment) [1995] ECR I-2189.

是，正如它们所陈述的，这种相关的原则是相当宽泛的，足以同样适用于一成员国的司法机关。的确，必须在逻辑上如此理解……

另一方面，十分明显，不能仅仅因为一成员国的某一个法院作出了错误的判决而认为该成员国没有履行《欧共体条约》中的某项义务。司法错误，无论是由于事实认定失误，还是法律适用失误，都不构成对《欧共体条约》的违反。在司法领域，只有在一个成员国的某一法院蓄意忽视或漠视欧共体法的情况下，第 169 条（现第 226 条，笔者注）才能发挥作用。"①

（五）关于相互原则是否适用于欧盟法律秩序的问题

相互原则，或对等原则（principle of reciprocity），是一般国际法上早已确立的一项基本规范。② 然而，根据欧洲法院的判例，欧盟法律秩序中不存在相互原则的辩护权利。成员国曾多次在欧洲法院利用国际法上的相互原则为自己背离欧盟法的义务作辩解，但无一例成功。成员国认为，遵守欧盟法的义务是一种相互性的义务，取决于其他成员国的同样遵守。欧洲法院从一开始就将欧盟法与一般国际法区别开来。早在 1962 年著名的"范根与路斯案"判决中，③ 欧洲法院就明确裁定欧共体是国际法律秩序中一种新型的法律体系。关于相互原则，欧洲法院更是多次否定其在欧盟中的适用。例如，在 20 世纪 80 年代末"委员会诉英国"的一个案件中，④ 欧洲法院裁定："在这方面必须指出，根据本法院早已确立的判例法（尤其参见 1976 年 2 月 26 日所作出的判决，第 52/75 号案，"委员会诉意大利"［1976］ ECR 277），一成员国不能以指出其他成员国没有或仍然没有履行它们的义务之事实来为自己未履行

---

① See Case 30/77 R. v. Bouchereau [1977] ECR 1999.

② 当然，现代国际法中出现了一种"对一切"的义务或共同体义务的规范，国家对于这些规范的遵守并不以另一国或其他国家遵守此等义务为对等条件。参见曾令良：《现代国际法的人本化发展趋势》，《中国社会科学》2007 年第 1 期，第 103 页注释①。

③ See Case 26/62 NV Algemene Transporten Expeditie Onderneming van Gend en Loos v. Netherlandse Administratie der Belastingen [1963] ECR1.

④ See Case C-146/89 Commission v. United Kingdom [1991] ECR 3533.

依照《欧共体条约》的义务作辩护。在通过该条约建立的法律秩序中，成员国实施欧共体法不能依附于相互条件。该条约第169条和第170条（现第226条和第227条，笔者注）规定了合适的手段来应对成员国没有履行其依照该条约之义务的情况”。欧洲法院的判例还表明，一成员国不仅不能以其他成员国同样未履行欧盟法的义务为由而逃避自己的责任，而且也不能以欧盟机构违反欧盟法律义务为借口而开脱自己的责任。例如，欧洲法院在1963年的一个案件中指出：“除非另有明文规定，本条约（指《欧共体条约》，笔者注）的基本概念要求成员国不应将法律（指欧共体法，笔者注）据为己有。因此，理事会未履行其义务的事实不能解除被告们履行他们自己的义务”。①

① See Case 90 and 91/63 Commission v. Luxemburg and Belgium [1964] ECR 625.

第十章

欧洲法院对欧盟机构行为的司法审查

第一节 概说：欧盟司法审查制度的构架

在现代各国的法律体系中，大都建立了一定的司法审查制度。一般说来，越是经济发达的国家，其法治水平相对较高，其相应的司法审查制度也较为完善。如果说司法审查在国内法律秩序中是一种司空见惯的制度，那么它在国际法律秩序中则比较少见。然而，在这一方面，欧盟是一个例外，其司法审查制度的健全与完善程度不仅在国际法律秩序中是独一无二的，甚至可以与任何发达的国内司法审查制度相媲美。

为了从法律上保证欧盟一体化的纵横发展，成员国通过缔结基本条约赋予欧盟广泛的立法与决策权。每一年，欧盟机构都要制定大量的条例、指令和决定。与此同时，成员国缔结的基本条约又对欧盟的立法与决策机构的行为建立了一套司法审查制度，以最大程度地确保欧盟的立法与决策在实质内容和程序事项上符合欧盟基本条约的规定，并在最大程度上保护欧盟法律主体的合法权益不受欧盟机构非法或不当行为的损害，或当损害发生后能得到适当的补救或补偿。为此，《欧共体条约》第230条（原第173条）规定：

> 法院（意指欧洲法院，下同，笔者注）应对欧洲议会和理事会共同制定的，以及对理事会、委员会和欧洲中央银行各自制定的除建议和意见以外的措施，以及欧洲议会制定的旨在对第三者产生法律效力的措施的合法性进行审查。
>
> 为此，对于成员国、理事会或委员会基于缺乏权能、违反必要程序要求、违反本条约或有关其适用的任何法律规则或滥用权力等理由而提起的诉讼，法院应具有管辖权。
>
> 法院应在同等条件下对于欧洲议会和欧洲中央银行为保护其特权而提起的诉讼具有管辖权。
>
> 任何自然人或法人在同等条件下，对于以其自身作为对象的决定或对于虽然表面上以条例形式或以他人为对象，但是实际上对其自身具有直接和个别关系的决定，可以提起诉讼。
>
> 本条规定的诉讼应在有关措施公布或通知到原告或在既没有公布又没有通知的情况下自原告知悉有关措施之日的两个月内提起。

如果欧洲法院在具体案件中裁定有关措施为非法，该措施就应被撤销。为此，《欧共体条约》第231条（原第174条）明确规定：

> 如果申诉确有根据，法院应宣布有关措施无效。
>
> 但是如果申诉涉及的是一项条例，法院应在认为有此必要时，说明被宣布为无效之条例的具体规定应被认定为有效。

欧盟司法审查制度较为完善的重要标志之一是，不仅欧盟机构的作为隶属于司法审查，其不作为同样属于司法审查的范围。《欧共体条约》第232条（原第175条）专门就非法的不作为规定了如下指控程序：

> 如果欧洲议会、理事会或委员会违反本条约而未采取行动，成员国和本共同体的其他机构可以向法院提起诉讼，以确定此等违反行为。
>
> 只有当有关机构首先被请求采取行动后，此等诉讼才能被受理。如果有关机构在收到此等请求的两个月内仍未确定其立场，在此后的两个月内还可以提出诉讼。
>
> 任何自然人和法人都可以在上款规定的条件下，向法院指控本共同体的某一机构未向他作出除建议和意见以外的任何行为。
>
> 法院在同样的条件下，对于欧洲中央银行在其权能范围内提起的申诉与诉讼以及针对欧洲中央银行提起的申诉与诉讼应具有管辖权。

如果原告根据上述第230条和第232条对欧盟机构的作为或不作为提出的指控成立，其结果如何呢？对此，《欧共体条约》第233条（原第176条）作出了进一步的规定：

> 任何机构，如果其行为被宣布为无效或其不作为被宣布为与本条约相违背，应被要求采取必要的措施以遵循法院的判决。
>
> 此等义务不应影响因适用第288条第2款而产生的任何义务（意指侵害行为的赔偿义务，笔者注）。
>
> 本条应同样适用于欧洲中央银行。

欧洲联盟司法审查制度较为完善的另一个重要表现是，《欧共体条约》不仅规定了上述直接指控程序，而且还规定了间接指控欧盟机构的程序。在某一欧盟机构的一般性措施（如条例）的合法性或有效性产生疑问的情况下，《欧共体条约》第241条（原第184条）为当事人在其他诉讼程序中规定了间接指控的权利。该条的措辞是：

尽管第230条第5款规定的期限已过，任何当事方在涉及欧洲议会与理事会共同制定的条例或理事会、委员会或欧洲中央银行制定之条例的诉讼中，都可以援引第230条第2款规定的理由向法院申诉该条例的不适用性。

欧共体条约第234条（原第177条）规定的初步裁决程序对于欧盟机构行为的间接指控也发挥了积极的作用。根据该条的规定，成员国法院对于欧盟机构措施的有效性问题，可以或负有义务（后者指终局裁决法院或法庭）就此等问题提请欧洲法院初步裁决。无论是第241条的程序，还是第234条的程序，它们对于欧盟机构的非法措施并不构成独立的司法审查诉讼，但是欧洲法院可以通过这些方式和途径在其他诉讼中对有关的欧盟机构措施的合法性进行审查。

本章以下各节拟就欧盟司法审查制度中的直接指控程序和间接指控程序及其实践中的主要法律问题逐一展开阐述。

第二节　欧盟机构行为的司法审查

欧盟法律主体依照《欧共体条约》第230条就有关欧盟机构的行为的合法性提起诉讼，然后由欧洲法院对该行为行使司法审查权（jurisdiction of judicial review），这直接涉及有关措施的生死存亡。因此，欧盟法的学者们将这种诉讼称之为“废除（或撤销）诉讼”（annulment actions），将欧洲法院的这一管辖权称之为“废除（或撤销）诉讼管辖”（jurisdiction of annulment actions）。在废除诉讼中，哪些欧盟机构的行为可被审查？欧盟法的各种主体的资格如何？审查的理由如何确定？这些都是欧洲法院和当事人所关注的重大法律问题。尽管第230条在这些方面均作出了相应的规定，但是它们仍然是欧洲法院司法审查实践中经常出现的问题。

一、可被司法审查的行为

根据《欧共体条约》第230条的规定，欧洲法院可以审查除建议和意见之外的欧盟机构所制定之措施的合法性。这里所指的"措施"，无疑是指《欧共体条约》第249条（原189条）中所列的条例、指令和决定。然而，欧洲法院的判例表明，第249条的列举规定不是穷尽的，其他特殊的文件（acts sui generis），如果具有法律约束力或产生法律效力，也可以被司法审查。欧洲法院的这一观点在著名的"欧洲公路运输案"① 中得到充分的显示。

在该案中，成员国通过理事会的决议（resolution）方式来协调成员国如何参加《欧洲公路运输协定》的谈判。委员会认为该决议确立的谈判程序不符合《欧共体条约》有关国际协定缔结的规定，于是根据第230条在欧洲法院起诉理事会。欧洲法院在考察了《欧洲公路协定》的历史背景、内容和目标之后，认为"理事会的决议涉及的是欧共体权力范围的事项，因此各成员国不能在共同机构框架之外行事"。所以，"既然理事会于1970年3月20通过的决议涉及谈判目标的确立，此等决议就不仅仅是一种自愿协调的表示和认可，而是旨在制定行动方针来既约束各欧共体机构，又约束各成员国，而且从根本上是被设定为条例的翻版"。根据以上分析，欧洲法院的结论是，"1970年3月20日的决议，无论对于共同体与成员国之间的关系，还是对于欧共体机构之间的关系，都具有确定的法律效力"，从而隶属于司法审查的范畴。

一个特定的欧盟机构的措施是否事实上产生法律效力，经常会产生判断上的争议。例如，在"IBM案"② 中，IBM公司曾起诉委员会，试图撤销委员会的一个函件（letter），委员会在该函件中通知IBM，后者已被起诉违反欧共体竞争法。欧洲法院裁决IBM公司败诉，其理由是：有关的函件只是启动执行欧共体竞争规则程

---

① See Case 22/70 Commission v. Council [1970] ECR 263.

② See Case 60/80, International Business Machines Corporation v. Commission [1981] ECR 2639.

序，是导向后续真正决定的准备步骤。

值得注意的是，在《马约》之前，第230条规定的司法审查只针对理事会和委员会的措施。现在，欧洲议会和理事会共同制定的措施、欧洲议会独立制定的措施和欧洲中央银行的措施，都是司法审查的对象。其实，欧洲法院早在《马约》之前就裁定欧洲议会的措施也可以进入司法审查程序。例如，欧洲法院在20世纪80年代初“卢森堡诉欧洲议会”一案①中，就曾经撤销了欧洲议会一项涉及将其会所从卢森堡迁移到斯特拉斯堡和布鲁塞尔的决议。不过，欧洲法院当时是依据《欧洲煤钢共同体条约》第38条而作出撤销裁决的，因为该条明文规定欧洲法院有权撤销欧洲议会的措施。两年后，欧洲法院又撤销了欧洲议会有关各政治团体在1984年欧洲议会直接选举中经费分配的决定。② 其理由是：“欧洲议会在欧洲经济共同体中通过的措施可能碰撞成员国或其他机构的权力，或者超出了原来给欧洲议会设定的权限，如果没有可能将此等措施提交本法院审查的话。因此，必须得出结论：撤销诉讼可以针对欧洲议会旨在对第三方产生法律效力而通过的措施。”不过，对欧洲议会的措施提出撤销诉讼并作出撤销的一个重要条件是，有关措施对第三方产生法律效力。

二、申诉者的资格与类型

《欧共体条约》第230条将司法审查诉讼的申诉者分为三种类型。首先是特权申诉者（privileged applicants），即欧盟委员会、理事会和成员国。它们之所以被称之为特权申诉者，是因为它们可以在欧洲法院指控欧盟任何主要机构通过的任何措施，而不需要证明自身与被指控的措施有特定的利益。其次是非特权申诉者（non-privileged applicants），即自然人或法人。非特权申诉者的起诉资格受特定规则的限制（详见下目）。介于特权申诉者和非特权申诉者

---

① See Case 230/81 Luxembourg v. Parliament [1983] ECR 255.

② See Case 294/83 Parti Ecologiste ‘Les Verts’ v. Parliament [1986] ECR 1339.

之间的是欧洲议会和中央银行。它们是《马约》为改革司法审查制度而赋予的一种新型的申诉者。欧洲议会和中央银行也可以在欧洲法院对其他欧盟机构通过的措施提起撤销诉讼。但是，其申诉资格限于那些影响其特权的措施。

对于欧洲议会的申诉权，欧洲法院在《马约》颁布前后发生了有趣的变化。以前，虽然欧洲法院认可欧洲议会的特定措施可作为司法审查的对象，而且欧洲议会对其他机构的不作为可以提起诉讼，但是它一直拒绝欧洲议会对其他机构的作为享有申诉的资格。欧洲法院的理由是，欧共体委员会是完全代表欧共体利益的，委员会享有保护欧共体利益的一般权利，其中包括了欧洲议会的利益。应该说，欧洲法院的这种解释是相当牵强的。如今，经修订的《欧共体条约》明确规定了欧洲议会为保护其特权享有撤销诉讼的申诉资格，对欧洲法院的先前判例而言，这无不是一个戏剧性的转变。

三、非特权申诉者的资格

对于非特权申诉者资格的限制，首先表现在欧盟机构措施的限定上。特权申诉者提起的撤销诉讼可以针对欧盟机构的任何有法律约束力的措施，而非特权申诉者的这种诉讼只能针对单个的“决定”。具体说来，有三种类型的决定可被指控：（1）以申诉者为对象的决定；（2）以第三者为对象的决定；（3）以条例形式表示的决定。后两种决定必须与申诉者有“直接和单个的联系”（direct and individual concern）。

从总体上讲，欧洲法院对于非特权申诉者的资格一般持严格的态度，而且前后并没有形成较为统一和连贯的判例标准，其中一个重要的原因是，对于理事会和委员会在一些特定领域的措施（如反倾销条例、竞争和国家援助的决定等），《欧共体条约》和欧洲法院确立了特殊的指控规则，这些措施的指控程序是一种准司法程序。另一个重要原因是，欧洲法院可以通过第234条的初步裁决程序对于个人在国内法院诉讼中涉及的欧盟措施起到间接的审查作用。此外，有时欧洲法院严格解释第230条关于个人申诉资格的规定是出于政策上的考虑。

在上述三种类型的决定中，最简单的案件是针对申诉者本人所作出的决定。最复杂且最有争议的是针对他人或以条例形式表示的决定而提出的撤销诉讼，因为对于这两种决定的起诉必须证明对申诉者“具有直接和单个的联系”，而且这些“联系”不只是法律利益上的，还涉及经济与社会等其他因素。以下结合欧洲法院的实践，就“直接联系”和“单个联系”条件分别进行阐述。

（一）“直接联系”条件

如果欧盟机构的某项措施与其对申诉者的影响之间存在一种因果关系，该措施对有关申诉者就有直接的联系。检验这种因果关系的一个重要因素是，在有关决定和申诉者之间是否存在任何介入性酌处权（intervening discretion），如成员国政府方面。① 在“第69/69号案”② 中，欧洲法院裁定，作为申诉者的进口商与有关的欧盟委员会决定没有“直接联系”。该决定拒绝比利时政府请求以削减的税率进口未加工铝的配额。法院认为，比利时政府在该事项上有酌处权：一旦比利时获得配额，它可以拒绝适用该配额或将配额给予其他的进口商。在另一案件③中，申诉者被认定与有关的决定有“直接联系”。该案申诉者向德国当局申请进口中国蘑菇的许可，但被告知：一旦德国当局获得委员会的授权，其申请将会被拒绝。后来，委员会向德国政府作出了此等授权的决定。法院认为，该决定之所以对申诉者有“直接联系”，是因为德国当局事先已经清楚地告知它一旦获得授权将如何作为。又如，在“第222/83号案”④ 中，委员会的一项决定曾授权卢森堡对削减生产能力的钢铁公司给予援助，申诉者主张该项决定有“直接联系”，但被欧洲法院驳回。总之，“直接联系”标准排除了对那些授予成员国一定酌

---

① See Jo Shaw, Law of the European Union, second edition, Macmillan Law Masters, 1996, p. 321.

② See Case 69/69 Alcon v. Commission [1970] ECR 385.

③ See Case 62/70 Bock v. Commission [1971] ECR 897.

④ See Case 222/83 Municipality of Differdange v. Commission [1984], p. 2889.

处权的欧盟措施的指控。

（二）“单个联系”条件

欧洲法院适用“单个联系”标准的一个早期经典案例是“第25/62号案”。① 该案的基本事实是，德国政府向欧共体委员会申请，要求授权它对从第三国进口的某种产品只征收10%的关税，而不是13%的全额关税。委员会作出了拒绝这种授权的决定。申诉者是该产品的进口商，主张委员会的该项决定损害了其利益，因而对其具有“直接和单个的联系”。在申诉资格问题上，欧洲法院裁定：“非一项决定之对象的人只有基于以下理由才能主张具有个别联系，即：决定的特定内容专门针对他们或将他们与其他所有人予以区别对待，并根据这些因素将他们单个地进行区别，就像决定针对的人一样。在本案中，申诉者以该产品进口商的身份受有争议之决定的影响，也就是说，基于某种商业活动的原因，而这种商业活动可以在任何时候被任何人来从事，因此在与受指控之决定的关系方面，并没有像决定的对象那样将申诉者区别开来”。

从欧洲法院的大量实践来看，有很多的这类诉讼都是基于没有“单个联系”的理由而遭拒绝。在判断“单个联系”方面，欧洲法院通常要求申诉者是某一封闭群体（closed class）的组成部分，这种封闭群体的成员在被指控之措施通过之时是固定的和可确定的（fixed and ascertainable）。例如，在“第1076-107/63号联合案”② 中，欧洲法院认定申诉者与委员会的有关决定有“单个联系”，因为有关措施只适用于一类封闭的进口商，他们在特定的日期申请了进口许可证。

（三）对条例的指控

如果说申诉者要成功地指控以他人为对象的决定是不容易的，那么要成功地指控某项本质上是决定而形式上是条例则更为困难，因为毕竟有关的措施是以一般规范性文件形式表现出来的。然而，

① See Case 25/62 Plaumann v. Commission [1963] ECR 95.

② See Case 106-107/63 Toepfer v. Commission [1965] ECR 405.

在著名的“国际苹果公司案”① 中，申诉者起诉委员会的一项条例获得成功。该条例规定了从非成员国进口水果的许可证发放规则。当时，各成员国当局负责接受许可证申请，然后转交到委员会。欧洲法院裁定，该条例确立了在特定的一周内发放许可证的规则，且直接针对的是成员国接受的申请数量，从而实质上是一揽子单个决定（a bundle of individual decisions）。

《欧共体条约》第 230 条之所以规定自然人和法人可以针对条例提出撤销诉讼，其目的是防止欧盟机构通过选择条例的形式来排除个人对其自身“具有直接和单个联系”的决定提出诉讼。但是，无论如何，欧洲法院始终如一地坚持个人不能利用第 230 条来指控那些真正的条例，即一般规范性的措施。因此，即使申诉者能确定有关的条例影响的只是很小的群体，且容易辨别，甚至是一类封闭的人群，个人要以直接诉讼的方式指控有关实施欧盟政策的条例是难以成功的，尽管欧盟的有些政策及其条例可能明显地对特定的人群不公正。

（四）非特权申诉者资格的特殊领域

实践证明，欧洲法院在一些特定领域对于非特权申诉者的资格采取了较为宽松的态度，这些特殊领域主要有以下四个方面：

（1）反倾销案件。为防止欧共体以外的出口商以低于正常价格的价格在欧共体内销售货物并造成欧共体内有关产业的实质损害或此等损害威胁，欧共体先后通过或修改了一些反倾销条例。根据这些条例，欧共体对有关公司征收反倾销税。在实践中，有关公司是否事实上在进行倾销以及涉及“正常价格”和“销售价格”的计算等实质性问题，通常是富有争议的。一般说来，有三种类型的申诉者可能对反倾销税提出指控：一是对倾销提出指控的公司，二是遭受反倾销税之产品的生产者，三是有关产品的进口商。然而，在决定是否赋予这些申诉者以资格的问题上，欧洲法院处境困难，因为反倾销税必须以条例的形式征收，而不是以决定的形式征收。因此，如果欧洲法院裁定有关条例事实上根本就不是条例，可以辩

---

① See Case 44/70 International Fruit Co. v. Commission [1971] ECR 441.

解欧盟委员会就无权征收反倾销税。但是，如果欧洲法院裁定有关条例是一项真正的条例并不作进一步的分析，那么就排除了任何申诉者的任何指控。为此，欧洲法院通常的做法是，首先正式认可有关措施是一项条例，然后再试图确定有关的申诉者是否与有关措施具有单个的联系。例如，在“蒂梅克斯公司诉理事会和委员会案”① 中，欧洲法院就是通过这种方式裁定申诉者有资格指控有关条例确定的反倾销税水平。同样地，欧洲法院也曾经将这种方式适用于申诉者为出口商的情况。②

（2）竞争领域的案件。《欧共体条约》第 81 条（原第 85 条）和第 82 条（原第 86 条）集中规定了欧共体的竞争政策。而根据欧盟第 17 号条例第 3（2）条，成员国或主张有合法利益的任何自然人或法人都可以向欧盟委员会提供违反《欧共体条约》第 81 条和第 82 条的证据，以便欧盟委员会进行违反竞争政策的调查和作出相应的处置。欧盟委员会也可以自己启动竞争政策的调查程序。对于欧盟委员会的有关决定，个人可以根据《欧共体条约》第 230 条提出撤销诉讼。在竞争政策领域，欧洲法院在解释个人诉讼资格的“单个联系”方面，往往比通常的解释要宽松。例如，在“消费者联盟欧洲局诉委员会案”③ 中，一些共同利益集团就英国和日本汽车制造商之间的协议向欧盟委员会提出指控，该协议旨在限制日本轿车进入欧共体。欧盟委员会出于一些因素的考虑拒绝受理指控。后来，共同利益集团根据《欧共体条约》第 230 条，直接针对欧盟委员会拒绝受理的决定在欧洲初审法院提出撤销诉讼，后者不仅审查了欧盟委员会的决定，而且最终撤销了该项决定。显然，初审法院对于该决定于公共利益集团的“单个联系”采取了宽松解释。

---

① See Case 264/82 Timex Corporation v. Council and Commission [1985] ECR 849.

② See Case 239/82 Allied Corporation v. Commission [1984] ECR 1005.

③ See Case T-37/92 Bureau European des Unions des Cosommateurs v. Commission [1994] ECR II-285.

(3) 国家援助领域的案件。欧盟涉及对工业领域的国家援助事项是通过《欧共体条约》第 87 ~ 89 条（原第 92 ~ 94 条）来进行规范的，其主要目的是防止一成员国的企业或公司通过获得其政府的援助或补贴的方式来扭曲竞争条件。如有必要，欧盟委员会对有关的国家援助或补贴进行调查，以断定它是否符合《欧共体条约》的规定并对有关的成员国作出相应的决定。如果该成员国对此等决定不服，无疑可以根据《欧共体条约》第 230 条向欧洲法院提出撤销诉讼。但是，《欧共体条约》对于非援助当事方的个人是否具有同样的诉权则不太明确。在司法实践中，尽管国家援助领域的这些个人控告者并没有获得如同竞争政策领域的诉讼资格，但是初审法院对于国家援助领域的个人诉讼资格总体上也是持宽松态度。

(4) 增强欧共体民主性方面的案件。本着加强欧盟自身机构运作的民主性，欧洲法院在对于个人指控欧盟机构有关措施的资格问题上也是持较宽松的态度。“欧洲议会选举基金案”① 就说明了这一点。该案的基本事实是，1984 年欧洲议会选举前夕，欧洲议会向各参选党派分配选举基金。其分配方式和结果是，在选举前已经在欧洲议会拥有席位的党派所得的选举基金多于那些首次参选欧洲议会的党派。正是后一类型的参选党派在欧洲法院指控欧洲议会的此等选举基金分配方案。欧洲法院明确指出，该案所涉及的情况在此之前欧洲法院从来没有遇见过。考虑到一些在欧洲议会已有席位的政党参与了有关决定（即选举基金分配决定）的通过，而该决定既涉及它们自身的待遇，又赋予那些首次参选的小党派以待遇；同时，还考虑到所指控的措施涉及共同选举基金的分配且不是平等分配，所以，不能认为只有那些已有席位和在被指控的措施通过之日以前可以辨别的政党才与被指控的措施有单个的联系。如果那样解释，就会在不同党派竞争同一种选举中产生不平等的问题。因此，法院得出结论，提出申诉的政党在 1982 年决定（即选举基

① See Case 294/83 Parti Ecologiste “Les Verts” v. Parliament [1986] ECR 1339.

金分配决定）通过之前已经存在，而且能够在 1984 年选举中提出候选人，从而与其所指控的措施有单个的联系，具备提出撤销诉讼的资格。

（五）非特权申诉者资格的政策理由①

综上分析可以看出，不仅《欧共体条约》第 230 条对非特权申诉者的资格有明确的限制，而且欧洲法院在具体认定这种资格时，在多数案件中（或在多数领域中）也是持谨慎态度的。那么，欧洲法院在这个问题上为何一般持限制性立场呢？其政策依据是什么？对此，不同的欧盟法学者试图对这一问题作出解答。无论如何，任何解答要有说服力，必须满足两个条件：一是必须充分说明为何欧洲法院在一般情况下对个人的诉讼资格持限制性态度，二是必须有力地解释为何欧洲法院更愿意在诸如反倾销、竞争政策和国家援助等领域赋予个人这种诉讼资格。概括地讲，有如下一些解答：

1. 上诉法院说（the appellate court argument）

早在 20 世纪 80 年代初，H. 拉斯姆森（H. Rasmussen）就在《欧洲法评论》（European Law Review）上就此发表专论，并提出了“上诉法院说”。② 根据这一说法，欧洲法院长期以来为了重塑欧共体司法制度，热衷于把自己扮演为欧共体法的高级上诉法院，而将成员国的法院或法庭以及可能成立的欧共体其他法院视为初审法院。欧洲法院的这种热情超过了它对公民直接进入欧洲法院的兴趣。为此，拉斯姆森提出了如下三种依据：

欧洲法院不仅限制个人在对行政行为的司法审查方面的诉讼资格，而且也限制个人依照《欧共体条约》第 232（3）条（原第 175（3）条）对欧盟机构的不作为而寻求法院强制令的资格。欧洲法院曾多次拒绝个人根据该条提出的强制令请求，理由就是申诉者不能满足该条有关资格的要求。在很多年里，欧洲法院对于依照

① See Paul Craig and Grainne de Burca (ed.), EC Law: Text, Cases, and Materials, Clarendon Press, 1995, pp. 472-481.

② See H. Rasmussen, Why is Article 173 Interpreted against Private Plaintiffs?, 5 EL Rev. 1980, pp. 112, 122-127.

《欧共体条约》第235条（原第178条）提出的赔偿诉讼同样没有同情心，一般拒绝的理由是当事人试图规避第232条下的严格资格要求。可见，欧洲法院拒绝第230条下的救济与它拒绝第232条和第235条下的救济是平行的。这种平行主义有力地说明欧洲法院热衷于以欧盟上诉法院自居的政策。

第二个依据是欧洲法院自1978年以来的备忘录。这些备忘录记载了欧洲法院一直试图说服理事会通过建立初审法院来改革欧洲法院的结构。其目的是将欧洲法院从一些案件（如职员诉讼）中解脱出来，以便让它更多地集中于法律事项。

第三个依据是欧共体法直接效力的发展。如果限制个人进入欧洲法院导致的不是拒绝司法（denial of justice），而是一种拒绝救济（denial of remedies），那么，就同时有必要扩大国内法院或法庭的责任，从而为个人的欧共体权利提供有效的司法保护。正因为如此，欧洲法院从共同市场初期就开始确立直接效力原则，并一直不断地通过其判例扩大欧共体法及其直接效力的适用范围。结果是，个人除了在国内法院提出诉讼外没有其他选择，而国内当事法院根据《欧共体条约》第234条（原第177条），对于所有案件中涉及的欧共体法问题，都可以请求欧洲法院的初步裁决。这样，个人依照欧共体法享有的权利可以得到司法保护，而欧洲法院也实现了扮演上诉法院角色的目的。

2. 基本条约语言限制说（restrictive language of Treaty argument）

应该承认，“上诉法院说”道出了欧洲法院的部分政策因素。但是，有些学者并不完全赞成此说，C. 哈丁（C. Harding）就是反对此说的代表。① 他认为，欧洲法院对个人的诉讼资格一般持限制态度的原因很简单，那就是，《欧共体条约》本身并不支持个人在撤销诉讼方面享有更宽松的资格。的确，《欧共体条约》第230条对于个人在司法审查领域的诉讼资格有明确的限制条件，这无疑

---

① See C. Harding, The Private Interest in Challenging Community Action, 5 E L Rev. 1980, p. 354.

是基本条约缔结者的立法意图，但是该条约毕竟同时规定个人可以指控以他人为对象的决定和以条例为形式的决定。因此，关键问题不是基本条约是否对资格作出限制，而是对这些限制的司法解释是否正确，或对资格的限制是否过分。可见，“基本条约语言限制说”并不能完全说明欧洲法院为何在个人的诉讼资格上一般持严格态度，因为欧洲法院并不只是适用基本条约规定的意图，而是在确定个人的诉讼资格时有其自身的其他考虑。

3. 主题性质说（nature of subject matter argument）

有的欧盟法学者认为，要正确理解欧洲法院在司法审查的主流案件中严格限制个人的诉讼资格的原因，最好是从案件所涉及的主题的性质上进行分析。根据英国著名的欧共体法专家哈特利（Hartley）的研究，当所指控的欧盟机构措施具有酌处的性质时，欧洲法院似乎就不大愿意给予个人提起司法审查诉讼的资格。① 例如，欧盟委员会和理事会在共同农业政策（Common Agricultural Policies, CAP）领域通过的条例和作出的决定往往具有酌处的性质。究其原因，有关的欧盟机构措施是为了实现共同农业政策目标而制定的，而《欧共体条约》第 33 条（原第 39 条）是共同农业政策的基础规定，并且其酌处的余地很大。第 33 条的酌处性质表现为两个方面。一方面，该条规定了共同农业政策的广泛的目标，且自身具有一般性，其中包括提高农业生产力，从而保证农业共同体一定的生活水准；稳定农业市场，保证农产品供应和确保农业消费的合理价格，等等。另一方面，这些共同政策目标在具体实践中相互间可能产生摩擦。因此，欧盟委员会和理事会在采取特定的措施时，不得不作出艰难的酌处选择，当它们采取旨在保护一些生产者或消费者的利益时，有可能损害甚至牺牲其他一些生产者或消费者的利益。所以，具有酌处性质的欧盟条例或决定很难对所有利益方带来满意的结果。欧洲法院之所以对个人起诉此等措施的资格持限制立场，是因为不愿意经常性地被请求对欧盟决策/立法与执行机

① See T. C. Hartley, The Foundations of European Community Law, third edition, Clarendon Press, 1994, pp. 346-353.

关作出的酌处选择进行事后猜测或事后判断，从而使自己陷于这类案件的泥潭。而且，由欧洲法院用自己所谓的“正确”选择来取代欧盟决策/立法与执行机关在共同农业政策的不同目标之间所作出的酌处选择是不合适的，因为这种酌处选择本来就属于决策/立法权和执行权的范畴。

“主题性质说”不仅说明了欧洲法院限制个人在主流司法审查案件中的诉讼资格，而且还解释了欧洲法院为何在反倾销、竞争政策等特定领域的个人诉讼资格持宽松的态度。研究表明，这些特定领域的案例具有两个特点：一是程序上的，二是案件涉及的主题的实质方面。在程序上，反倾销和反不正当竞争领域或明或暗地要正视个人申诉者的作用，他们可以警告欧盟委员会违反了有关的欧共体法。更重要的是，在此类案件的调查过程中，个人申诉者在评估有关的违反行为是否实际发生方面可能起主要作用。在主题的实质方面，这些领域的共同特点是，欧洲法院在这类案件中对于欧共体的利益可以表述得更加明确。例如，在国家援助领域，欧洲法院可以直言有关的国家补贴措施违背欧共体利益，因为此等措施将享受补贴的公司置于有利的竞争地位，而造成其他国家的公司处于不利的竞争地位。同样地，在反倾销领域，欧共体利益在于保证来自欧共体以外的产品不以低价倾销的方式在欧共体内销售，避免对欧共体内的相关产业造成实质损害或此等损害威胁。因此，欧洲法院愿意在这类案件中听取个人申诉者的意见和辩解，尤其当欧洲法院在确定有关产品的正常价格、倾销幅度和损害等问题时，更希望直接从有关个人申诉者那里得到第一手证据。

第三节 司法审查的理由

无论是特权申诉者，还是非特权申诉者，在其诉讼资格得到确立之后，并且在符合有关的诉讼时效规定的前提下，还必须说明试图撤销或宣布无效的欧盟机构措施的诉由。《欧共体条约》第 230 条明确规定了四种理由，即：（1）缺乏权能（lack of competence）；（2）违反必要程序要求（infringement on an essential procedural requirement)；（3）违反基本条约或与其适用相关的任何法律规则(infringement on the Treaty or any rule of law relating to its application)；（4）滥用权力（misuse of power)。

所谓的“缺乏权能”，就是指欧共体机构的措施没有明示或隐含的《欧共体条约》的依据。当申诉者以此为由提出司法审查诉讼时，有关的欧盟机构必须指出基本条约的哪一条款授权它可以采取所指控的措施。否则，受控的措施就可能基于“缺乏权能”而被欧洲法院宣布无效。然而，在欧盟的司法实践中，因这种理由而宣布欧盟机构措施无效的情况很少发生。究其原因，首先，欧盟条约本身赋予欧盟机构十分广泛的立法和执行权，尤其是《欧共体条约》第94条（原第100条）和第308条（原第235条）。① 其次，长期以来，欧洲法院以保证与推进欧洲一体化进程为己任，一直对欧盟基本条约有关欧盟机构权力的规定作广义的解释。欧洲法院在20世纪70年代关于欧共体在对外关系中享有隐含权和平行发展权的解释，就是一个突出的例证。②

所谓“违反必要程序要求”，是指欧盟机构在通过有关的措施过程中没有遵循欧盟法律规定的必要立法或决策程序。这里使用了“必要”（essential）一词，似乎表明不是违反了所有的程序要求，而只是那些必不可少的程序要求。至于哪些程序要求构成“必要程序要求”，欧盟法并没有作出明确的规定和列举，完全是由欧洲法院在具体案件中进行判断。根据现有的判例，给予当事方听讯机会、提供立法理由的义务和与有关机构协商的义务等，属于“必要程序要求”的范围。

关于“违反基本条约或与其适用相关的任何法律规则”，其措

① 欧共体条约第94条规定：“理事会应根据委员会的提案，与欧洲议会协商后，以全体一致同意方式发布指令，使各成员国直接影响共同市场的建立与运作的法律、法规和行政规定趋于接近”。欧共体条约第308条规定：“如果在共同市场的运行过程中，本共同体行动确系实现共同体目标所必不可少，而本条约又没有赋予必要的权力，则理事会应根据委员会的提案，与欧洲议会协商后，以全体一致同意方式采取适当的措施”。

② 参见曾令良：《欧洲共同体与现代国际法》，武汉大学出版社1992年版。

辞如此之广泛，无疑可以包括上述两项理由和下述“滥用权力”的理由，因为其他三项理由当然构成“违反基本条约或与其适用相关的任何法律规则”。从这个意义上讲，第三项理由与其他理由之间有重叠的含义。这里所指的“基本条约”，无疑是指《欧洲煤钢共同体条约》、《欧洲经济共同体条约》、《欧洲原子能共同体条约》和《欧洲联盟条约》以及成员国为修订这些基本条约而缔结的条约。“任何法律规则”主要指的是两类规则：一是一般欧盟法原则，二是欧盟机构立法体系中在受指控措施之上的法律规范和一般法律原则。

“滥用权力”就是权力使用错位，即：一项权力被欧盟机构用于非原来赋予该项权力的目的。应该说，滥用权力作为司法审查的诉由在任何法律体系的公法中都是相同或类似的，而且以滥用权力为由提起司法审查诉讼也比较常见。但是在欧洲法院，与上述诉由相比，以滥用权力为由提起的司法审查诉讼并不常见，因为申诉者主要通过其他诉由启动司法审查程序。而且，在实践中，基于滥用权力理由与基于“相称性”（proportionality）理由提出的诉讼经常联系在一起，尽管基于滥用权力理由的诉讼目的主要是裁定有关措施的适当性，而基于相称性理由的目的是裁定有关措施的适度性。

第四节 欧盟机构不作为的司法审查

如本章第一节“概述”中所阐释的，成员国、欧盟机构和个人不仅可以依照《欧共体条约》第 230 条对欧盟机构的作为的合法性向欧洲法院提出司法审查诉讼，而且还可以根据《欧共体条约第 232 条》对欧盟机构的非法不作为提请欧洲法院司法审查。尽管第 232 条对于不作为司法审查的范围、程序和诉讼资格等方面均作出了明确的规定，在实践中仍然难免产生如下一些疑问。

在可被司法审查的欧盟机构措施方面，第 230 条关于作为的规定和第 232 条关于不作为的规定之间有着密切的关系。从原则上讲，无论是作为的措施，还是不作为的措施，隶属于司法审查的应该是那些具有法律约束力的措施，即：条例、指令和决定。但是，第232（1）条对于特权申诉者提出的诉讼，只是提到“不作为”（failure to act），并没有进一步将这种“不作为”界定为有约束力之措施的不作为。因此，有的学者据此推定：这意味着特权申诉者对于欧盟机构的任何非法不作为（不论应该作为的措施是否有法律约束力），都可以提起司法审查诉讼。① 也有学者反对上述推定，认为这实际上在撤销诉讼和不作为诉讼之间制造了一种奇怪的区别。② 尽管如此，欧洲法院曾经作出裁决，认定欧洲议会可以依照第232条对本应采取而没有采取不具有约束力的措施之不作为提出诉讼。③ 即使如此，这也只适用于特权申诉者根据第232（1）条提出的不作为诉讼，因为第232（3）条明确规定个人不能对建议或意见之类的无法律约束力的措施提出不作为诉讼。

在不作为诉讼的程序方面，第232条要求申诉者在正式提起不作为诉讼之前应请求有关的欧盟机构作为。只有在规定的期限内（即2个月）有关机构没有确定其作为之立场的情况下，申诉者才可以向欧洲法院提出不作为诉讼。《欧共体条约》为何规定这一要求呢？哈特利教授认为，这是因为作为与不作为之间存在一个重要的区别：作为一经作出，就会准确地辨识其内容，而不作为则不一定如此，既然没有作出，就难以准确判断其内容。因此，第232条对不作为规定的这种特别程序的作用就是弥补该缺陷，即：不作为一定要在头两个月期限截止之前变成作为并且其内容通过申诉者的请求予以确定。所以，这个程序的目的是正式地将欧盟有关机构置于不履行有关义务的地位。④ 如果该机构在规定的期限内仍不作为，它势必成为不作为诉讼的正式被告。

在诉讼资格方面，如同第230条一样，第232条将不作为的申

---

① See A. G. Toth, The Law as It Stands on the Appeals for Failure to Act, 2 Legal Issues of European Integration, 1975, pp. 79-80.

② See Hartley, The Foundations of the European Community Law, third edition, Clarendon Press, 1994, pp. 400-402.

③ See Case 302/87 European Parliament v. Council [1998] ECR 5615.

④ See Hartley, The Foundations of the European Community Law, third edition, Clarendon Press, 1994, p. 408.

诉者分为特权的和非特权的两类。特权申诉者规定在第 232（1）条，分别是成员国和欧盟机构。经过欧洲法院的判例确认，欧洲议会也属于特权申诉者。① 非特权申诉者规定于第 232（3）条，即：任何自然人和法人可以对于以自己为对象的不作为（建议和意见除外）提出指控。与第 230 条关于作为的诉讼资格规定相比，此规定是否将个人在不作为方面的诉讼资格置于更加不利的地位，长期以来，一直是一个不清晰的问题，并存在两种截然不同的观点。第一种观点认为，既然《欧共体条约》对于个人的诉讼资格分别在作为（或废除）诉讼和不作为诉讼之间作出有区别的规定，那么从立法意图和条文的措辞上看，个人只能对那些以自己为对象的欧盟机构措施（即决定）提出不作为的指控，而对于以他人为对象的不作为没有资格提出诉讼，哪怕是这种应该作为的措施（条例或决定）与申诉者有直接和单个的联系。另一种观点则认为，废除诉讼和不作为诉讼所形成的是一种统一的法律补救制度，两种诉讼程序中针对的“行为”或“措施”应该相同，没有理由进行区别地解释。因此，个人对于以他人为对象的决定和以条例形式的决定也可以提出不作为诉讼，如果此等不作为的措施与申诉者具有直接和单个的联系。否则，在有些情况下，个人是否存在司法补救的机会将取决于有关的欧盟机构。如果该机构作出正式的行为作为回应（无论是答应还是拒绝有关的请求），在废除诉讼中个人的资格是存在的，而不论申诉者是否为有关措施的对象，只要该措施与他有直接的单个的联系。然而，如果有关机构不作任何反应，就剥夺了个人对于非以自己为对象的措施的司法补救权利，即使这种措施对他有直接和单个的联系。可见，第一种观点是建立在严格解释《欧共体条约》的基础上，而第二种观点更多地是以对欧盟司法补救制度的逻辑分析作为依据的。②

从总体上看，似乎支持第二种观点的欧盟法学者和法律工作者

---

① See Case 13/83 European Parliament v. Council [1985] ECR 1513.

② See A. G. Toth, The Law as It Stands on the Appeal for Failure to Act, 2 Legal Issues of European Integration, 1975, pp. 85-86.

居多。1993 年,欧洲法院在涉及原子能共同体的一个案件中似乎解决了这个颇有争议的问题。在该案中,欧洲法院裁定,根据《建立欧洲原子能共同体条约》第 148 条(相当于《欧共体条约》第 232 条),个人可以对那些与自己有直接和单个联系的欧盟机构不作为提出指控,而申诉者不一定非要是有关决定的实际对象不可。①

第五节　《欧共体条约》第 241 条的非法性诉求

《欧共体条约》第 241 条（原第 184 条）规定：

> 当诉讼涉及欧洲议会和理事会联合通过的某一条例，或理事会或委员会或欧洲中央银行的条例问题时，尽管第 230 条（原第 173 条）第 5 款规定的期限已过，任何当事方都可以援引第 230 条第 2 款规定的理由，在欧洲法院申诉该条例的不适用性。

上述规定的主要用意是为个人间接指控条例提供一种诉讼途径。例如，一个企业法人在主诉案件中直接指控的是欧盟委员会对它作出的一项决定（如反倾销措施或反垄断措施），而该决定是依照欧盟委员会或理事会的有关条例而作出的。在这种情况下，该企业法人为了使其在主诉案件中有更大程度的胜算或对有关条例的合法性持有疑虑，可以依照《欧共体条约》第 241 条对该条例提起附带的司法审查诉求。

必须明确的是，第 241 条的非法性诉讼只能针对条例，不能针对其他欧盟机构的措施。而且，主诉程序中的决定与有关条例之间必须有真正的联系。当然，与第 230 条规定的程序一样，关键是看有关措施的实质，而不是其表现形式。如果有关的措施虽然是以决定的名义作出的，但实质上是一项条例，同样可以成为第 241 条诉求的对象。

---

① See Case C-107/91 ENU v. Commission [1993] ECR I-599.

在“第92/78号案”① 中，申诉者在主诉程序中希望达到的目的是撤销欧盟委员会一项涉及冷冻牛肉最低销售价格的决定。为支持这一主诉，申诉者又根据第241条指控一些与该决定相关的一些条例和通知。对于主诉的决定，欧洲法院裁定它与申诉者有直接和单个的联系，尽管该决定实际上是以各成员国为对象而作出的。对于申诉者提出的附带诉求，欧洲法院同样予以支持。从欧洲法院的推理中可以得出这样的结论：如果个人依照《欧共体条约》第230条不能对一项欧盟机构措施提出诉讼，因为该个人缺乏与该措施有直接和单个的联系，那么，该个人就应该能够使用第241条来指控有关的措施。反之，如果个人可以依照第230条对有关的措施提起直接的指控，就不可能利用第241条提起间接诉讼。②

在实践中，第241条还引起过这样的问题，即：个人是否可以在国内法院利用第241条对欧盟机构的措施提出间接的司法审查诉讼？尽管第241条对此没有做出具体的规定，但是欧洲法院裁定第241条只能在其自身受理的诉讼中使用，而不能用于成员国法院受理的诉讼。

第241条程序中还有一个不太清晰的问题，即：哪些欧盟法的主体可以使用第241条？从前面的案件分析中可以看出，个人在第241条程序中的诉讼资格是不成问题的。但是，诸如成员国和欧盟机构之类的特权申诉者是否可以利用第241条则是一个有争议的问题。一种观点认为，特权申诉者不能使用第241条，因为它们根据第230条在规定的时限内可以指控任何具有法律约束力的欧盟措施。③ 另一种观点认为，④ 一项一般性措施的不正当性可能直到有

---

① See Case 92/78 Semmenthal SpA v. Commission [1979] ECR 777.

② See Paul Caraig and Grainne de Burca, EC Law: Text, Cases, and Materials, Clarendon Press, 1995, p. 489.

③ See G. Bebr, Judicial Remedy of Private Parties against Normative Acts of the European Communities: The Role of the Exception of Illegality, 4 Common Market Law Review 1966, p. 7.

④ See A. Barav, The Exception of Illegality in Community Law: A Critical Analysis, 11 Common Market Law Review 1974, p. 371.

关的实施性措施通过后才能暴露出来，因此，有关成员国可能在第230条规定的时限结束后才认识到有必要指控该项一般性措施。欧洲法院没有直接回答这一问题，但是，总顾问罗默尔（Roemer）倒是建议第241条应该被成员国所使用，除了上述第二种观点的理由外，还因为第241条的措辞是“任何当事方”（any party）。①

第六节　初步裁决程序与司法审查

在欧盟法律实践中，另一个指控欧盟机构措施的非法性问题的间接途径是《欧共体条约》第234条（原第177条）规定的初步裁决程序（详见本书第十一章）。与上述第241条相比，第234条在间接司法审查方面的实际作用更大。根据第234条第1款第2项的规定，成员国法院可以将涉及“本共同体机构的行为之有效性和解释”问题提请欧洲法院进行初步裁决。就非特权申诉者而言，尽管第234条规定的程序是一种间接的指控程序，但是它在很大程度上可以实现个人依照第230条所不能达到的目的。甚至在有些情况下，第234条的初步裁决程序是个人通过间接方式指控欧盟机构措施的唯一途径。根据欧盟法专家哈丁（C. Harding）的分析，其中的原因表现为三个方面。首先，第230条规定的诉讼时限（两个月）很有可能在有关的措施之非法性明朗之前或在个人认识到需要提起司法审查诉讼之前就已经结束。其次，第230条对个人的诉讼资格限制严格：不能指控真正的条例或指令，只能指控以自己为对象的决定、以条例形式伪装的决定和以他人为对象的决定，后两种决定还必须与申诉者有直接的和单个的联系。最后，当个人的活动受到欧共体行动的影响时，在实践中就会产生个人的利益，而对个人利益的影响通常不是在欧共体机构措施公布后就很快产生，而是通过成员国当局的转化措施或实施性措施才引起。如果个人的利益在这个时候才明朗化，第234条对个人提供的司法审查途径至少

---

① See Case 32/65 Italy v. Commission [1966] ECR 414.

与第230条提供的途径同样重要。①

那么，个人是如何通过国内法院来挑战欧盟机构措施的合法性的呢？这里不妨举例说明。假设欧盟机构根据共同农业政策通过了一项条例，有关的个人不能依照第230条规定的程序实现指控，或者因为不具备诉讼资格，或者因为诉讼超过了规定的时限。这种类型的条例通常通过国内主管机构在国内予以实施，如根据欧盟机构措施的要求负责征收适当的税费，或适用有关保险金之类的规则。国内主管当局在实施有关条例的过程中，在有些情况下可能需要没收某一商人先前交付的保险金。该商人认为这种没收行为及其依据的有关条例不符合欧共体法，比如违反了相称性原则、合理期待原则等欧盟一般法律原则，或违反了《欧共体条约》第34（3）条（原第40（3）条）规定的非歧视原则。为此，该商人可以在国内法院直接起诉国内主管当局（国内司法审查诉讼）的没收保险金的行为，同时基于上述理由主张欧盟机构的有关条例无效，然后由当事法院决定是否将商人主张的事项提请欧洲法院初步裁决。这是个人作为国内诉讼的原告通过国内法院挑战欧盟机构措施的途径。在另一些情况下，个人也可以作为国内诉讼的被告通过国内法院达到同一目的。例如，如果有关条例规定国内当局对商人征收某种税费，而该商人认为此等税费基于上述同样的理由违反欧共体法并拒绝支付。于是，国内当局诉诸司法程序，在国内法院起诉该商人，而该商人在应诉或抗辩过程中同样可以提出有关条例的非法性问题，以便当事法院决定是否就该事项提请欧洲法院初步裁决。②

另一个问题是，哪些欧盟机构的措施可以根据第234条的初步裁决程序被指控？如前所述，虽然第234条第1款第2项允许指控欧盟机构行为的有效性。但是，至于哪些行为可被间接指控，并没有作出进一步的规定。从上述例子可以看出，条例无疑属于其中。

---

① See C. Harding, The Impact of Article 177 of the EEC Treaty on the Review of Community Action, 1 Yearbook of European Law, 1981, p. 96.

② See Paul Craig and Grainne de Burca, EC Law: Text, Cases, and Materials, Clarendon Press, 1995, p. 493.

欧盟机构对成员国发布的指令似乎也可以在第 234 条程序中受到挑战。但是，欧盟机构作出的单个决定则要进行具体分析。对于以他人为对象的决定，个人似乎可以通过国内法院来质疑其非法性问题，质疑的途径与上述条例一样。例如，欧盟机构对某一成员国机构作出决定，要求后者采取特定的行动，受此行动影响的个人可以基于此等行动的非法性理由在国内法院起诉有关的国内机构，并同时以该行动所依据的决定不符合欧盟法为由质疑该决定的合法性，而当事法院可能将后一问题提请欧洲法院初步裁决。

欧洲法院的判例还进一步表明：如果个人可以通过第 230 条直接对欧盟机构的行为提起司法审查诉讼，就不能利用第 234 条的初步裁决程序来间接进行。在“第 C-188/92 号案”中,① 欧盟委员会宣布德国给予某一公司的援助不符合共同市场要求，要求接受援助的公司返还该援助款项。德国政府将欧盟委员会的决定通知该公司并同时告知后者可以根据第 230 条指控欧盟委员会的决定。该公司并没有照此行事，而是在德国国内法院起诉德国政府的诉讼中提出委员会决定的合法性质疑。为此，欧洲法院裁定：在这种情况下不可能进行间接指控，因为该公司在此之前已被告知其根据第 230 条的诉讼权利，而且该公司的诉讼资格“毫无疑问”。由此可见，如果个人依据第 230 条享有资格提出司法审查诉讼并知道有关事项在第 230 条规定的时效范围内，就不能依照第 234 条的程序为之。

---

① See Case C-188/92 TWD Textilwerke Deggendorf GmbH v. Germany [1994] ECR I-833.

第十一章
欧洲法院的初步裁决

第一节 概说：《欧共体条约》第234条的意义与作用

《欧共体条约》第234条（原第177条）规定的初步裁决程序（preliminary ruling procedure），是欧洲法院的一项非常独特的管辖权。实践证明，在欧洲法院的所有管辖权中，要数初步裁决的案件数量最多。更重要的是，欧洲法院通过这一初步裁决程序既保证了欧盟法的统一解释、统一效力和统一实施，又推动了欧盟法律体系及其司法制度的发展。然而，无论是欧盟的政治家，还是欧盟法律专家，当初很少有人预料到《欧共体条约》第234条规定的初步裁决程序会在构建欧盟法和欧洲法院与成员国法院的关系方面所发挥的重要作用。①尽管本书前面的相关章节直接或间接地提及初

① See Paul Craig and Grainne de Burca, EC Law: Text, Cases, and Materials, Clarendon Press, 1996, p. 398.

步裁决及其重要性，为了系统、全面、深刻地认识这一独特司法程序及其深远影响，有必要进行专章探讨。

《欧共体条约》第 234 条规定：

> 本法院（指欧洲法院，笔者注）应对下列事项享有初步裁决的管辖权：
>
> (1) 本条约的解释；
>
> (2) 本共同体各机构和欧洲中央银行之文件的效力和解释；
>
> (3) 依据理事会文件而建立之机构的规约之解释，如果有关规约如此规定。
>
> 当上述问题在一成员国法院或法庭提出时，该法院或法庭如果认为此等问题的决定是其作出判决所必要的，可以请求本法院就此作出裁决。
>
> 当任何此等问题在一成员国的任何法院或法庭提出时，如果依照国内法对其判决没有司法救济，该法院或法庭应将此事项提交本法院。

上述规定的首要意义和作用在于：欧洲法院、成员国法院和当事人通过适用和援用这一条款发展了欧盟法。如前面的相关章节所阐述的，欧盟法的一些重要原则和概念，如直接效力、优先原则、平行发展原则等，几乎都是通过欧洲法院运用初步裁决程序而确立的。正如两位欧洲学者所指出的："如果直接效力和优先学说是'欧共体法律制度的两个支柱'，第 177 条规定的咨询程序应该是这座大厦（意指欧共体法律制度，笔者注）的基石；没有它，大厦的屋顶势必坍塌，两个支柱势必成为荒芜的废物，使人联想到苏尼翁海角（希腊地名，笔者注）的庙宇——虽然漂亮，但是没有多大的实际使用价值。"①

---

① See Mancini and Keeling, From CIFIT to ERT: the Constitutional Challenge Facing the European Court, 11 Yearbook of European Law, 1991, pp. 1-3.

以直接效力原则为例，欧洲法院就是通过初步裁决程序使该原则适用的范围得以形成并不断扩展。根据初步裁决程序，个人可以在国内法院指控其成员国违反了欧共体的某项规定，并宣称该项规定赋予了他们在国内法院享有援用的权利，有关的国内法院就有关欧共体规定是否真正具有直接效力问题可以寻求欧洲法院的裁决，而欧洲法院也就有机会开发直接效力原则和概念。在第 234 条程序的长期实践中，当欧盟法与成员国法发生抵触时，国内法院和欧洲法院实际上是就欧盟法实质的理解进行交流和对话。

司法实践还表明，第 234 条程序越来越多地被个人用来指控欧盟机构自身违反欧盟法。之所以出现这种情况，主要是由于：他们知道当其权益受到某项条例、指令或决定的错误侵害时，要直接起诉欧共体机构比较困难，因为《欧共体条约》第 230 条（原第 173 条）对个人起诉欧共体机构的资格规定甚严，依据该条来起诉欧共体机构通常难于进入到有关案件的实质阶段（多半是在诉讼资格上就被拒之门外）。因此，对于那些没有其他司法救济可供利用来指控欧盟机构的立法，个人往往寻求利用第 234 条的初步裁决程序作为实现其目的的途径。当然，在这样的案件中，欧盟委员会并不是被告，被起诉的是那些在国内适用欧盟立法的某一成员国介入部门。这种案件产生的背景是：如果个人不指控，有关的欧盟机构立法就不会受到其他欧盟法主体的指控。

第 234 条程序的另一个重要意义和作用是使欧洲法院与成员国法院之间关系的性质得以确立。从严格的法律意义上讲，对各成员国法院而言，欧洲法院不是一个上诉法院，成员国的个人在欧洲法院没有上诉的权利，根据初步裁决程序，完全是有关的成员国法院或法庭决定是否将有关事项提交到欧洲法院。而且，欧洲法院的裁决对于当事成员国法院也不是一种上诉法院的裁决。对于提交初步裁决的法律问题，欧洲法院的裁决既是第一次审理，也是最后一次审理，然后将有关事项发回到原当事成员国法院，后者将特定的欧盟法适用于有关的具体案件。那么，欧洲法院与成员国法院之间到底是什么性质的关系呢？欧盟基本条约对此并没有明文规定，欧洲法院对这个问题的政策一直在演进之中，学者之间的讨论更是从来都没有间断。

最初，较为普遍的观点是，欧洲法院与成员国法院之间既是一种横向（horizontal）关系，又是一种双边（bilateral）关系。所谓横向关系，是指欧洲法院和成员国法院相互分立，彼此是平行的，各有不同的职权，各自在自己的管辖权范围内行使职责。具体说来，成员国法院决定是否将有关事项提交到欧洲法院，然后由后者作出解释，最后由当事成员国法院将欧洲法院的解释适用于其受理的具体案件。从另一角度来看，由于欧洲法院的裁决只发送到就有关事项提出请求的当事法院，这就意味着欧洲法院与每一个成员国法院之间构成一系列的双边关系。

随着时间的推移，欧洲法院与成员国法院之间关系的性质也发生了一些变化，二者之间的关系越来越朝着纵向的（vertical）和多边的（multilateral）方向发展。所谓纵向关系趋势，是指欧洲法院一系列判例的发展表明，欧洲法院事实上被置身于成员国法院之上，而成员国法院事实上被欧洲法院用作欧盟法的执行者和适用者。这种纵向关系的实质，就是将欧洲法院和成员国法院共同构成欧盟的司法体系，这个司法体系具有国内司法体系一样的等级机构，其中欧洲法院处在最高一级。所谓多边关系趋势，是指欧洲法院对于某一成员国法院请求的事项所作出的裁决越来越多地被认为对其他成员国法院具有事实上（de facto）甚至法律上（de jure）的影响，因为当其他成员国法院在审理案件中遇有相同或类似法律问题时，他们通常遵循欧洲法院既有的解释来进行裁决，而不再作出初步裁决的请求。

第二节　成员国法院可以请求的事项

根据《欧共体条约》第 234 条的规定，成员国法院可以将四种类型的事项提请欧洲法院作出初步裁决：

首先是关于《欧共体条约》的解释事项。这不仅指最初的《欧共体条约》，还包括后来陆续旨在修订或补充《欧共体条约》的那些基本条约。此外，成员国之间就欧共体领域缔结的一些实施性公约也可以规定这些公约的解释由欧洲法院来初步裁决。如前所述，欧洲法院确立的一些重要欧共体法原则（直接效力原则、优先原则等）都是首先通过对特定的《欧共体条约》条款的解释而实现的。

其次是关于欧盟机构立法的有效性和解释事项。有效性问题，是指有关的欧盟机构的条例、指令或决定本身是否合法和具有法律效力的问题，尽管欧洲法院对于这种问题的裁决同样需要对有关欧盟法作出解释。立法的解释问题，是指欧盟机构的法律措施本身的合法性和法律效力不存在争议或疑问，请求欧洲法院裁定的问题是有关措施法律效力的性质，如是否具有直接效力，即：个人能否在国内法院援引该立法措施的问题。

关于欧盟机构立法措施的有效性问题，有必要作进一步的阐述。首先必须强调的是，只有欧洲法院才有权宣告欧盟机构的某项法律措施无效。然而，在司法实践中，可能出现这样一种情况：一成员国法院在有关的中间或临时诉讼程序中，案件当事一方提出了有关欧盟机构法律措施的无效问题并请求法院采取紧急措施避免或减少因此而遭受的损失，而该法院来不及（或没有义务）请求欧洲法院作出初步裁决。对于这种情况，欧洲法院的态度仍然否定国内法院具有宣布欧盟机构立法无效的权力，但是国内法院在临时诉讼程序中可以宣告有关实施该欧盟机构立法的国内措施无效，如果该国内法院在当事人提供的事实和法律依据的基础上认为有关的欧盟机构立法的有效性的确存在严重的疑虑。而且，还必须有证据表明有关案件涉及的事项紧急，如果国内法院不采取措施，当事人势必受到严重甚至无法弥补的损害。与此同时，国内法院在采取措施之前还要考虑欧盟的利益。为此，欧洲法院认为国内法院必须要求当事人作出一定形式的保证，以弥补在这种情况下因中止有关实施措施而使欧盟造成的损失。①

欧洲法院的判例还表明，请求欧洲法院初步裁决的欧盟机构措

---

① See Jo Shaw, Law of the European Union, second edition, Macmillan Law Masters, 1996, p. 244.

施不限于具有法律约束力的措施,不具有法律约束力的措施,如建议(recommendations)和意见(opinions),也可以成为欧洲法院初步裁决的事项。此外,欧洲法院对于欧共体与成员国之间缔结的一些协议同样可以依据第234条第1款第2项作为其初步裁决的事项。

又次是关于依照欧盟机构法规而建立的机构之规约的解释事项。这里所指的“规约”(statutes)在欧盟中通常是指规制某一机构运作的法律文件,如《欧洲法院规约》。

最后是关于警察与刑事司法合作领域的特定法律措施的解释和有效性事项。欧洲法院在这一领域的初步裁决管辖权是通过《马约》予以确立的,后来的《阿约》在此基础上对这一管辖权的范围又作出了进一步扩大的规定。① 概括起来,欧洲法院的初步裁决权涉及这一领域的如下事项:(1)框架决定(framework decision)和决定(decision)的有效性和解释;(2)公约(convention)之解释;(3)这些法律文件(框架决定、决定和公约)的实施性措施之有效性和解释(参见本书第八章第四节)。

值得注意的是,一般法律原则似乎不能单独作为欧洲法院初步裁决的事项,但是在实践中,成员国法院可以请求欧洲法院裁决如何依照欧盟法律秩序中承认的一般法律原则来解释欧盟法的其他规定之类的问题。

第三节　成员国法院或法庭的界定

根据第234条第2款和第3款的规定,成员国的“法院”(courts)或“法庭”(tribunals)可以或必须请求欧洲法院就有关欧盟法律事项作出初步裁决。从表面上看,这一规定的措辞十分明确,似乎不存在疑问。其实不然。在实践中,欧洲法院不时地遇到第234条规定的“法院”或“法庭”的界定问题,如是否只有构成成员国司法体系的各级司法权力机关才是第234条意义上的“法院”或“法庭”?这里所指的“法院”或“法庭”是否仅指各成员

---

① 参见《欧洲联盟条约》第35条(原K.7条)。

国冠以“法院”或“法庭”名称的机关?成员国的仲裁机构或仲裁员是否属于第234条规定的“法院”或“法庭”的范畴,或哪些仲裁机构可以视同为该条意义上的“法院”或“法庭”?既然《欧共体条约》没有也不可能一劳永逸地解决上述问题,欧洲法院只有在受理初步裁决的请求中针对具体案件予以处理。正是欧洲法院对一系列个案所作出的裁决事实上形成了解决上述问题的判例法。

首先,不容置疑,凡是在成员国构成司法体系的各级司法权力机关及其分支机构当然是第234条规定的“法院”或“法庭”,而不论这些机关或机构是否冠以“法院”或“法庭”的名称。

其次,特定的仲裁机构也可以请求欧洲法院的初步裁决。早在20世纪60年代中期,欧洲法院曾接受了一个荷兰仲裁庭的初步裁决请求并认可该仲裁机构是第234条意义上的“法院”或“法庭”,① 其理由是:(1)该仲裁机构是一个常设机构;(2)该仲裁机构是依照荷兰法律成立的机构;(3)该仲裁机构的成员是由荷兰政府主管部门的部长任命的;(4)该仲裁机构对于其依法受理的案件享有强制管辖权;(5)该仲裁机构使用了对抗辩论程序;(6)该仲裁机构在其裁决中适用的是法律。但是,商业仲裁机构或仲裁员不属于第234条规定的“法院”或“法庭”的范畴。对此,欧洲法院有明确的裁决。在“第102/81号案”② 中,欧洲法院指出,虽然该案仲裁裁决在当事方之间具有法律约束力,且仲裁员必须适用法律,但更重要的是,仲裁员的管辖权是契约性的,而不是强制性的,即:仲裁管辖权是私人约定的,不具有共同权威。因此,欧洲法院得出结论:商业仲裁机构或仲裁员不是第234条意义上的“法院”或“法庭”。

再次,特定行业组织的专门委员会也享有初步裁决的请求权。对此,欧洲法院曾在20世纪80年代初的一个案件中③进行了阐

---

① See Case 61/65 Vaassen [1966] ECR 261.

② See Case 103/81 Nordsee v. Reederei Mond [1982] ECR 1095.

③ See Case 246/80 Broeckmeulen v Huisart Registrate Commissie [1981] ECR 2311.

释。该案涉及一个荷兰机构，名称为普通医生注册上诉委员会（Appeals Committee for General Practitioners' Registration）。该上诉委员会专门受理来自另一负责注册普通医生机构的上诉案件。在荷兰，这两个机构都是在荷兰皇家医药协会领导下建立起来的。虽然这个协会是一个私人社团组织，但是它得到有关荷兰法律的间接承认，而且事实上任何医生没有在该协会登记是不可能执业的。这个上诉委员会并不是荷兰法中的法院或法庭，但是它在处理上诉案件过程中允许对抗辩论程序和法律代理。本案原告拥有荷兰国籍，但是其医药文凭和资格是在比利时取得的。他试图在荷兰获取行医的资格，但其注册申请被拒绝。当此案到达该上诉委员会之后，该委员会就该案涉及的有关欧共体法问题依照第 234 条请求欧洲法院作出初步裁决，于是，便引起了该上诉委员会是否为第 234 条规定的"法院"或"法庭"这一先决问题。欧洲法院的结论是："……在实践中，当不存在上诉到普通法院之任何权利的情况下，既然该上诉委员会的运作得到公共机构的同意并且得到它们的合作，而且经过对抗辩论程序后作出的决定事实上被认可为终局的，该上诉委员会在涉及欧共体法适用的事项上必须被认定为《欧共体条约》第 177 条含义下的法院或法庭。"

最后，有权或有义务请求欧洲法院作出初步裁决的成员国法院或法庭应该是具有民商诉讼管辖或行政诉讼管辖的司法机关，从事刑事审判的成员国司法机构一般没有此等请求的权利或义务。然而，欧洲法院的判例表明，一个在刑事纠问式诉讼制度（inquisitorial system of criminal law）（刑事诉讼的一种制度）中行使调查职能的司法机构有可能被允许请求欧洲法院就有关的欧共体法问题作出初步裁决，甚至有关案件尚处在初步调查阶段，而且嫌疑犯还不确定。20 世纪 80 年代中期，欧洲法院曾经接受了一个意大利地方司法行政官的请求申请，后者请求欧洲法院准确解释欧盟的一项环保立法，以便于在刑事污染诉讼案件中辨识潜在的被告。①

---

① See Jo Shaw, Law of the European Union, second edition, Macmillan Law Masters, 1996, p. 238.

第四节 成员国法院的权利与义务

一、成员国法院请求初步裁决的酌处权利

《欧共体条约》第 234 条对于成员国法院或法庭初步裁决的提交分别规定了两种情况：一是所有遇有欧共体法的成员国法院或法庭（尤其是初审和下级法院或法庭）均享有是否请求欧洲法院作出初步裁决的酌处权利（discretion to refer），二是遇有欧共体法的成员国终审法院或法庭负有初步裁决请求的义务（obligation to refer）。本目集中讨论成员国法院请求的酌处权问题，然后阐释初步裁决请求的义务问题。

所有的成员国初审法院或下级法院在审理案件中遇到欧共体法时是否请求欧洲法院的初步裁决，享有完全的酌处权利。如果当事法院或法庭作出请求的决定，这种请求不受欧洲法院以前对于类似问题作出了初步裁决的影响，也不受成员国司法结构的内部规则的制约。例如，在普通法国家中，下级法院在审判案件中要受到上级法院对该案或以前案件所确立的法律规则的约束，因为普通法国家的司法判例具有法律约束力。然而，普通法系的这种古老的传统法律规则不能妨害成员国法院或法庭在欧共体法方面的请求酌处权。此外，在何时作出此等请求的问题上，当事法院也享有酌处权。换言之，成员国法院在受理和审判有关案件的任何阶段，只要认为有必要，随时都可以提请欧洲法院进行初步裁决。不过，欧洲法院建议，有关成员国法院在提交之前，最好先将案件的事实弄清并先就纯国内法问题作出决定，以便欧洲法院在进行初步裁决时能更加全面地了解有关案件的相关情况。

二、成员国法院请求初步裁决的义务

依据第 234（3）条的规定，凡是依照国内法当事人对其判决不再有司法救济的成员国法院或法庭，如果遇到欧共体法问题，负有义务将有关事项提交欧洲法院作出初步裁决。然而，对于此等义

务的范围，有两种不同的学说，即抽象说（abstract theory）或结构说（organic theory）和具体情况说（concrete or specific theory）。① 根据抽象说，在成员国的司法梯级体系中，只有最高一级的法院或法庭（如法国的最高行政法院、英国的贵族院、爱尔兰的最高法院等）才有义务将有关事项提交欧洲法院初步裁决，因当事人对其判决从来就没有上诉的机会。具体情况说认为，应该根据法院或法庭在具体案件中管辖权的性质来判断其是否负有提交初步裁决的义务。根据这一理论，即使成员国司法体系中的下级机关甚至初审机关，如果它对有关案件的管辖是排他性的或是终局性的或当事人对其判决不再有司法补救可利用，同样负有义务将有关事项提交欧洲法院初步裁决。从欧洲法院的司法实践来看，它似乎支持具体情况说。例如，在著名的“科斯塔案”②中，提请欧洲法院初步裁决的是意大利米兰的一个地方司法执行官，该司法执行官对特定的小案件的裁决是终局性的。所以，欧洲法院在其初步裁决中认为：“……根据措辞（意指《欧共体条约》第 234 条，笔者注），其判决没有司法救济的国内法院，如像本案，必须将有关事项提交到本法院。”

虽然原则上具有终局裁决权的成员国法院或法庭负有提交初步裁决的义务，但是欧洲法院的实践同时表明有下列三种情况的例外（尽管仍然有请求裁决的酌处权利）：

第一，在中间诉讼程序（interlocutory proceedings）中，有关法院或法庭没有提交初步裁决的义务，前提是有关法律问题的裁决在主诉程序（main proceedings）中隶属于审查。为此，欧洲法院曾经明确指出：《欧共体条约》第 234 条第 3 款“必须被解释为不要求一国内法院或法庭将解释问题提交本法院……如果此等问题是为发布临时命令（interim order）的中间诉讼程序中引起的，即使在那些程序中所作出的裁决没有可利用的司法补救，前提是每一当事方

① See Jo Shaw, Law of the European Union, second edition, Macmillan Law Masters, 1996, p. 241.

② See Case 6/64 Costa v. ENEL [1964] ECR 582.

对于有关案件的实质问题都被赋予提出诉讼程序或要求提出诉讼的权利，而且在这种诉讼程序期间有关临时决定的问题可以在即决程序（summary proceedings）中复查并可以成为依据第 177 条提交到本法院的事项”。①

第二，如果欧洲法院就有关类似的问题先前已经作出过初步裁决，当事法院（尽管其判决是终局性的）没有再次提交请求的义务。在 20 世纪 60 年代初的一个案件中，欧洲法院曾经援引其先前对一个类似问题的裁决来否定后来的初步裁决的必要性。② 欧洲法院还以先前曾经裁定欧盟一机构的某项立法无效为由免除另一成员国法院对该项立法问题再次提交初步裁决的义务，因为该法院只需以无效的方式来对待该项立法就足够了。③

第三，有一种观点认为法律明确理论（acte clair）可以免除成员国法院提交初步裁决的义务。这种理论在欧盟法律秩序形成的早期一直被法国的一些法院或法庭所提倡。这些法院认为，如果欧盟的某项法律的规定十分明确，就不需要再作解释，只需要适用；既然“适用”事项根据欧洲法院与成员国法院职能分立原则属于国内法院的职责，就不存在就法律解释事项提交初步裁决的问题。在相当长的时期内，欧洲法院对此种理论的立场不太明朗，直到 20 世纪 80 年代初才最终接受。④

第四，需要指出的是，如果拥有终局裁决权的成员国法院不履行请求欧洲法院初步裁决的义务，而有关未决的欧共体法问题是解决有关案件的关键所在，该法院的不作为必然构成该成员国对《欧共体条约》义务的背离，从而可能成为依据《欧共体条约》第 226 条起诉该成员国的事项（参见本书第九章）。不过，迄今还没有一个成员国作为被告的案件完全是以该成员国法院没有履行提交

---

① See 107/76 Hoffmann-La-Roche v. Centrafarm [1977] ECR 957, 973.

② See Case 28-30/62 Da Costa en Schaake NV [1963] ECR 31.

③ See Case 66/80 International Chemical Corporation v. Amminstrazione delle Finanze dello Stato [1981] ECR 1191.

④ See Case 283/81 CILFIT [1982] ECR 3415.

欧洲法院初步裁决的义务为诉因的。

第五节 欧洲法院初步裁决的权威与效力

欧洲法院作出的裁决在各成员国的法律秩序中具有什么样的效力？其权威性如何？对于这些涉及欧盟法律和司法的深层次问题，欧盟的基本条约并没有作出明文的规定，仍然是欧洲法院自身通过其大量的判例法逐步澄清的。

就当事成员国法院而言，既然它决定将有关事项提请欧洲法院作出初步裁决，它理应受初步裁决的约束，因为其决定本身意味着它准备依照欧洲法院的初步裁决对有关案件的实质问题作出最终的判决。但是，欧洲法院就欧共体法的解释所作出的初步裁决对于在其他诉讼中产生的类似或相同问题并不具有既判案件或已决事项不再理（res judicata）的效力。这就意味着欧洲法院对于那些将它曾经裁决过而被再次提交的问题并不当然拒绝受理（当然，它可以酌情作出不受理的决定），尽管作出请求的国内法院可以撤回其请求。关键的问题是，后来遇到相同或类似欧共体法问题的国内法院是否必须遵行欧洲法院过去已经作出的初步裁决。回答应该是肯定的，其法律依据仍然是《欧共体条约》第 10 条。该条从整体上规定各成员国应从积极的作为和消极的不作为两个方面保证《欧共体条约》各项宗旨的实现。既然各级法院是成员国机器的不可或缺的组成部分，《欧共体条约》为成员国规定的义务自然也是其法院的义务。而欧洲法院是欧盟为实现其宗旨的司法保证机构，它通过行使初步裁决权来保证欧盟法律在各成员国的“三个统一”（即统一解释、统一实施、统一效力）。所以，所有的成员国法院应依照欧洲法院的判例来判决涉及欧盟法的案件。

从成员国方面来看，英国作为判例法的起源地和代表，在这个问题上的态度最为鲜明。根据英国 1972 年《欧洲共同体法案》第 3（1）节的规定，欧共体法问题，如果没有被提交到欧洲法院初步裁决，必须依照欧洲法院相关裁决中确立的原则予以判决。可见，英国已经将欧洲法院的裁决融合到本国具有约束力的司法判例体系之中。

关于欧洲法院与其他成员国法院（即非请求初步裁决的当事法院）的关系问题，欧洲法院曾在有关欧共体机构立法的效力的初步裁决中作出了明确的阐释。欧洲法院指出，严格地说来，虽然它对于欧盟第二级法的效力作出的裁决不具有对所有法院的约束力，但是此等裁决是任何其他成员国法院将有关第二级法视为无效的充分理由。① 对于已经被欧洲法院宣布为无效的欧盟机构的立法，如果成员国据此制定了相关的实施规定，有关的成员国法院不得适用该国内法规定。②

第六节 初步裁决程序的改革问题

如前所述，作为规范欧洲法院与成员国法院之间关系的初步裁决程序，为保证欧盟法律在各成员国的统一解释、统一实施和统一效力，为推动欧盟法律体系的发展，从而促进欧盟一体化进程，发挥了独特的作用。迄今为止，在欧洲法院受理的各种案件中，初步裁决案件数量最大。据有关资料统计，欧洲法院每年要受理250多件初步裁决案，每年作出初步裁决100多件，尽管成员国之间请求率差别较大，例如，德国、荷兰、比利时的法院请求初步裁决的比例最高，英国的法院的此等请求似乎最少。③

欧洲法院受理的初步裁决案件数量之所以多，有多方面的因素。首先，从欧盟整个法律体系来看，由于它在国际法律秩序中自成一类，其演进性的特点尤为突出，这就为欧洲法院施展初步裁决的“才华”创造了一个广阔的空间。其次，从欧洲法院自身来看，它从一开始就不失时机地通过《欧共体条约》赋予的初步裁决权

---

① See Case 66/80 International Chemical Corporation v. Amministrazione delle Finanze dello Stato [1980] ECR 1191, 1216.

② See Case 162/82 Cousin [1983] ECR 1101.

③ See Jo Shaw, Law of the European Union, second edition, Macmillan Law Masters, 1996, p. 247.

来树立自己在欧盟法律解释和判例造法方面的权威，并逐步得到成员国法院的信赖。从各成员国法院的角度来看，欧盟法律是它们在司法实践中，尤其是法律的适用上面临的新挑战。为了司法公正，为了保护当事人依照欧盟法享有的权益，为了不使其司法活动构成其本国对欧盟基本条约义务的违反，成员国法院或法庭不得不经常性地利用第234条规定的初步裁决程序，更何况特定的成员国法院或法庭负有向欧洲法院提交初步裁决的义务。

从发展的角度来看，如下两个因素决定了欧洲法院的初步裁决案件势必有日益增多的趋势。首先，欧盟成员国的不断扩大必然会导致初步裁决案件的增多，因为有越来越多的国内法院会面临欧盟法律的解释和效力问题，有越来越多的个人会在成员国法院援引欧盟法律来为自己的权益主张作辩护。其次，欧盟一体化领域的扩展与深化必然会使初步裁决案件增长，因为一体化的纵横发展意味着欧盟的立法数量的上升，从而就会增加对新法的解释和有关效力问题。如此发展趋向势必造成欧洲法院不堪重负，延缓初步裁决的时间，并连带滞缓成员国法院的最终判决。其结果势必使欧洲法院失信于各成员国法院，过去通过初步裁决程序建立的良好合作关系有可能又反过来被该程序所破坏。为避免这些连带的负面后果，近些年来，欧盟内部刮起了一股初步裁决程序的改革之风。这些改革建议主要有：①

1. 赋予欧洲法院拒绝初步裁决请求的更大权力。欧洲法院在其实践中对于如下一些类型的初步裁决请求曾经采取了拒绝的态度：(1) 不涉及欧共体法的请求；(2) 臆想或人为设立的案件而产生的请求；(3) 作出请求的国内法院没有完全履行其职责，如请求的问题不清晰或没有对有关问题提供足够的背景材料；(4) 请求的问题明显地与主要诉讼无关（在提出一系列问题的情况下，

① See The British Institute of International and Comparative Law, The Role and Future of the European Court of Justice—Report by Members of the EC Section of the British Institute's Advisory Board chaired by the Rt. Hon. The Lord Slynn of Hadley, 1996, pp. 69-88.

如果其中只有一些问题相关，欧洲法院只选择这些相关问题予以作答）；（5）请求的问题与欧洲法院先前作出的初步裁决的问题相同。要减轻欧洲法院日益增长的案件压力，同时保证初步裁决的及时作出，有人建议，应该赋予欧洲法院拒绝管辖的一般酌处权。但是，也有人反对给予欧洲法院一般性的拒绝管辖权，因为过多地拒绝初步裁决请求会损害第234条初步裁决程序的根本效果。事实上，如果国内法院认为有关的欧盟法律问题对其判决至关重要，欧洲法院不应以任何其他理由为借口拒绝请求。

2. 鼓励国内法院在不提交初步裁决的情况下更多地决定欧盟法问题。有一种观点认为，在欧盟的早期（或在欧共体时代），需要更多地鼓励成员国法院就案件中涉及的欧共体法问题提交欧洲法院初步裁决。然而，经过半个多世纪的发展，欧洲法院的判例法体系已经基本形成，各成员国法院和法律工作者已经比较熟悉欧共体法问题（诚然，新成员国的法院和法官除外）。现在的问题不是欧洲法院缺少初步裁决案件，而是这类案件负荷过重。因此，鼓励成员国法院自行决定欧盟法问题的时机已经成熟，尤其是在下列情况下：（1）有关问题在欧洲法院以前的初步裁决中已经涉及；（2）有关原则在欧洲法院的裁决中已经确立，而有关的问题恰好涉及将此等原则适用于特定案件的事实；（3）出于司法公正的考虑，请求欧洲法院初步裁决在时间和费用等方面不可取。

3. 改进成员国法院所作出的初步裁决请求。如果有关初步裁决的请求书制作不好，就会使欧洲法院更加费时费力。因此，应该对当事法院的初步裁决请求，包括初步裁决程序中介入方的意见，明确规定一些如下一些基本要求：（1）有关问题的范围和性质；（2）有关问题的事实背景；（3）有关问题的法律背景；（4）有关欧盟法律与有关案件的利害关系。

4. 改进语言与翻译。欧盟及其成员国的官方语言的多样性决定了欧盟包括司法文书在内的法律文件的多样性。这种语言上的多样性必然造成司法文书的翻译相当费时和费力，而费时和费力的翻译是欧洲法院的初步裁决程序延误的一个重要因素。一般情况下，一项初步裁决请求在欧洲法院登记后，欧洲法院就要邀请案件的当事方和可能的介入方（如欧盟委员会、理事会、欧洲议会、成员国政府）提交书面陈述或意见；当所有的书面意见递交到欧洲法院之后，这些书面文件必须进行翻译，然后传送到当事方和成员国。结果，从案件注册到书面程序的完成，再到所有当事方和相关利益方收到对方的意见，前后至少要花费 6 个月的时间。为了缩短初步裁决程序，最好的办法是成员国放弃以本国语言接受欧洲法院文件的权利，从而减少甚至消除翻译工作带来的延误。但是，这似乎不太现实。因此，可行的途径似乎为：（1）严格控制初步裁决请求的篇幅；（2）避免辩护词重复初步裁决请求中的一些内容；（3）加强翻译力量，提高翻译速度和效率。

5. 取消初步裁决程序中的口头程序。根据《欧洲法院规约》第 18 条的规定，欧洲法院的程序由书面程序和口头程序两个阶段构成。其实，并不一定所有的初步裁决案件都必须经过口头程序，如有关当事方没有请求举行听证或欧洲法院认为取消口头程序不影响有关裁决的作出。

6. 引入“快车道”（a fast track）。所谓“快车道”，是指对于一些重要初步裁决案件采用特殊程序或优先程序。实际上，根据《欧洲法院程序规则》第 55（2）条的规定，欧洲法院院长在特殊情况下可以命令优先审理特定的案件。适用于“快车道”的初步裁决请求至少应包括：（1）有关欧盟法律的性质和基本原则的事项；（2）需要欧洲法院确立判例原则或填补立法真空的事项；（3）涉及案件当事人（特别是个人）重大权益的事项；（4）新加入欧盟成员国的国内法院或法庭请求的事项。

第十二章

欧洲法院对非契约性侵权责任与损害赔偿的管辖

第一节 概 述

应该说，在任何一个法制国家或任何一种法律体系中，对于因国家机关和政府部门的行为造成的损害，个人都有权主张并获得有关政府部门的相应赔偿。欧盟作为一个具有诸多超国家因素的区域一体化组织，在损害赔偿方面同样建立了相当完善的法律制度。《欧共体条约》第288条（原第215条）规定：

> 本共同体的契约性责任，受适用于有关契约的法律管辖。
>
> 在非契约性责任方面，本共同体应根据成员国法律所共有的一般原则，赔偿其机构或公务员在履行职责时造成的任何损害。
>
> 上述规定在同样条件下适用于由于欧洲中央银行或欧洲中央银行公务员在执行职务时所造成的损害给予的赔偿。

> 公务员对于本共同体的个人责任，受本共同体公务员守则或雇佣条件中制定的有关规定的管辖。

由于欧盟的契约性责任主要由欧盟机构与有关个人（自然人或法人）之间达成的协议或合同来确定，其争端解决所依据的法律必然属于当事人所约定的法律管辖，而这种法律通常是某一欧盟成员国的法律，甚至是非成员国的法律，故不作专门讨论。

对于欧盟对公务员个人所负责任的赔偿问题，隶属于内部公务员守则和雇佣合同约定的条件。这类案件早期属于欧洲法院管辖，后来转由初审法院管辖，现在由新近成立的欧洲公务员法庭专门管辖（隶属于初审法院），在此不作具体阐述。

以下各节着重就欧盟的非契约性侵权责任及其管辖问题展开探讨。

第二节　欧洲联盟非契约性侵权责任的行为

尽管《欧共体条约》第 288 条没有对欧盟机构及其公务员的非契约性侵权责任的构成条件作出具体规定，我们还是可以从欧洲法院在行使这一管辖权的实践中总结出三项基本构成条件，即：(1) 不法行为或不作为事实存在（existence of a wrongful act or omission)；(2) 对原告造成损害（damage to the plaintiff)；(3) 错误行为或不作为与损害之间存在因果联系（a casual link between the wrongful act or omission and the damage)。①

一、欧盟机构及其公务员承担责任的行为

根据《欧共体条约》第 288 条的规定，任何个人对于因欧盟机构或其公务员履行职责的行为造成的损失享有赔偿的权利。就欧盟机构而言，凡是以有关机构名义作出的行为，如果给个人造成损

---

① See Jo Shaw, Law of the European Union, Macmillan Law Masters, 1996, p. 350.

失，都要承担侵权责任。然而，对于公务员的行为，存在一个辨别的问题，因为只有他们履行欧盟职责的行为造成个人的损失，欧盟才承担侵权责任，公务员的非公务行为对他人造成的损失，应由公务员自身承担侵权责任。此外，这里还存在一个公务员的豁免问题。《欧共体特权与豁免议定书》第12条规定："本共同体的官员和其他职员……以官方身份作出的行为应享有司法诉讼豁免"。可见，欧盟为其职员的行为承担责任的范围是有限的，小于国家因其公务员行为承担责任的范围。尽管欧洲法院没有就此作出具有说服力的理由，我们还是可以从欧盟和国家在公务员性质上的区别寻找答案。欧盟公务员属于国际公务员性质，而国际公务员在执行其职责时享受特权与豁免是一种国际习惯规则和协定规则，而国家公务员一般不享受特权与豁免则是各国较为普遍的实践。

不言而喻，在决定欧盟是否对其公务员的行为承担责任时，关键是辨识公务员有关行为的性质，即：是否属于"履行其职责"的行为。1969年，欧洲法院对"塞雅戈诉勒迪克案"① 的裁决被认为是这一领域的经典判例。该案的基本事实是：塞雅戈是欧洲原子能共同体雇佣的一名工程师。他受命带领一私人公司代表勒迪克参观一些特定的设施。塞雅戈决定用自己的私车带勒迪克完成使命，并获取了旅行许可证（凭该证件可以从原子能共同体报销旅行费用)。结果，中途发生车祸，勒迪克受伤并在比利时法院起诉了塞雅戈。在比利时法院，塞雅戈辩称自己驾车是履行其公务职责，从而勒迪克应对原子能共同体提出诉讼，而不是以塞雅戈为被告。为此，比利时当事法院请求欧洲法院就《原子能共同体条约》第288（2）条（相当于原《欧洲经济共同体条约》第215（2）条）关于"履行其职责"的含义作出初步裁决。欧洲法院的分析和裁定是：

> ……提到本共同体机构造成的损害和其职员造成的损害，第288条表明本共同体只对其职员依照内部和直接关系，经本

① See Case 9/69 Sayag v Leduc [1969] ECR 329.

共同体机构授权的任务之必要延伸的那些行为承担责任。

因此，按照这一法律制度的特殊性质，如果将它（意指原子能共同体法律制度，笔者注）扩大到上述行为之外的一些类型的行为，那是不合法的。

一个职员在履行其职责的过程中使用私人轿车并不满足上述确定的条件。

旅行许可证中提到职员的私人轿车，这并意味着将驾驶这种车包含在其职责的履行之中，而基本的意图是：根据为此而确定的标准能够为使用这种交通手段的旅行费用给予任何必要的报销。

只有在不可抗力这种少有的情况下或在非常重要的例外情况下（即如果不使用私人交通工具，本共同体就不能开展赋予它的任务），这种使用才能被视为本共同体条约第 288 条第 2 款意义上的职员履行其职责的组成部分。

综上分析，职员驾驶私人轿车原则上不能够构成《原子能共同体条约》第 288 条第 2 款意义上的履行其职责。

如果欧共体对其公务员的特定行为根据欧共体法不承担责任，那么此等行为无疑是公务员以个人身份作出的行为，有关当事人可以根据有关的国内法在国内法院提出诉讼。但是，《欧共体特权与豁免议定书》的规定和《欧共体条约》第 228（2）条的规定之间存在着密切的相互关系。前者规定欧共体公务员有关“以官方身份作出的行为”（acts performed in their official capacity）在国内法院享受诉讼豁免，而后者规定欧共体对公务员“履行其职责”（in performance of their duties）的行为承担责任。一般说来，公务员“履行其职责”的行为，同时也就是“以官方身份作出的行为”。谢尔摩斯（H. G. Schermers）对于二者的区别作出的解释是：“主张豁免牵涉到侵权责任。无论何时，欧共体对于职员特定行为援用管辖豁免，这就意味着它接受该行为是一项欧共体的行为，因为它无权对任何其他行为援用豁免。反之，并不一定如此。欧共体对其职员之一的某项行为表示承担责任，并不一定隐含着该行为是一项欧共体行为。法律并没有禁止欧共体对其职员的私人行为接受侵权责任。但是，在实践中，欧共体只对其认为是官方的行为承担责任。否则，问题会在预算控制领域中引起。”① 他还进一步指出，由于“以其官方身份”和“履行其职责”之间的含义十分地接近，将二者作出实质性区分会产生误导。根据《欧共体特权与豁免议定书》第18（2）条，欧共体可以放弃某一公务员以官方身份作出之行为的豁免，如果欧共体机构认为此等放弃并不背离欧共体的利益。

此外，英国欧盟法专家哈特利（Hartley）教授指出，还存在欧共体必须承担责任的第三种行为，即：由欧共体授权行使一定政府职能之机构作出的行为。②

二、欧盟机构及其公务员责任的性质

值得注意的是，《欧共体条约》第288（2）条没有具体提及违法或不法要件，而《欧洲煤钢共同体条约》第40条则明确要求申诉者证明煤钢共同体机构或其公务员在履行其职责时有不法行为或不作为存在。不过，两个基本条约的不同规定似乎不应过分强调，因为第288（2）条明确规定欧洲法院应遵照“各成员国法律共有的一般原则”来裁决此类案件。从各成员国法律规定及其司法来看，行为的不法性是公共机构承担侵权责任的主要理由之一。

当然，并不是所有的欧盟机构及其公务员的错误行为都必然构成第228（2）条意义上的侵权责任。欧盟机构的有些错误还不足以构成侵权责任。例如，有关决定作出之前没有收集必要的事实依据，或没有给一些个人适当的程序性权利，或欧盟机构没有对其授权之机构的行为实施适当的监督，这些错误既可能导致侵权责任，也可能不足以构成侵权诉讼，还是要视具体情况而定。欧洲法院曾

---

① See H. G. Schermers, T. Heukels, and P. Mead (eds.), Non-Contractual Liability for the European Communities, Martinus Nijhoff, 1988, pp. 79-80.

② See T. C. Hartley, The Foundations of European Community Law, third edition, Clarendon Press, 1994, pp. 475-476.

经裁定，欧盟机构对于某一条例的错误解释并不一定构成损害诉讼的侵权责任，因为这种条例通常比较复杂而且存在着不只一种解释；如果在任何情况下当一种解释被证明是错误的时候，就导致欧盟负有侵权责任，未免过于苛刻。①

三、欧盟机构立法行为的侵权责任

如前所述，个人对于欧盟机构的立法的合法性问题，尽管可以通过司法审查程序或废除诉讼予以提出，但是成功率很低，因为废除诉讼对个人的资格有特殊的限制，而且欧洲法院通常作出限制性解释。第 288（2）条在很大程度上弥补了个人对于欧盟机构的一般性规范的诉权方面的局限性。从实践来看，个人根据第 288（2）条提出侵权诉讼主要涉及的是一些经济方面的立法，尤其在共同农业政策领域的案件居多。

在 20 世纪 70 年代以前，欧洲法院对于个人因欧共体机构的立法而提出的侵权诉讼持限制态度。前提条件是，个人在利用第 288 条之前必须首先用尽第 230 条规定的废除诉讼程序。不难想象，如果坚持这一前提条件，第 288 条对于个人的利用价值就很小，因为个人要满足第 230 条关于废除诉讼的资格是相当困难的。从 70 年代开始，欧洲法院开始松动，将第 288 条规定的侵权诉讼与第 230 条规定的废除诉讼脱钩，使侵权责任诉讼成为一种分立的诉讼予以受理和裁决。欧洲法院对于“第 5/71 号案”② 的裁决被认为首次为立法行为的侵权责任确立了单独的标准。在该案中，欧洲法院指出，当立法行为涉及经济政策的措施时，欧共体对于由此等行为对个人造成的损害不承担依照原《经济共同体条约》第 215（2）条的非契约性责任，除非明显地存在严重违反保护该个人的更高一级法律规则（flagrant violation of a superior rule of law）。欧洲法院通过

---

① See Cases 19, 20, 25, 30/69 Denise Richez-Parise and Others v. Commission [1970] ECR 325.

② See Case 5/71 Aktien-Zuckerfabrik Schöppenstedt v. Council [1971] ECR 975.

断定有关的条例不存在严重违反更高一级法律规则的事实，最后裁决申诉人败诉。

那么，哪些法律规则在欧盟法律中属于“更高一级法律规则”呢？由于欧盟基本条约既没有规定这个法律概念，也没有决定其范围，只能从欧洲法院的司法实践中寻找答案。从欧洲法院的判例来看，大致上有三种类型的规范在欧盟法律中属于保护个人的更高一级法律规则:①

首先是《欧共体条约》的一些特定条款。在依据第288（2）条提起的侵权诉讼中，最经常援用的条款之一是《欧共体条约》第34（3）条（原第40（3）条）关于禁止歧视的规定。该条款涉及的是欧共体共同农业政策。这就是为什么很多的损害赔偿诉讼针对的是共同农业政策中制定的一些条例。

其次是更高一级的条例，即：被指控的条例违反某一项更高等级的条例。在欧共体立法中，有各种各样的条例。有的是以欧盟理事会名义制定的，有的是以理事会和欧洲议会联合的名义制定的，有的是欧盟委员会制定的。在这些条例中，有的条例与其他条例没有任何关系，有的条例可能与同一个领域或主题中的其他条例密切相连。因此，在同一个主题或领域中（如共同农业政策）存在着一项条例是根据另一项更为一般性的条例而制定的现象。如果一项条例违反了另一项更为一般性的条例，根据《欧共体条约》第288（2）条提出的侵权诉讼原则上会被受理，并且胜诉的概率较高。

第三种规范是一些特定的一般法律原则，即：有关的欧盟机构立法违反了欧盟的一般法律原则。经常被援用的一般法律原则主要有相称性原则、法律确信原则或合法期待原则，等等。

欧洲法院的司法实践还表明，单有违反“更高一级法律规则”并不足以断定有关的立法造成侵权的后果，有关的个人还必须举证存在“严重违反”（flagrant violation）的事实。例如，在“第83、

---

① See Paul Craig and Grãinne de Búrca, EC Law: Text, Cases, and Materials, Clarendon Press, 1995, pp. 518-519.

94/76 和 4、15、40/77 号合并案”① 中，欧洲法院裁定，原《经济共同体条约》第 40（3）条是一种更高一级法律规则，欧共体的有关条例的确违反了该条款。但是，要使欧共体承担侵权责任，还必须满足其他条件。各成员国法律显示：只有存在“例外和特殊情况下”（exceptionally and in special circumstances），公共机构才承担因某项涉及经济政策选择的立法措施而造成损害的责任。欧洲法院认为，在该案中，欧共体立法措施对于“更高一级法律规则”的违反不是明显的和严重的，因为欧共体立法措施的损害效果还不足以构成依照原《经济共同体条约》第 215 条必须补偿的条件。那么，什么情况下“严重违反”才能成立呢？欧洲法院并没有确定固定的标准，但是，如果违反更高一级法律规则的欧盟立法措施造成个人的“严重损失”（severe losses）或“严重损害”（grave damages），该立法措施很有可能被裁定为“严重违反”，从而欧盟应对有关个人承担侵权赔偿责任。可见，欧洲法院在非契约性侵权领域有相当大的司法酌处权力。比较欧洲法院在这一方面的前后判例，似乎给人留下如下印象：20 世纪 90 年代以前，它对于“严重违反”的断定持严格限制性的立场，90 年代以来的实践体现的是一种较为宽松的司法政策。

四、欧盟机构合法的立法措施的责任问题

一项非法的立法措施造成侵权责任，一般被认为是既合理、又合法的事情。但是，公共机关因一项合法有效的立法措施承担责任，则似乎是没有道理的事情。然而，就个人而言，因一项合法有效的立法措施而造成损失或损害则又是很可能发生的客观事实。如果说这种可能性在任何法律体系中都存在的话，那么在欧盟法律中似乎显得更为突出。根据有关研究，欧共体共同农业政策领域最容

---

① See Cases 83, 94/76, 4, 15, 40/77 Bayerische HNL Vermehrungsbetriebe GmbH & Co KG v. Council and Commission [1978] ECR 1209.

易产生这种可能性:①

首先，共同农业政策，最初以价格支持机制的方式出现，已经在一些农业部门或领域转变为实施生产数量限制的一种手段，譬如实行生产配额。与此同时，又采取了另一些手段来减少生产过剩的现象。例如，在共同渔业政策领域，欧盟理事会对于在特定的渔业区捕捞特定鱼类的渔船长度作出了限制。在这种情况下，如果渔民突然接到通知要对其渔船进行重大改造，而且耗资巨大，又得不到欧盟的补偿，那么，欧盟的立法措施，即使是合法的，同样会给有关的个人造成严重的损失。

其次，受共同农业政策调整的个人还可能因欧盟旨在支持具有竞争力的生产者的立法措施而遭受财力损害。例如，植物油脂生产者有可能遭受不公平竞争的影响，如果黄油或奶粉生产者在欧盟补贴措施的帮助下能将其大量的产品投向欧洲市场。

那么，欧洲法院是如何看待这种有效立法措施而对个人造成的损害呢？从一系列判例②来看，如果合法的立法措施造成损害的责任在欧盟法中得到确认，这种诉讼只有在下列情况下才能成功：(1) 有关合法的立法措施只是影响有限的和明显确定的人群；(2) 有关合法的立法措施造成的损害超过了有关领域所固有的经济风险，而且这种损害超出了有关个人的预料。由此可见，欧洲法院一方面承认有效的立法措施可能对个人造成损害并且欧盟可能因此而承担侵权责任，另一方面对这类诉讼设立了极为严格的条件。所以，个人依照《欧共体条约》第 288 (2) 条对合法的立法措施提

---

① See H. J. Bronkhorst, The Valid Legislative Acts as a Cause of Liability of the Communities, in H. G. Schermers, T. Heukels, and P. Mead (eds.), Non-Contractual Liability of the European Communities, Martinus Nijhoff, 1988, p. 13.

② See Cases 9 and 11/71 Compagnie d'Approvisionnement de Transport et de Credit SA and Grands Moulins de Paris SA v. Commission [1972] ECR 391; Cases 54-60/76 Compagnie Industrielle et Agricole du Comté de Loheac v. Council and Commission [1977] ECR 645; Case 59/83 SA Biovilac NVv. EEC [1984] ECR 4080-4081; Case 265/85 Van den Bergh & jurgens BV and Van Dijk Food Products (Lopik) BV v. EEC [1987] ECR 1155.

起侵权诉讼的成功率很低。

第三节 欧洲联盟非契约侵权责任的因果关系

个人要对欧盟及其机构提起非契约性诉讼，除了证明有关行为或措施的非法性和损害外，还必须举证其损害与有关行为或措施之间的因果关系。然而，正如托思（A. G. Toth）教授所分析的，①在实践中要建立这种因果关系是一件困难的事情，尤其是在经济和贸易关系领域，一个事件的起因通常可以追溯出主观和客观的，或直接和间接的，或同时和先后出现的等一系列错综复杂的因素。一般说来，如果无论欧盟机构的不法行为或不作为是否存在的情况下，同样会发生某种损失结果，那就不存在涉及侵权的因果关系问题。但是，即使有关的损害结果如果没有欧盟的行动就不会发生，欧盟也不一定都要承担侵权责任，因为欧盟的行动可能是导致这种损害结果的诸种因素之一。欧洲法院的实践表明，欧盟及其机构承担非契约性侵权责任的原因必须是“直接、及时和排他的”（direct, immediate and exclusive）。

因此，申诉者在举证过程中，不仅要说明欧盟的行为或措施造成了其遭受的损失，而且要证明无论是成员国的行为，还是申诉者自身的行为，都没有打断这种“因果链”（chain of causation）。欧洲法院的判例证实，如果有关的损失是由成员国独立或自主的行为或措施所导致的，欧盟就不再承担侵权责任。② 但是，如果成员国的这种行为或措施是由欧盟委员会的非法不作为（即：没有行使其监督权力）而产生的，这种非法不作为被视为有关损害的原

---

① See A. G. Toth, The Concepts of Damage and Causality as Elements of Non-Contractual Liability, in H. G. Schermers, T. Heukels, and P. Mead (eds.), Non-Contractual Liability of the European Communities, Martinus Nijhoff, 1988, p. 31.

② See Case 132/77 Société pour l'Exportation des Sucres SA v. Commission [1978] ECR 1072-1073.

因。① 至于何种类型的个人行为构成打断“因果链”，欧洲法院并没有作出界定。申诉者的疏忽足以使自己的侵权赔偿主张败诉或使补偿减少。② 此外，如前所述，如果个人本来应该预料到特定情势有造成损害的可能性，而没有采取适当的防范措施，就不存在欧盟承担侵权责任问题。

还必须明确的是，虽然《欧共体条约》第 288 条规定欧盟应对其机构或公务员履行职责的行为造成有关个人的损害负有赔偿的义务，但是欧洲法院的案例表明，并不是所有的损害都必须赔偿。欧盟只赔偿那些确定的和具体的（certain and specific）、经证实的和可计量（proven and quantifiable）的损失。在“第 56-60/74 号联合案”中，欧洲法院裁定：欧共体对于可预见的有充分确定性的危急性损害应给予赔偿，哪怕这种损害还不能确切地估量。③ 欧洲法院的一系列判例中还隐含着有关的损害必须是“具体的”，即：欧盟机构的行为或措施以特别和单个的方式对申诉者的利益产生影响。因此，如果欧盟的立法措施所造成的损害没有超出有关经贸活动本身所固有的经济风险，欧盟就不承担损害赔偿责任。④ 所谓损害必须是“已证实的”，就是指申诉者必须举证其实际遭受有关损害。在实践中，申诉者不太容易举证其实际遭受的损害，很多的非契约性侵权诉讼往往以申诉者败诉而告终，多半是出于这个原因。在计量申诉者遭受的损失问题上，欧盟机构一直认为：如果有关的损失已经转嫁到消费者，这种损害是不可以补偿的。这一主张原则上得到欧洲法院的确认。⑤然而，欧盟机构所持的这种立场受到一些欧盟法专家的抨击。他们认为，公司是否可以将增加的成本转移到消费者，取决于各种不同的情况，而且不同的公司可能采取不同

---

① See Cases 9 and 12/60 Vloeberghs v. High Authority [1961] ECR 240; Case 4/69 Alfons Lütticke GmbH v. Commission [1971] ECR 336-368.

② See Case 145/83 Adams v. Commission [1985] ECR 3592.

③ Cases 56-60/74 Kampffmeyer v. Commission and Council [1976] ECR 741.

④ Ibid., pp. 521-522.

⑤ See Case 238/78 Ireks-Arkady v. Council and Commission [1979] ECR 2974.

的操作方式，从而难以估算；更重要的是，这种观点从根本上讲是错误的，因为这意味着损失将由消费者承担，而不是由作出不法行为的欧盟机构来承担。①

① See A. G. Toth, The Concepts of Damage and Causality as Elements of Non-Contractual Liability, in H. G. Schermers, T. Heukels, and P. Mead (ed.), Non-Contractual Liability of the European Communities, 1998, pp. 29-30.

主要参考文献

一、文件类

1. Treaty Establishing a Constitution for Europe（The European Constitution）
2. Treaty of Nice
3. Treaty of Amsterdam
4. Treaty Establishing the European Community （The EC Treaty）
5. Treaty on European Union （The TEU）
6. Single European Act （SEA）
7. Merger Treaty
8. Treaty Establishing the European Economic Community（The EEC Treaty）
9. Treaty Establishing the European Atomic Energy Community （The Euratom Treaty）
10. Treaty Establishing the European Coal and Steel Community （The ECSC Treaty）

11. Rules of Procedure of the European Parliament
12. Rules of Procedure of the Court of Justice of the European Communities
13. Charter of Fundamental Rights of the European Union
14. Interinstitutional Declaration on Democracy, Transparency and Subsidiarity
15. Interinstitutional Agreement on Procedures for Implementing the Principle of Subsidiarity
16. Official Journal of the European Communities (OJ)
17. Official Journal of the European Union (OJ)
18. Bulletin of the European Communities (Bull. EC)
19. Bulletin of the European Union (Bull. EU)
20. General Report on the Activities of the European Communities
21. General Report on the Activities of the European Union
22. European Court Reports (ECR)
23. Common Market Law Reports (CMLR)

二、著作、论文集和教科书类

(一) 外文

1. P. S. R. F. Mathijisen, A Guide to European Union Law, sixth edition, Sweet & Maxwell, 1995
2. James D. Dinnage & John F. Murphy (ed.), The Constitutional Law of the European Union, 1996
3. A. G. Tooth, The Oxford Encyclopedia of European Community Law, vol. I, 1990
4. Renaud Dehouse (ed.), Europe after Maastricht—An Ever Closer Union?, 1995
5. Elies Steyger, Europe and Its Members: A Constitutional Approach, Dartmouth, 1995
6. R. M. Buxbanm, A. Hirsch and K. J. Hopt (ed.), European Economic and Business Law, 1996

7. George A. Bermann, et al. , Cases and Materials on European Union Law, West Group, 2002

8. H. G. Schermers and N. M. Blokker, International Institutional Law, third revised edition, Martinus Nijhoff Publishers, 1995

9. Jo Shaw, Law of the European Union, second edition, Machmillan, 1996

10. D. O'heefee and H. G. Schermers (ed.), Mixed Agreements, Nijhoff 1983

11. Nicholas Emilious, The Principle of Proportionality in European Law, Kluwer, 1996

12. Martin (ed.), The Constitution of Europe—Essay in Honour of Emile Noel, Kluwer, 1994

13. Jean-Victor Louis, The Community Legal Order, second edition, 1990

14. Paul Craig and Grainne de Burca (ed.), EC Law: Text, Cases, and Materials, Clarenton Press, 1995

15. D. Lasok and J. W. Bridge, Law and Institutions of the European Communities, fourth edition, 1987

16. I. Macleod, et al. , The External Relations of the European Communities, Clarendon Press, 1996

17. L. Neville Brown, The Court of Justice of the European Communities, third edition, Sweet & Maxwell, 1989

18. K. P. E. Lasok, The European Court of Justice, second edition, Butterworths, 1994

19. Sergei A. Voitovich, International Economic Organizations in the International Legal Process, Martinus Nijhoff Publishers, 1995

20. H. G. Schermers, Judicial Protection in the European Communities, fourth edition, 1987

21. H. G. Schermers and D. Waelbroeck, Judicial Protection in the European Community, fifth edition, 1992

22. T. C. Hartley, The Foundations of European Community Law, third

edition, Clarendon Press, 1994
23. H. G. Schermers, et al. (ed.), Non-Contractual Liability for the European Communities, Martinus Nijhoff, 1988
24. Jan Klabbers, An Introduction to International Institutional Law, Cambridge University Press, 2002

（二）中文

1. 曹卫东编：《欧洲为何需要一部宪法》，中国人民大学出版社 2004 年版。
2. 邵景春：《欧洲联盟的法律与制度》，人民法院出版社 1999 年版。
3. 曾令良：《欧洲共同体与现代国际法》，武汉大学出版社 1992 年版。
4. 曾令良：《欧洲联盟与现代国际法》，台湾志一出版社 1994 年版。
5. 梁西：《国际组织法》（总论），修订第 5 版，武汉大学出版社 2001 年版。
6. ［英］弗兰西斯·斯奈德著，宋英编译：《欧洲联盟法概论》，北京大学出版社 1996 年版。
7. 朱淑娣主编：《欧盟经济行政法通论》，东方出版中心 2000 年版。
8. 曹建明：《欧洲联盟法——从欧洲统一大市场到欧洲经济货币联盟》，浙江人民出版社 2000 年版。
9. 阮方民：《欧盟竞争法》，中国政法大学出版社 1998 年版。
10. 韩德培总主编：《人权的理论与实践》，武汉大学出版社 1995 年版。
11. 梁西主编：《国际法》，修订第二版，武汉大学出版社 2000 年版。

三、论文类

（一）外文

1. Theoder Schilling, A New Dimension of Subsidiarity: Subsidiarity as

a Rule and a Principe, 14 Yearbook of European Law, 1994

2. A. G. Toth, Is Subsidiarity Justifiable?, 19 European Law Review, 1994
3. A. G. Toth, The Principle of Subsidiarity in the Maastricht Treaty, 29 Common Market Law Review, 1992
4. Pau Demaret, A Short Walk in the Realm of Subsidiarity, in R. M. Buxbanm, A. Hirsch and K. J. Hopt (ed.), European Economic and Business Law, 1996
5. H. G. Schermers, Methodology of Mixed Agreements, in D. O'keefee and H. G. Schermers (ed.), Mixed Agreements, 1983
6. F. Snyder, The Effective of European Community Law: Institutions, Processes, Tools and Techniques, 56 Modern Law Review, 1993
7. F. Snyder, Soft Law and Institutional Practice in the European Community, in Martin (ed.), The Constitution of Europe—Essay in Honour of Emile Noel, Kluwer, 1994
8. Dainitith, European Community Law and the Redistribution of Regulatory Power in the United Kingdom, 1 European Law Journal, 1995
9. H. Rasmussen, Why is Article 173 Interpreted Against Private Plaintiffs?, 5 European Law Review, 1980
10. C. Harding, The Private Interest in Challenging Community Action, 5 European Law Review, 1980
11. A. G. Toth, The Law as It Stands on the Appeals for Failure to Act, 2 Legal Issues of European Integration, 1975
12. G. Bebr, Judicial Remedy of Private Parties against Normative Acts of the European Communities: The Role of the Exception of Illegality, 4 Common Market Law Review, 1966
13. A. Barav, The Exception of Illegality in Community Law: A Critical Analysis, 11 Common Market Law Review, 1974
14. C. Harding, The Impact of Article 177 of the EEC Treaty on the Review of Community Action, 1 Yearbook of European Law, 1981
15. H. J. Bronkhorst, The Valid Legislative Acts as a Cause of Liability

of the Communities, in H. G. Schermers, et al. (ed.), Non-Contractual Liability for the European Communities, Martinus Nijhoff, 1988

16. A. G. Toth, The Concepts of Damage and Causality as Elements of Non-Contractual Liability, in H. G. Schermers, et al. (ed.), Non-Contractual Liability for the European Communities, Martinus Nijhoff, 1988

(二) 中文

1. 曾令良:《论欧洲联盟法中的从属原则》,《武汉大学学报》(社会科学版),1999 年第 2 期。
2. 曾令良:《论〈欧洲宪法条约草案〉的两重性》,《中国国际私法与比较法年刊》,第七卷,2004 年,法律出版社 2005 年版。
3. 陈建德:《欧共体统一商标法律制度》,《欧洲法通讯》,第三辑,法律出版社 2002 年版。
4. 曾令良:《欧洲共同体与人权》,韩德培总主编:《人权的理论与实践》,武汉大学出版社 1995 年版。
5. 李泽锐:《略论国际经济软法与建立国际经济新秩序的斗争》,《法学研究》,1983 年第 6 期。

四、刊物类

(一) 外文

1. European Law Review (EL Rev)
2. Common Market Law Review (CML Rev)
3. Yearbook of European Law (YEL)
4. European Law Journal (ELJ)
5. Legal Issues of European Integration (LIEI)
6. Modern Law Review (MLR)

(二) 中文

1.《中国国际私法与比较法年刊》
2.《欧洲法通讯》
3.《欧洲研究》

4.《法学评论》
5.《武汉大学学报》(社会科学版)
6.《广西师范大学学报》
7.《法学论坛》
8.《中国社会科学》

五、网站类

1. http://europa. eu. int
2. http://ecb. int
3. http://www. eurativ. com
4. http://www. people. com. cn

武汉大学学术丛书 书目

中国当代哲学问题探索
中国辩证法史稿（第一卷）
德国古典哲学逻辑进程（修订版）
毛泽东哲学分支学科研究
哲学研究方法论
改革开放的社会学研究
邓小平哲学研究
社会认识方法论
康德黑格尔哲学研究
人文社会科学哲学
中国共产党解放和发展生产力思想研究
思想政治教育有效性研究
政治文明论
中国现代价值观的初生历程
精神动力论
广义政治论
中西文化分野的历史反思
第二次世界大战与战后欧洲一体化起源研究
哲学与美学问题
行为主义政治学方法论研究
政治现代化比较研究
调和与制衡
“跨越论”与落后国家经济发展道路
村民自治与宗族关系研究

国际经济法概论
国际私法
国际组织法
国际条约法
国际强行法与国际公共政策
比较外资法
比较民法学
犯罪通论
刑罚通论
中国刑事政策学
中国冲突法研究
中国与国际私法统一化进程（修订版）
比较宪法学
人民代表大会制度的理论与实践
国际民商新秩序的理论建构
中国涉外经济法律问题新探
良法论
国际私法（冲突法篇）（修订版）
比较刑法原理
担保物权法比较研究
澳门有组织犯罪研究
行政法基本原则研究
国际刑法学
遗传资源获取与惠益分享的法律问题研究
欧洲联盟法总论

当代西方经济学说（上、下）
唐代人口问题研究
非农化及城镇化理论与实践
马克思经济学手稿研究
西方利润理论研究
西方经济发展思想史
宏观市场营销研究
经济运行机制与宏观调控体系
三峡工程移民与库区发展研究
２１世纪长江三峡库区的协调与可持续发展
经济全球化条件下的世界金融危机研究
中国跨世纪的改革与发展
中国特色的社会保障道路探索
发展经济学的新发展
跨国公司海外直接投资研究
利益冲突与制度变迁
市场营销审计研究
以人为本的企业文化
路径依赖、管理哲理与第三种调节方式研究
中国劳动力流动与“三农”问题
“封建”考论
新开放经济宏观经济学理论研究
关系结合方式与中间商自发行为的关系研究

武汉大学学术丛书 书目

中日战争史（1931~1945）（修订版）
中苏外交关系研究（1931~1945）
汗简注释
国民军史
中国俸禄制度史
斯坦因所获吐鲁番文书研究
敦煌吐鲁番文书初探（二编）
十五十六世纪东西方历史初学集（续编）
清代军费研究
魏晋南北朝隋唐史三论
湖北考古发现与研究
德国资本主义发展史
法国文明史
李鸿章思想体系研究
唐长孺社会文化史论丛
殷墟文化研究
战时美国大战略与中国抗日战场（1941~1945年）
古代荆楚地理新探·续集
汉水中下游河道变迁与堤防
吐鲁番文书总目（日本收藏卷）
用典研究
《四库全书总目》编纂考
元代教育研究

随机分析学基础
流形的拓扑学
环论
近代鞅论
鞅与banach空间几何学
现代偏微分方程引论
算子函数论
随机分形引论
随机过程论
平面弹性复变方法（第二版）
光纤孤子理论基础
Banach空间结构理论
电磁波传播原理
计算固体物理学
电磁理论中的并矢格林函数
穆斯堡尔效应与晶格动力学
植物进化生物学
广义遗传学的探索
水稻雄性不育生物学
植物逆境细胞及生理学
输卵管生殖生理与临床
Agent和多Agent系统的设计与应用
因特网信息资源深层开发与利用研究
并行计算机程序设计导论
并行分布计算中的调度算法理论与设计
水文非线性系统理论与方法
拱坝CADC的理论与实践
河流水沙灾害及其防治
地球重力场逼近理论与中国2000似大地水准面的确定
碾压混凝土材料、结构与性能
喷射技术理论及应用
Dirichlet级数与随机Dirichlet级数的值分布
地下水的体视化研究
病毒分子生态学
解析函数边值问题（第二版）
工业测量
日本血吸虫超微结构
能动构造及其时间标度
基于内容的视频编码与传输控制技术

文言小说高峰的回归
文坛是非辩
评康殷文字学
中国戏曲文化概论（修订版）
法国小说论
宋代女性文学
《古尊宿语要》代词助词研究
社会主义文艺学
文言小说审美发展史
海外汉学研究
《文心雕龙》义疏
选择·接受·转化
中国早期文化意识的嬗变（第一卷）
中国早期文化意识的嬗变（第二卷）
中国文学流派意识的发生和发展
汉语语义结构研究
明清词研究史

中国印刷术的起源
现代情报学理论
信息经济学
中国古籍编撰史
大众媒介的政治社会化功能
现代信息管理机制研究
科学信息交流研究
比较出版学

武汉大学学术丛书 书目

中国当代哲学问题探索
中国辩证法史稿（第一卷）
德国古典哲学逻辑进程（修订版）
毛泽东哲学分支学科研究
哲学研究方法论
改革开放的社会学研究
邓小平哲学研究
社会认识方法论
康德黑格尔哲学研究
人文社会科学哲学
中国共产党解放和发展生产力思想研究
思想政治教育有效性研究
政治文明论
中国现代价值观的初生历程
精神动力论
广义政治论
中西文化分野的历史反思
第二次世界大战与战后欧洲一体化起源研究
哲学与美学问题
行为主义政治学方法论研究
政治现代化比较研究
调和与制衡
“跨越论”与落后国家经济发展道路
村民自治与宗族关系研究

国际经济法概论
国际私法
国际组织法
国际条约法
国际强行法与国际公共政策
比较外资法
比较民法学
犯罪通论
刑罚通论
中国刑事政策学
中国冲突法研究
中国与国际私法统一化进程（修订版）
比较宪法学
人民代表大会制度的理论与实践
国际民商新秩序的理论建构
中国涉外经济法律问题新探
良法论
国际私法（冲突法篇）（修订版）
比较刑法原理
担保物权法比较研究
澳门有组织犯罪研究
行政法基本原则研究
国际刑法学
遗传资源获取与惠益分享的法律问题研究
欧洲联盟法总论

当代西方经济学说（上、下）
唐代人口问题研究
非农化及城镇化理论与实践
马克思经济学手稿研究
西方利润理论研究
西方经济发展思想史
宏观市场营销研究
经济运行机制与宏观调控体系
三峡工程移民与库区发展研究
21世纪长江三峡库区的协调与可持续发展
经济全球化条件下的世界金融危机研究
中国跨世纪的改革与发展
中国特色的社会保障道路探索
发展经济学的新发展
跨国公司海外直接投资研究
利益冲突与制度变迁
市场营销审计研究
以人为本的企业文化
路径依赖、管理哲理与第三种调节方式研究
中国劳动力流动与“三农”问题
“封建”考论
新开放经济宏观经济学理论研究
关系结合方式与中间商自发行为的关系研究

武汉大学学术丛书 书目

中日战争史（1931~1945）（修订版）
中苏外交关系研究（1931~1945）
汗简注释
国民军史
中国俸禄制度史
斯坦因所获吐鲁番文书研究
敦煌吐鲁番文书初探（二编）
十五十六世纪东西方历史初学集（续编）
清代军费研究
魏晋南北朝隋唐史三论
湖北考古发现与研究
德国资本主义发展史
法国文明史
李鸿章思想体系研究
唐长孺社会文化史论丛
殷墟文化研究
战时美国大战略与中国抗日战场（1941~1945年）
古代荆楚地理新探·续集
汉水中下游河道变迁与堤防
吐鲁番文书总目（日本收藏卷）
用典研究
《四库全书总目》编纂考
元代教育研究

随机分析学基础
流形的拓扑学
环论
近代鞅论
鞅与banach空间几何学
现代偏微分方程引论
算子函数论
随机分形引论
随机过程论
平面弹性复变方法（第二版）
光纤孤子理论基础
Banach空间结构理论
电磁波传播原理
计算固体物理学
电磁理论中的并矢格林函数
穆斯堡尔效应与晶格动力学
植物进化生物学
广义遗传学的探索
水稻雄性不育生物学
植物逆境细胞及生理学
输卵管生殖生理与临床
Agent和多Agent系统的设计与应用
因特网信息资源深层开发与利用研究
并行计算机程序设计导论
并行分布计算中的调度算法理论与设计
水文非线性系统理论与方法
拱坝CADC的理论与实践
河流水沙灾害及其防治
地球重力场逼近理论与中国2000似大地水准面的确定
碾压混凝土材料、结构与性能
喷射技术理论及应用
Dirichlet级数与随机Dirichlet级数的值分布
地下水的体视化研究
病毒分子生态学
解析函数边值问题（第二版）
工业测量
日本血吸虫超微结构
能动构造及其时间标度
基于内容的视频编码与传输控制技术

文言小说高峰的回归
文坛是非辩
评康殷文字学
中国戏曲文化概论（修订版）
法国小说论
宋代女性文学
《古尊宿语要》代词助词研究
社会主义文艺学
文言小说审美发展史
海外汉学研究
《文心雕龙》义疏
选择·接受·转化
中国早期文化意识的嬗变（第一卷）
中国早期文化意识的嬗变（第二卷）
中国文学流派意识的发生和发展
汉语语义结构研究
明清词研究史

中国印刷术的起源
现代情报学理论
信息经济学
中国古籍编撰史
大众媒介的政治社会化功能
现代信息管理机制研究
科学信息交流研究
比较出版学